認知言語学研究の広がり

福岡認知言語学会 20 周年記念論文集

認知言語学研究
の広がり

大橋　浩　川瀬義清　古賀恵介
長 加奈子　村尾治彦 [編]

開拓社

は　し　が　き

　本書は，福岡認知言語学会の設立 20 周年を記念した論文集である．福岡認知言語学会の第 1 回の研究大会は，1998 年 8 月に西南学院大学で行われた．これはそれまでことばの意味に興味を持つ研究者が集まり 1988 年から行ってきた語用論研究会を，認知言語学の広がりにあわせて福岡認知言語学会としたものである．設立当初から春と秋の年 2 回学会を開催してきた．

　当初は，会員 20 名に満たないような小さな学会であった．当時はまだ認知言語学の研究団体はほかにあまりなく，福岡，九州はもちろん関西方面からの参加者もあり，少しずつ会員が増えていった．会員が増えるにつれ，研究内容も広がっていった．言語の認知的なとらえ方をベースとし，理論的研究，歴史的研究，英語教育分野，メタファーなど幅広い研究発表が行われてきた．また Dr. Langacker や Dr. van der Auwera などの海外からの研究者，大脳生理学，情報処理などの関連分野の研究者を招いた講演も行い，大いに刺激を受けてきた．

　本書は，このような福岡認知言語学会の 20 年の歩みを反映したものである．全部で 18 編の論文から成るが，認知言語学の言語観に基づき英語，日本語，中国語を理論的に分析したものから，認知言語学の観点を英語教育に応用したもの，そしてコーパスを利用した研究までその内容は多岐にわたる．認知言語学は，人間の持つ基本的な認知能力の現れとして言語をとらえ，一般的な認知活動の一環として言語現象を説明しようとするアプローチであり，単に言語理論としてだけでなく，英語教育分野への応用も期待される．また，具体的な発話の場面を重要視する使用基盤モデルはコーパスとの親和性が高く，今後コーパスを利用した研究もますます増えてくると思われる．本書が 1 つの区切りとなり，これからも福岡認知言語学会が発展していくことを願っている．

　最後になったが，本書の出版を引き受けていただいた開拓社，とりわけ出版部の川田賢氏にはたいへんお世話になった．この場を借りて深くお礼申し上げたい．

　　2018 年　初夏　　　　　　　　　　　　　福岡認知言語学会世話人
　　　　　　　　　　　　　　　　　　　　　　川瀬　義清

目　　次

はしがき

コーパスに基づく中国語の NP1＋V＋R＋NP2 構文の認知言語学的分析
　─“唱红”を一例として─
　　……………………………………………………………………秋山　淳　　1

2 つの目的語の関係
　─障壁モデルにもとづく二重目的語構文の分析─
　　………………………………………………………………植田　正暢　　18

中国語の〈主観性〉の再考察
　─使役表出文を例として─
　　…………………………………………………………………王　安　　35

Big time 再考
　　………………………………………………………………大橋　浩　　51

コ・ソ・アの用法
　　………………………………………………………………川瀬　義清　　68

vii

英語直接話法における引用句と動詞の類像性
……………………………………………………………… 木山　直毅　83

指示詞は何を表すか
……………………………………………………………… 古賀　恵介　99

Indirectness of *to*-Infinitives and Passivization
……………………………………………………………… Shotaro Sasaki　116

英語進行形構文の意志用法と命令用法
　―その文法化および対話の響鳴関係について―
……………………………………………………………… 清水　啓子　133

五文型再考
　―認知言語学の観点から―
……………………………………………………………… 長　加奈子　152

Reanalyzing Japanese Sentence-Final Particles *Yo* and *Ne*:
　In Light of Verhagen's Theory of Intersubjectivity
……………………………………………………………… Chiharu Nakashima　167

Way 構文における「様態」の際立ちをめぐって
……………………………………………………………… 中村　英江　184

結果構文における複合述語形成とその内部構造
……………………………………………………………迫　由紀子　198

近現代英文法に見られる「状態」概念
……………………………………………………………樋口　万里子　216

動作主性と動作性による心理動詞受動文のグラデーション
　──認知言語学の観点に基づいたコーパス調査より──
……………………………………………………………冬野　美晴　235

際立ちと領域が読解プロセスに与える影響
　──日本人英語学習者の事例研究から──
……………………………………………………………細川　博文　250

英語の受益二重目的語構文と2つのインタラクション
……………………………………………………………南　佑亮　267

日英語の自他動詞志向と受身文
　──2つの Natural Path の観点から──
……………………………………………………………村尾　治彦　283

執筆者一覧…………………………………………………………299

コーパスに基づく中国語の NP1 + V + R + NP2 構文の認知言語学的分析
―"唱红"を一例として―[*1]

秋山 淳

下関市立大学

1. 問題の所在

中国語の結果を表す NP1 + V + R + NP2 構文はたとえば以下のようなものである：

(1) a. 武松 <u>打 死</u> 了 老虎.
   武松 殴る-死ぬ 完了 虎
   「武松は虎を殴り殺した」

  b. 张三 <u>打 累</u> 了 狗.[2]
   張三 殴る-疲れる 完了 犬
   「張三は犬を殴り疲れた」

  c. 我 已经 <u>看 完</u> 了 《红楼梦》.
   私 もう 読む-終える 完了 『紅楼夢』
   「私はもう『紅楼夢』を読み終えた」

(1a) は NP1 の "武松「武松（人名）」" が NP2 の "老虎「虎」" に "打「殴る」" という行為を行い，その結果，"老虎" を "死" に至らしめると解釈される．
(1b) は NP1 の "张三「張三（人名）」" が NP2 の "狗「犬」" に "打「殴る」" という行為を行い，その結果，"张三" 自身が "累「疲れる」" と解釈される．
(1c) は NP1 の "我「私」" が "看《红楼梦》「『紅楼夢』を読む」" という行為

---

[*] 本稿を執筆するにあたり，御協力いただいた馬叢慧氏，また拙稿を査読して下さった諸先生方に感謝いたします．

[1] NP は名詞句，V は動詞，R は結果を表す動詞または形容詞である．

[2] 犬が疲れたと解釈する中国語母語話者もいる．

2

を行い，それが "完「終える」" ことを表す．この 3 つの例は何れも "NP1 +
V + R + 了 + NP2" という構文であるが，解釈はそれぞれ次のようになる：[3]

(2) a. 「NP1 の NP2 に対する V の行為が NP2 を R の状態に変化さ
せる」

b. 「NP1 の NP2 に対する V の行為で NP1 が R の状態に変化す
る」

c. 「NP1 が NP2 に行った V の行為が完了する」

ここで，(2a) は使役義，(2b) は非使役義，(2c) はアスペクトを表すと
考えると，"NP1 + V + R + 了 + NP2"（以下 VR 構文とする）はこの 1 つの
構文で，使役義 ((2a))，非使役義 (2b)，アスペクト (2c) の 3 つを表せる
と考えられる．ただし，使役義に解釈される (1a) の VR は "打死 [殴る-
死ぬ]"，非使役義に解釈される (1b) の VR は "打累 [殴る-疲れる]"，R
がアスペクトを表す (1c) の VR は "看完 [読む-終わる]" のように，V と
R の組み合わせはそれぞれ異なっている．ところがコーパスを調べていく
と，V と R の組み合わせが同じにもかかわらず，使役義と非使役義の両方
の意味を持つ VR 構文があることに気付く．それは "唱红「歌う-流行る」"
である：

(3) a. 英国　　　歌手　乔治・迈克尔　　　去世，　　他　唱-
イギリス　歌手　ジョージ・マイケル　逝去する　彼　歌う-
红　　　　了　《上一个圣诞节》.
流行る　完了　ラストクリスマス
「英国歌手ジョージ・マイケル逝く，彼はラストクリスマスを
ヒットさせた」[4]

b. …阎维文　很　　　快　　就　　唱- 红　　　了　军内外，
阎维文　とても　速い　すぐに　歌う-流行る　完了　軍内外

---

[3] NP1 は主語名詞句，"了" は完了アスペクト，NP2 は目的語名詞句を表す．
[4] http://news.cctv.com/2016/12/27/VIDEWIFtHAAV8uNvUTr72JE9161227.Shtml
2016/12/27

成为 民族唱法 的 著名男歌手. (CCL)[5]
なる 民族歌唱法 の 著名な 男性歌手
「…閻維文はたちまち軍内外で名を知られ，民族歌唱法の著名
な男性歌手になった」

(3a) では，NP1 の "他＝乔治・迈克尔「彼＝ジョージ・マイケル」" が
NP2 の "上一个圣诞节「ラストクリスマス」" を歌った結果，NP2 の "上一
个圣诞节「ラストクリスマス」" がヒットしたことを表している．(3b) では，
NP1 の "阎维文「閻維文（人名）」" が何らかの民族歌を歌うことで NP2 の
"军内外「軍内外（場所）」" が有名になったという解釈ではなく，NP1 の "阎
维文「閻維文」" が NP2 の "军内外" において，人気を博したと解釈される．
このことから，(3a) は (2a) のように NP2 が人気を博したという使役義に
解釈され，(3b) は (2b) のように NP1 が人気を博したという非使役義に解
釈される．このように，VR が "唱红" の VR 構文は NP1, NP2 の違いに
より，使役義と非使役義の何れかの解釈が可能である．本稿では，VR が
"唱红" の VR 構文が使役義と非使役義の両方の解釈を持つことが出来る分
析を通じ，中国語の VR 構文がそもそもどのような構文義を持っているの
かを明らかにしていくものである．

2. コーパスとその結果

本稿で用いたコーパスは北京語言大学の BCC，北京大学中国語言学研究
中心の CCL，web 版の "人民网「人民日報」"，そのほかに中国のインター
ネットの検索サイトである百度と Google である．[6] BCC と CCL は新聞や
現代小説からの用例を用いた．その結果，収集できた 524 例の "NP1＋唱红
（了）＋NP2" は NP1 には「人」，「歌」，「番組」，「場所」，「時間」を表すも
のが，NP2 には「歌」，「人」，「番組」，「場所」を表すものがあり，その組み

---

[5] CCL は北京大学中国語言学中心が web 上に公開している中国語のコーパスである．
　http://ccl.pku.edu.cn:8080/ccl_corpus/
[6] BCC は北京語言大学が web 上に公開している中国語コーパスである．URL は http://
bcc.blcu.edu.cn/．"人民网" は web 上に公開している人民日報の記事である．URL は
http://www.people.com.cn/ である．CCL に関しては注 5 を参照．

4

合わせにより 12 種類に分けられ，それをまとめたものが表 1 である：

	NP1＋VR＋NP2	BCC	CCL	百＆G	人民	計
①	「人」＋"唱红"＋「歌」	11	4	118	124	257
②	「人」＋"唱红"＋「人」	0	0	10	2	12
③	「歌」＋"唱红"＋「人」	1	0	10	9	20
④	「番組」＋"唱红"＋「人」	1	0	4	3	8
⑤	「番組」＋"唱红"＋「歌」	0	0	16	9	25
⑥	「人」＋"唱红"＋「番組」	0	0	1	0	1
⑦	「人」＋"唱红"＋「場所」	9	10	15	20	54
⑧	「歌」＋"唱红"＋「番組」	0	0	2	0	2
⑨	「歌」＋"唱红"＋「場所」	15	8	43	75	141
⑩	「番組」＋"唱红"＋「場所」	0	0	0	2	2
⑪	「場所」＋"唱红"＋「歌」	1	0	0	0	1
⑫	「時間」＋"唱红"＋「歌」	0	0	0	1	1
	計	38	22	219	245	524

表 1　NP1＋"唱红"＋NP2

　以下の節において，このデータ結果から見えてくる特徴を見ていくことにする．

3.　考察

　大まかにいえば，表 1 の①〜⑤の "NP1＋唱红（了）＋NP2" は使役義に解釈され，⑥〜⑫は非使役義に解釈される傾向にある．

3.1.　使役義に解釈される "NP1＋唱红（了）＋NP2"

　(4) a.　英国　歌手　乔治・迈克尔　　　去世，他　唱红　　　　了
　　　　　英国　歌手　ジョージ・マイケル　死ぬ　彼　歌う−流行る　完了
　　　　　≪上一个圣诞节≫．（＝(3a)）
　　　　　『ラストクリスマス』
　　　　　「英国人歌手マイケルジャクソン世を去る．彼は『ラストクリスマス』をヒットさせた」

b.　是　　　周杰伦　唱红　　　　　了　　方文山，还是　　　　方文山
　　です　周杰倫　歌う-流行る　完了　方文山　それとも　　方文山
　　写红　　　　了　　　周杰伦？[7]
　　書く-流行る　完了　周杰倫
　　「周杰倫が方文山の書いた歌を歌うことで彼を有名にしたのか，
　　それとも方文山が周杰倫に歌を書いて彼を有名にしたのか？」

c.　一首　≪成都≫　唱红　　　　　了　　赵雷　然而　　　　郭台铭
　　一曲　『成都』　歌う-流行る　完了　趙雷　けれども　　郭台銘
　　却是　　　　　　更　　　大的　　赢家.[8, 9]
　　どちらかといえば　いっそう　大きな　勝者
　　「『成都』は趙雷を有名にしたが，郭台銘がどちらかというとよ
　　り大きな勝者である」

d.　《中国好声音》　到底　　唱红　　　　　了　　　哪些　　歌？
　　『中国好声音』　いったい　歌う-流行る　完了　どれら　歌
　　一起　　评评　　看.[10]
　　一緒に　評定する　見る
　　「『中国好声音はいったいどの歌をヒットさせたのか？　一緒に採
　　点してみよう』」

e.　…首届　　大赛　唱红　　　　　了　　　厦门　林津峰　漳州
　　　　　第一回　大会　歌う-流行る　完了　厦門　林津峰　漳州
　　庄晏红　二位　男女　歌手.　　　　　　　　　　　　　（BCC）
　　庄晏紅　二名　男女　歌手
　　「第一回閩南語歌謡曲テレビ大会が厦門の林津峰，漳州の庄晏紅
　　二名の男女の歌手を有名にしました（意訳：第一回閩南語歌謡
　　曲テレビ大会で厦門の林津峰，漳州の庄晏紅二名の男女の歌手
　　が有名になりました」

（4a）は表 1 の①に，（4b）は②に，（4c）は③に，（4d）は④に，（4e）は

---

[7]　https://zhidao.baidu.com/question/69928170.html
[8]　原文は "赵磊" であるが，実際には "赵雷" なのでそれに従い修正した.
[9]　http://limingxi.baijia.baidu.com/article/769343 2017/2/9
[10]　http://v.163.com/special/zongyisubject/zhongguohaoshengyin.html 2012/8/29

6

⑤にそれぞれ対応する例文である.

まず (4a-d) を説明するために, "唱「歌う」" と "红「流行る」" の項構造から考えてみよう. "唱" は他動詞であり, 歌う人が Agent, 歌う曲が Theme に相当する項を持ち, 通常は Agent が主語 (NP1) に, Theme が目的語 (NP2) になる. 一方, "红" は非対格動詞であり, Theme の項を 1 つだけ持つことになる:

(5) "唱" と "红" の項構造 (Argument structure)
        外項   内項
    a. 唱：(Agent (Theme))
    b. 红：((Theme))

(4a) は "唱" の外項 (Agent) の "他＝乔治・迈克尔「ジョージ・マイケル」" が内項 (Theme) の《上一个圣诞节》「ラストクリスマス」を歌うことで,《上一个圣诞节》がヒットすることを表す. "唱" の内項 (theme) と "红" の内項 (theme) は同定され, "唱红" の NP2 位置に置かれる. (4b) は "唱" の外項 (Agent) が "唱红" の NP1 位置に置かれ, "红" の内項 (theme) が "唱红" の NP2 位置に置かれている. この文をなぜ母語話者が理解できるかというと, "唱" の内項 (theme) が "方文山" が作詞した歌であることを背景知識として知っているからである. (4c) は "唱" の外項 (Agent) が "唱红" の NP1 位置に置かれず, "唱" の内項 (theme) が "唱红" の NP1 位置に置かれ, "唱" の外項 (Agent) は "红" の内項 (Theme) と同定し, "唱红" の NP2 位置に置かれる. このように, (4a-c) では, "NP1 ＋ 唱红 (了) ＋ NP2" の NP1 と NP2 には (5) で示されている Agent または Theme が必ず置かれている. ところが, (4d) と (4e) では, "NP1 ＋ 唱红 (了) ＋ NP2" の NP1 位置に (5) で示されている Agent, Theme の何れも置かれていない. (4d) は "中国好声音" が NP1 位置に置かれている. "中国好声音" とは 2012 年から 2015 年の期間に中国浙江衛視で放映された音楽オーディション番組である.[11] 音楽オーディション番組であるということは, 出場者, プロの歌手の審査員などが番組に出演する. 出場者はこの番組に参加したことで歌手デビューしたり, 番組内で歌われた曲などがヒットすることなどが容

---

[11] 浙江の TV 衛星放送.

易に想起される．（4e）は"首届大赛"が主語位置に置かれている．これは厦門で開かれた第一回閩南語歌謡曲大会のことである．歌謡曲大会であるので，当然出場者，審査員などがいることが想像され，そこで歌われた曲がヒットしたりすることも当然想起されやすい．このように，"唱"の Agent ではない"中国好声音"や"首届大赛"を NP1 位置に置き，それらが原因主として，曲（4d）や出場者（4e）が人気を博すというのは背景的知識から十分に想起されるのである（石村（2000），楊明（2013），Suzuki（2014）に既に同様の指摘がある）．

3.2. 非使役義に解釈される "NP1＋唱红（了）＋NP2"

(6) a. 清涧　王春燕　唱红　　　　《星光大道》.[12]
　　　 清澗　王春燕　歌う-流行る　『星光大道』
　　　 「清澗県の王春燕が『星光大道』で人気を博した」

　 b. 阎维文　很　　　快　　就　　唱红　　　了　　军内外,
　　　 閻維文　とても　速い　すぐに　歌う-流行る　完了　軍内外
　　　 成为　民族唱法　的　著名男歌手.　　　（CCL）（＝(3b)）
　　　 なる　民族歌唱法　の　著名な　男性歌手
　　　 「…閻維文はたちまち軍内外で名を知られ，民族歌唱法の著名な男性歌手になった」

　 c. 《她》　唱红　　　　中国好歌曲！[13]
　　　 『她』　歌う-流行る　中国好歌曲
　　　 「『她』が中国好歌曲で人気を博した」

　 d. 电视连续剧　　《水浒传》　尽管　　　拍　　　得
　　　 TV 連続ドラマ　『水滸伝』　だけれども　撮影する　DE
　　　 不如　　原著　那么　　经典,　但　主题曲《好汉歌》
　　　 及ばない　原著　そんなに　古典　でも　主題曲『好漢歌』
　　　 却　　　唱红　　　了　　大江南北,大街小巷.　（BCC）
　　　 かえって　歌う-流行る　完了　中国全土　大通り路地
　　　 「TV 連続ドラマ『水滸伝』は撮影は原著に及ばないけれども，

---

[12] http://www.ylrb.com/2016/0515/323706.shtml 2016/5/15
[13] http://tieba.baidu.com/p/2901299291 2014/3/14

8

主題曲『好漢歌』は全国津々浦々でヒットしています」

e. 8 年前, 《超级女声》　　　一夜　唱红　　　　神州大地,
　 8 年前, 『スーパーガール』 一晩　歌う‑流行る　中国の地
　 这　　档　　略显　　　　粗糙的
　 これ　演目　かいまみせる　おそまつな
　 《美国偶像》　　　　　仿制品, …（省略）[14]
　 『アメリカン・アイドル』 複製
　 「8 年前, 『スーパーガール』は一晩のうちに中国全土で流行した
　 が, お粗末な『アメリカンアイドル』の複製であるところを垣間
　 見せ…（省略）」

f. 后来　　大江南北　唱红　　　　了　《九百九十九朵玫瑰》,
　 その後　中国全土　歌う‑流行る　完了 『九十九本のバラ』
　 …（省略）　　　　　　　　　　　　　　　　　　　　（BCC）
　 「その後, 中国全土で『九十九本のバラ』がヒットした」

g. 一个月　唱红　　　　　5首　神曲.[15, 16]
　 一ヶ月　歌う‑流行る　5曲　神曲
　 「一ヶ月に5つの神曲がヒットした」

　(6a) は表 1 の⑥に, (6b) は⑦に, (6c) は⑧に, (6d) は⑨に, (6e) は
⑩に, (6f) は⑪に, (6g) は⑫にそれぞれ対応する例文である.
　(6a) では, "清涧王春燕「清涧県の王春燕」"が人気を博す対象として
NP1 の位置にあり, 《星光大道》は CCTV のオーディション番組であり,
"清涧王春燕「清涧県の王春燕」"が人気を博すことが生じる場として NP2
の位置にある. (6b) では, "阎维文「閻維文」"が人気を博す対象として
NP1 の位置にあり, "军内外「軍内外」"は"阎维文「閻維文」"が人気を博す
ことが生じる場として NP2 の位置にある. (6c) では, "《她》"という曲が
人気を博す対象として NP1 の位置にあり, オーディション番組の"中国好
歌曲"は"《她》"という曲が人気を博すことが生じる場として NP2 の位置

---

[14] http://www.people.com.cn/24hour/n/2013/0725/c25408‑22327595.html
[15] http://society.people.com.cn/http://society.people.com.cn/gb/n/2013/0221/c136657‑
20553089.html
[16] "神曲"とは他の曲と比べ, 特にすばらしい曲のことである.

にある．(6d) では，"《好汉歌》"はヒットする対象として NP1 の位置にあり，"大江南北，大街小巷「全国津々浦々」"は"《好汉歌》"がヒットする場として NP2 の位置にある．(6e) では，オーディション番組である"超级女声"がヒットする対象として NP1 の位置にあり，"神州大地「中国の地」"は"超级女声"がヒットする場として NP2 の位置にある．(6f) では，"九百九十九朵玫瑰「999 本のバラ」"はヒットする対象として NP1 の位置ではなく，NP2 の位置に生じ，NP1 の位置には"九百九十九朵玫瑰"がヒットする場としての"大江南北「全国津々浦々」"が置かれている．(6g) では，NP2 にヒットした曲数である"5 首神曲「5 曲の神曲」"が置かれ，NP1 には"5 首神曲"がヒットした期間の"一个月「一ヶ月」"が置かれている．

　3.1 節と 3.2 節の考察から，NP1 と NP2 の内容の組み合わせが①～⑤の"NP1＋唱红（了）＋NP2"は (2a) のような使役義に，NP1 と NP2 の内容の組み合わせが⑥～⑫の"NP1＋唱红（了）＋NP2"は (2b) のような非使役義に一律に解釈される構文であるように思われる．ところが，コーパスを調査していくと，⑥～⑫の中で使役義に解釈されるものが存在することがわかった．

3.3.　使役義に解釈される "NP1（歌）＋唱红（了）＋NP2（場所)"

(7) a.　曾经，　女高音歌唱家　喻宜萱　的　《康定情歌》　唱
　　　かつて　ソプラノ歌手　喻宜萱　の　『康定情歌』　歌う-
　　　红　　了　　康定，曾经，　当代　　摇滚　　老炮
　　　流行る　完了　康定　かつて　現代　ロック　6 人
　　　痛仰乐队　　的　《再见杰克》　　　唱红
　　　Miserable Faith　の　『サヨナラジャック』　歌う-流行る
　　　了　　大理，…（省略）[17]
　　　完了　大理
　　　「かつて，ソプラノ歌手喻宜萱の『康定情歌』で康定が流行り，Miserable Faith の『さよならジャック』で大理が流行り …（省略）」

---

[17] http://culture.people.com.cn/n1/2017/0206/c22219-29059994.html

b. 上世纪　80 年代，罗大佑　一首　《鹿港小镇》　唱红
　　前世紀　80 年代　羅大佑　一曲　『鹿港の町』　歌う-流行る
　　了　　鹿港.[18]
　　完了　鹿港
　　「80 年代，羅大佑が歌う『鹿港の町』で鹿港が流行った」

　3.2 節では⑨タイプである（6d）は非使役義に解釈されると述べた．とこ
ろが，同じ⑨タイプである（7）は（6d）と同様に NP1 が「歌」（(7a) は "康
定情歌"，"再见杰克"，(7b) は "鹿港小镇"）であり，NP2 が場所（(7a) は
"康定" "大理"，(7b) は "鹿港"）であるが，ここでは，NP1 の「歌」により，
NP2 の「場所」（対象）が流行ったという使役義に解釈される．[19] このよう
に，⑨タイプにおいて，使役義に解釈されるものと非使役義に解釈されるも
のがあることから，"NP1 ＋唱红（了）＋NP2" の構文義を使役義または非使
役義の何れかに想定すると，⑨タイプのような解釈が異なるものを説明でき
ない．では，"NP1 ＋唱红（了）＋NP2" はそもそもどのような構文義を持っ
ているのだろうか？

4. NP1＋唱红（了）＋NP2 構文が表す意味

4.1. "唱红"（VR）の類像性（iconicity）による分析

　中国語は 2 つの統語単位の間の相対的な語順は出来事の発生する時間順
序に決められることが，Tai（1985, 1993）で指摘されている．

(8) a. S1　　　　　　　　　　　　　　S2
　　　我　吃　过　饭，你　再　打　电话　给
　　　私　食べる　し終える　食事　あなた　また　かける　電話　に
　　　「私が食事してから電話下さい」

---

[18] http://tw.people.com.cn/GB/n/2012/0713/c104510–18510283.html
[19] もちろん，コンテキストによっては（6d）のように非使役義に解釈される可能性もあ
りうる．

b. P1   P2

我　吃　　过　　　饭　　再　打　　电话　给　你.

私　食べる　し終える　食事　また　かける　電話　に　あなた

「食事を済ませてから電話します」

c. VP1   VP2

张三　上　　楼　　睡觉.

張三　あがる　建物　寝る

「張三は二階に上がって寝る」

　動詞の連続も同様に時間順序に従う．動詞の連続に関しては，張麗麗（2003）では Tai（1985）の分析に基づき，類像性（iconicity）の観点から詳細な分析を行っている．その分析では，時間順序の原則（Temporal Sequence Principle）に従う動詞の連続には修飾構造と述補構造の二タイプがあるという（張麗麗（2003: 8-9））：

(9) a. 修飾-被修飾

  "偸（こっそり）看（見る）「こっそり見る」"

  "加（足す）买（買う）「買い足す」"

 b. 動作-結果

  "走（歩く）出（出る）「歩き出す」"

  "骑（乗る）累（疲れる）「乗りつかれる」"

　張麗麗（2003）の分析から，前項動詞（以下 V1）と後項動詞（以下 V2）に主語の動作行為を表す動詞を配列させた場合，たとえば，V1（"偸「こっそり」"）が修飾，V2（"看「見る」"）が被修飾または目的に解釈されるのに対し，V1 に動作行為を表す動詞（"骑「乗る」"），V2 に非意志性を意味特徴とする自動詞（"累「疲れる」"）または形容詞を配列させた場合，Bernd Heine et al. (1991) の「時間から因果関係へのメタファー」から，V1 が「原因」に，V2 が「結果（R）」に解釈されると考えられる（梁（2006），申・望月（2009），秋山（2014））．たとえば：

(10)　日本人　打　伤　　了　　他　的　好友,　也　打　　碎

   日本人　殴る　傷つく　完了　彼　の　良友　も　打つ　砕ける

了　　他　自　己　的　心.　　　　　　　　　　　　　　　　(CCL)

完了　彼　自　身　の　心

「日本人が彼の良友を怪我させ，彼自身の心も打ち砕いた」

　（10）の "打"（V1）と "伤"（V2），"打"（V1）と "碎"（V2）は時間順序に従って言語化されており，どちらも V1 が V2 より先に生じている.

（11） a.　V1　V2　　　　　　　　　　　V　　R

　　　　"打" "伤"　他的好友　⇒　"打" "伤"　他的好友

　　　　───────▶ t　　　　　───────▶ t

　　　　　　時間　　　　　　　　　　　因果

　　　 b.　V1　V2　　　　　　　　　　　V　　R

　　　　"打" "碎"　他自己的心　⇒　"打" "碎"　他自己的心

　　　　───────▶ t　　　　　───────▶ t

　　　　　　時間　　　　　　　　　　　因果

　動作行為を表す V1 が時間的に先に生じ，非意志性を意味特徴とする自動詞または形容詞 V2 が後に生じることにより，時間関係から因果関係のメタファーにより，V1 が原因，V2 が結果であると解釈されるのである（V1 と V2 の時間関係に関しては井上（2012），Suzuki（2014）も参照）. そして（4）の場合，NP1 には "唱" や "红" が持つ「歌」，「歌い手」のような項が動作主（Agent）になるほか，④，⑤の場合，"唱" や "红" の項ではない "中国好声音" などの音楽オーディション番組も原因主（Causer）に解釈し，④，⑤を使役義に解釈する. なぜなら，"中国好声音" という音楽番組はオーディション参加者，プロである歌手の審査員，歌などの背景知識から，参加者や歌に人気が出ることを中国語母語話者は容易に想起できるからである. （6）の場合，NP2 の位置に "星光大道" や "大江南北" などの番組や場所が現れている. これらを "唱红" が表す事象が生起する場所であると中国語母語話者は解釈する. このことから，NP1 + 唱红（了）NP2 が使役義を表すか非使役義を表すかどうかはコンテキストを含む百科事典的知識によると考えられる.

4.2.　主語（NP1）と目的語（NP2）

　ここでは主語，目的語の文法関係についてみていく. 認知文法のアプローチでは，主語は，述語がプロファイルする関係によって位置づけられる存在

のうち，一次的な焦点として認知される対象に対応する．この一次的な焦点としての際立ちを担う対象は基本的にトラジェクター（tr＝trajector）として規定される（即ち，主語はトラジェクターに対応する）．これに対し，目的語は，述語がプロファイルする関係によって位置づけられる存在のうち，際立ちがより低い対象（即ちランドマーク（lm）として規定される）（山梨（2012: 4–5））．それに基づけば，(4) の "NP1＋唱红（了）＋NP2" の tr と lm の関係は次のように想定される：

(12)　$\boxed{\text{NP1}}$ ———— $\boxed{\text{NP2}}$
　　　　　　　　<tr>　　　　　　　　<lm>

(13)　a.　英国歌手乔治·迈克尔去世，他唱红了《上一个圣诞节》．（＝(4a)）
　　　　　　　　　　　　　　　　　　　tr　　　　　　　　　　lm

　　　b.　一首《成都》唱红了赵雷然而郭台铭却是更大的赢家．　（＝(4c)）
　　　　　　　　　　　tr　　　　　lm

(13a) は，"他「彼」"（人）が一次的焦点 (tr) として主語に，"上一个圣诞节「ラストクリスマス」"（歌）が二次的焦点 (lm) として目的語になる．ある歌手が歌を歌い，その歌がヒットするというのは現実世界において最も理解しやすい現象だと考えられる．Goldberg (1995: 39) は「基本的な文タイプに対応する構文は人間の経験に基本的である中心的な意味の事象タイプとして記号化される」と述べており，表1から見てわかるようにこのタイプは 524 例中 257 例と最も多く，このタイプが "NP1＋唱红（了）＋NP2" のプロトタイプと考えることが出来る．[20] (13b) は，(13a) とは反対に，"成都「成都（曲名）」" が一次的焦点 (tr) として主語に，"赵雷「趙雷（人名）」" が二次的焦点として目的語になる．ある歌によって，それを歌った歌手が人気を博すというのも理解しやすい現象と考えられる．

　一方，主語，目的語が必ずしも事態の参与者ではなく，その事態を統括するセッティングになる場合がある（山梨（2012: 6–7））．それに基づけば，(6) の "NP1＋唱红（了）＋NP2" の tr と lm の関係は次のように想定される：

---

[20] 原文は Constructions which correspond to basic sentence types encodes their central senses event types that are basic to human experience.

(14) a.

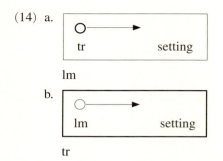

b.

(15) a. 电视连续剧《水浒传》尽管拍得不如原著那么经典，但主题曲《好
汉歌》却唱红了大江南北，大街小巷．　　　　　（BCC）（＝(6d)）
　　　　　　　　　　　　　tr　　　　　　lm
　　b. 后来大江南北唱红了《九百九十九朵玫瑰》，…（省略）（BCC）（＝(6f)）
　　　　　　　　tr　　　　　　lm

(15a) は"主題曲《好汉歌》「主題曲『好漢男』（曲名）」"が一次的焦点として主語に，"大江南北，大街小巷「国中隅々，町中至る所（場所）」"が"唱红"の事象が生じる場（setting）として，二次的焦点として，目的語になる（崔婷 2015：195））．(15b) は"大江南北「国中隅々（場所）」"が"唱红"の事象が生じる場（setting）として，一次的焦点として主語になり，"九百九十九朵玫瑰「999本のバラ（曲名）」"が二次的焦点として目的語になっている．

　ところで，前節の (7) は NP2 が"大理"，"鹿港"の時には，NP1 の"康定情歌"や"鹿港小镇"のような「歌」により人気を博した場所に解釈されることを指摘したが，(15a)（＝(6d)）の NP2"大江南北，大街小巷"が場（setting）となるのは，それが具体的な場所（地名）ではなく，広大な場所であり，その違いが解釈の違いになると思われるかもしれない．

(16) a.　歌曲　《南泥湾》　当年　　唱红　　　陕甘宁，后　　又
　　　　　歌曲　『南泥湾』　その頃　歌う‐流行る　陕甘宁　後に　また
　　　　　响彻　　　大江南北，…（省略）[21, 22]
　　　　　響き渡る　国中隅々

---

[21] http://politics.people.com.cn/GB/1026/15635863.html
[22] "陕甘宁"は陕西，甘肃，宁夏三省の略称．

「『南泥湾』は昔陝西，甘粛，寧夏でヒットし，後に国中隅々まで響き渡った」

b. 《外婆的澎湖湾》　　唱红　　　　海峡两岸[23]
『外祖母の澎湖湾』　歌う–流行る　海峡両岸
「『外祖母の澎湖湾』が海峡両岸でヒットした」

　(16) の NP2 は (7) と同じように地名または特定の地域であるが，(15) と同様に場（setting）になっている．つまり，⑨タイプの NP2 の場所が対象（Theme）なのか，それとも場（setting）なのかは地名や特定地域，あるいは広大な場所といったもので決まるのではなく，コンテキストを含む中国語母語話者の経験に基づく背景知識（百科事典的知識）に基づいて解釈されるのである．したがって，NP1 + 唱红（了）+ NP2 の構文義が使役義なのか非使役義なのかの解釈は中国語母語話者の経験に基づく背景知識（百科事典的知識）に基づいて決まると思われる．

5.　まとめ

　これまでの考察をまとめると次のようになる：

(17) a.　"NP1 + 唱红（了）+ NP2" の "唱红" は類像的（時間順序にしたがい）に配置されている（井上 (2012)）．時間から因果のメタファーにより，構文が使役義（NP2 の変化）に解釈されるか否かは構文からは判断できない（Suzuki (2014)）．母語話者の経験に基づく背景知識（百科事典的知識）で判断されると考えられる．

b.　それにより，⑨タイプの場所 NP2 が対象（Theme）になるか（(7)），場（setting）になるか（(6)，(16)）は同じく母語話者の経験に基づく背景知識（百科事典的知識）からの解釈に基づく．

c.　主語が動作主（使役主）「人」，目的語が対象（被動者）「歌」に解釈できるタイプが最も多く，このタイプがプロトタイプであると考えることができる（Goldberg (1995: 36)）．

---

[23] http://media.people.com.cn/GB/n/2013/0205/c40606–20432525.html

参考文献

秋山淳（2014）「推移と VR 構文の捉え方」『西南学院大学言語教育センター 紀要』第4号，1-15，西南学院大学言語教育センター．

崔婷（2015）「中国語の"唱紅"における自動詞用法について」『言語・地域文化研究（Language, Area and Culture Studies)』21 号，189-196，東京外国語大学．

Goldberg Adele E. (1995) *Constructions: A Construction Grammar Approach to Argument Structure*, University of Chicago Press, Chicago.

Heine, Bernd, Ulrike Claudi and Friederike Hünnemeyer (1991) "From Cognition to Grammar: Evidence from African Languages," *Approaches to Grammatical-ization* vol. 1, ed. by Elizabeth Closs Traugott and Bernd Heine, 149-188, John Benjamins, Amsterdam.

井上優（2012）「テンスの有無と事象の叙述形式」『日中理論言語学の新展望②意味と構文』，影山太郎・沈力（編），1-26，くろしお出版，東京．

石村広（2000）「中国語結果構文の意味構造とヴォイス」『中国語学』247 号，142-157，日本中国語学会．

木村英樹（2012）『中国語文法の意味とかたち──「虚」的意味の形態化と構造化に関する研究』白帝社，東京．

Langacker, Ronald W. (2008) *Cognitive Grammar: A Basic Introduction*, Oxford University Press, New York.

梁銀峰（2006）『漢語動補結構的産生与演変』学林出版社，上海．

申亜敏・望月圭子（2009）「第 10 章 中国語の結果複合動詞──日本語の結果複合動詞・英語の結果構文との比較から」『ひつじ研究叢書〈言語編〉第 80 巻 結果構文のタイポロジー』，小野尚之（編），407-450，ひつじ書房，東京．

Suzuki, Takeo (2014) *A Cross-Linguistic Exploration into the Semantics of English, Japanese and Mandarin Resultatives*, Gendai Tosho, Sagamihara.

Tai, James H-Y (1985) "Temporal Sequence and Word Order in Chinese," *Iconicity in Syntax,* ed. by John Haiman, 49-72, John Benjamins, Amsterdam / Philadelphia.

Tai, James H-Y (1989) *Toward a Cognition-Based Functional Grammar of Chinese*, Beijing Language and Culture University Press, Beijing.

Tai, James H-Y (1993) "Iconicity: Motivations in Chinese Grammar," *Principles and Prediction: The Analysis of Natural Language,* ed. by Mushira Eid and Gregory Iverson, 153-174, John Benjamins, Amsterdam.

Tai, James H-Y (2005) "Cognitive Relativism : Resultative Construction in Chinese," *Language and Linguistics* 4(2), 301-316.

辻幸夫（編）（2013）『新編認知言語学キーワード事典』研究社，東京．

山梨正明（2012）「認知のダイナミズムと構文現象」『ひつじ意味論講座第 2 巻 構文と意味』，澤田治美（編），1-29，ひつじ書房，東京.

楊明（2013）『結果構式的認知語義研究——以中日英為例』知識産研権，北京.

張麗麗（2003）「動詞複合與象似性」『語言暨語言學』vol. 4(1)，1-27.

2つの目的語の関係

—障壁モデルにもとづく二重目的語構文の分析—[*]

植田　正暢

北九州市立大学・西南学院大学大学院

1. はじめに

二重目的語構文は［Subj（主語）–V（動詞）–O$_1$（間接目的語）–O$_2$（直接目的語）］という形式を持ち，典型的には「送り手（Giver）が受け手（Recipient）に物（Thing）を受けとらせる」と定義される所有変化を表す．この構文には典型的な動詞である give から作成・獲得動詞（bake, get, buy など）に至るまで多岐にわたる動詞が現れ，少しずつ異なる意味を表すことが知られている（Green (1974), Goldberg (1995), Ueda (2004), Rappaport and Levin (2008) など）.

さらに二重目的語構文は比喩的に拡張した意味を表すことができる（Goldberg (1995) など）．その意味の 1 つに本稿で取り扱う因果関係（causal relationship）がある．構文が表す因果関係の 1 つは〈直接使役〉（direct causation：以下，使役）であり，(1) がその例に該当する．間接目的語 him は直接目的語 look が表す行為の作用を受ける客体として解釈される.

(1)　She gave him a quick look.

因果関係の中でも本稿が中心的に取りあげるのは (2) に示す事例に相当し，〈許可〉（permission）や〈可能〉（enablement）を表すものである.

---

*　本稿を執筆するにあたり構想の段階からコメントを下さった川瀬義清先生に感謝申し上げたい．また，初稿を読んで，議論を批判的に検討して下さった査読者の長加奈子氏と南佑亮氏にも謝意を表したい.

(2) The other man shook his head, held up his paper, and shouted
out, 'Can anybody read this?'
'Give me a look at it,' Cameron shouted back.

(BNC: A0N：下線部筆者)

　(2) は，男性が手にしている書類を見せてもらうことを求める意図で発話
されており，間接目的語は見るという行為の主体として解釈される.[1] 表面
上は現れないが，(2) には〈許可・可能〉の意味が含まれる.

　本稿では，(2) に示す用法の give 以外に，deny, refuse のような拒絶動
詞（verbs of refusal）や allow, permit のような許可動詞（verbs of allow-
ing）を用いて〈許可・可能〉を表す二重目的語構文を論考の対象とする.[2]
その直接目的語には，look などの行為を表す名詞に加えて，(3) で例示す
る chance や permission などの名詞も分析の射程に入れる.

(3) a. But, first, I want to give Senator Warner a chance to talk about
the women's issue. (COCA)

b. ... I'll give you permission to slide whenever you want.

(COCA)

　(3) では間接目的語と直接目的語の間である種の「所有」関係が成り立ち，
一見すると具象物の所有変化を表す事例と類似するように見える.しかし問
題とする名詞は to 不定詞や of＋動名詞などを伴うことが多く，間接目的語
がその意味上の主語として解釈される特徴を持つ.行為を行う許可や機会を
与えるという点において (2) と類似する.

　植田 (2018) では〈許可〉と〈可能〉を一括りに扱っていた.[3] しかし，実
際には〈許可〉と〈可能〉は異なる事態構造を持つ.そこで本稿では，二重
目的語構文が表す〈許可〉と〈可能〉の違いを示した上で，〈可能〉とはどの

---

　[1] 二重目的語構文が表す2種類の因果関係については Cattell (1984) がすでに指摘して
いる.Newman (1996)，植田 (2018) なども参照のこと.
　[2] deny, refuse については Iwata (2006) および岩田 (2012) が定量的な分析を試み，不
許可の意味を表すことを指摘している.
　[3] 植田 (2018) では〈許可〉と〈可能〉を一括りに〈可能〉としていたため，本稿で両者を
区別せずに表記する場合には〈許可・可能〉とする.また，以下の議論で障壁モデルという
名称を用いるが，これは植田 (2018) では障壁除去モデルと呼んでいたものである.

ような特徴を持つのかを明らかにしていく．2節では，最初に〈許可〉と〈可能〉の違いを詳らかにする．議論の前提として，〈許可〉と〈可能〉は〈所有変化〉を元とし，比喩によって理解されると仮定する．そして〈許可〉と〈可能〉がどのような経験的基盤にもとづいて〈所有変化〉と結びついているのかを論じる．〈許可〉と〈可能〉の違いについて論じる中で，植田（2018）で提案した推進力モデルと障壁モデルの関係についても再検討する．

　植田（2018）で提案したモデルによって〈可能〉の概略を把握することが可能となったが，個々の構成要素の間の結びつきや全体の構造と構成要素の間の関係がどのようになっているのかを明確にしていなかった．3節では，植田（2018）を精緻化するために，川瀬（2004）で提唱されている二重目的語構文の認知プロセスを仮定し，構成要素間の関係を参照点構造（Langacker（2000, 2009）など）に依拠して分析するとともに，構成要素と文全体の関係を示す．また，この分析の帰結として，〈可能〉を表す二重目的語構文に見られる冗長性が自然に説明されることを示す．4節はまとめである．

2.　二重目的語構文が表す〈許可〉と〈可能〉

　言語が因果関係（causation）をどのように捉え，表示するのかという課題は多くの先行研究で扱われてきた．Talmy（1988, 2000）は一連の研究の中で2つの出来事（あるいはその参与者）間の因果関係を力関係から捉えるforce dynamics という考え方を提唱し，ヒトが因果関係をどのように言語化しているのかを明らかにしてきた．二重目的語構文という形式は，(1)-(2) で観察したように，〈使役〉と〈許可・可能〉を表すことが可能である．植田（2018）では，Talmy の force dynamics を応用し，推進力モデルと障壁モデルという2つのモデルを提案してその事態構造の特徴を捉えようとした．しかしながら，その後の調査で〈許可〉と〈可能〉は異なる性質を持つものであると判明した．この節では両者がどのように異なるのかを論じる．また〈許可〉の事態構造についても考察する．

2.1.　2種類の因果関係—〈使役〉と〈許可・可能〉

　植田（2018）では，二重目的語構文は〈使役〉と〈許可・可能〉を表すことができることを観察した．〈使役〉とは CAUSATION IS TRANSFER というメ

タファーによって直接目的語が表す行為を物と見立て，それが主語から間接目的語に移動すると理解される因果関係を指す．[4] エネルギーの伝達という点から見れば，主語から間接目的語に向かってエネルギーが伝わる事態として捉えることができる．これは action chain（Langacker（1991a, b）など）や causal chain（Croft（1991）など）で捉えられ，植田（2018）では推進力モデル（2.2 節）として捉えている．

一方，〈許可・可能〉は，〈使役〉のように行為を移動する物として捉える事態構造とは異なる．たとえば，書類を見る許可を求めることを表す（2）の事例では，（1）とは異なり，「書類を見る」という行為そのものが主語から間接目的語に移動しているとは考えにくい．移動が関わるとすれば，「許可」が移動していると理解できる．植田（2018）ではこのような事例を障壁モデルとして捉えた．

障壁モデルには HAVING AN OPPORTUNITY TO DO SOMETHING IS HAVING A WAY OF GETTING INTO A BUILDING（*Macmillan English Dictionary for Advanced Learners* 2nd ed.）というメタファーが関わるものと考えられる．(2) を用いて説明すると，許可を求める者（キャメロン）と書類の間には「障壁」が存在するために見ることができないが，書類を手にする男性に障壁を取り除いてもらうことによって書類が第3者も見られるようになる．これを簡潔な図にしたものが図 1 である．

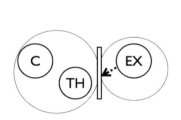 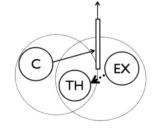

図 1　(a) 許可が付与される前の状態　　(b) 許可が付与された状態

図 1 では，主語が〈使役者〉（Causer = C），間接目的語が〈経験者〉（Experiencer = EX），書類が〈物〉（Thing = TH）として表示されている．見ると

---

[4] 詳細は Kövecses（2010: 130）や Goldberg（1995: 149）などを参照のこと．

いう行為は EX より TH に向けられている破線矢印で表示され，(a) の時点では障壁（長方形にて表示）があるため EX は TH を見られない状態にある．C と EX を囲む円はそれぞれの支配域（dominion (Langacker (1991a, b) など）：訳語は川瀬 (2004) による）を示すもので，(a) では TH が C の支配下にあることを示す．C が障壁を取り除くことによって EX は TH を見ることができるようになり，TH は EX の支配域に取り込まれる．

2.2. 推進力モデルと障壁モデル

　植田 (2018) では，推進力モデルと障壁モデルという 2 つのモデルを提案し，ともにその経験的基盤が人から人に手で物を渡す事態にあることを論じた．その議論の勘所は，手渡しという事態で手が 2 つの役割を担うことである．手の役割の 1 つには物を移動させる推進力の源としての働きがあり，もう 1 つには物を落としたり，他者から奪われたりしないようにするための障壁の働きがある．この 2 つの役割のうち前者を前景化したものが推進力モデルであり，後者を前景化したものが障壁モデルである．つまり基底となる共通の構造があり，プロファイルの差異によって 2 つのモデルが浮かび上がることになる．

　推進力モデル（図 2）では，手（長方形にて表示）は〈送り手〉(G) からのエネルギーを〈物〉(TH) に伝え，〈受け手〉(RCP) へ移動させるという構造がプロファイルされる．一方，障壁モデル（図 3）では，手は〈物〉が支配域の外に出るのを防いだり，あるいは他者が許可を得ずに支配域にアクセスすることを妨げたりする障壁の役割を担う．このモデルによって障壁が取り除かれると〈受け手〉がアクセスできるようになるという面がプロファイルされる．

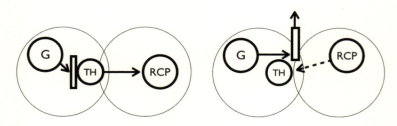

図 2　推進力モデル　　　　図 3　障壁モデル

因果関係は所有変化を元にするメタファーによって理解されるとすると，この 2 つのモデルは因果関係に適用できる．〈使役〉では〈送り手〉は〈使役者〉(Causer = C) に，〈物〉は〈行為〉(Act) に，〈受け手〉は〈経験者〉(Experiencer = EX) に写像されることになる．この 3 者の関係を図式化したものが図 4 である．

　一方，〈許可・可能〉を表したものが図 5 で，〈送り手〉は〈使役者〉に，〈受け手〉は〈経験者〉に写像される．また〈許可・可能〉では，〈受け手〉の支配域に相当する部分がプロファイルされ，EX と TH との間の関係（楕円）を指し示す．[5] メタファーによって元となる構造のすべてが写像されるわけではなく，〈使役〉の場合，手に相当するものは消失すると考えられる．また，〈可能〉の場合，障壁は背景に残ると考えられる．[6]

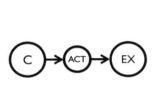 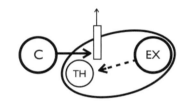

　　図 4　使役（推進力モデル）　　図 5　許可・可能（障壁モデル）

2.3. 二重目的語構文が表す因果関係の再考

　2.1 節から 2.2 節では，植田 (2018) が提案した推進力モデルと障壁モデルの 2 つを概観し，このモデルを用いて二重目的語構文が表す〈使役〉と〈許可・可能〉について説明した．2.3.1 節では，両者の相違点を明らかにし，障壁モデルで捉えられる事態構造が〈可能〉であり，〈許可〉は異なる構造を持つことを述べる．2.3.2 節で〈許可〉の事態構造の概略を提示する．

---

[5] 〈所有関係〉と〈許可・可能〉の間の写像関係については検討の余地があるため，今後の課題としたい．

[6] 所有変化の基本的な構造は因果関係にも写像されるが，すべての構造が写像されるわけではない．これは the invariance hypothesis (Lakoff (1990) など) による．〈可能〉で障壁が背景に存在することについては植田 (2018) の議論を参照されたい．

2.3.1. 〈許可〉と〈可能〉の相違点

(4) の例文はともに give が生じる二重目的語構文の形式で，直接目的語に to 不定詞を伴っている．直接目的語に (a) では chance が，(b) では permission が出現している．

(4) a. But, first, I want to give Senator Warner a chance to talk about the women's issue. (COCA)

b. ... I'll give you permission to slide whenever you want.

(COCA)

いずれの例でも to 不定詞の意味上の「主語」は間接目的語となる．したがって，(a) では女性問題について話す主体はウォーナー議員であり，(b) では（手すりを）滑り降りる主体は「あなた」となる．このように植田 (2018) では間接目的語と to 不定詞の間の関係を問題にしていた．このような関係を無視することはできない一方で，形式に忠実になれば間接目的語と直接目的語の間の関係にも目を向ける必要がある．

間接目的語と直接目的語の関係を考察するために次の例を観察してみよう．

(5) a. We'll give them their chance here to explain themselves in just a moment. (COCA)

b. I wanted to give you my permission to go out there and experiment. (COCA)

(5) は (4) と同じ形式をしているが，直接目的語に所有代名詞が現れている点で異なる．所有代名詞の指示対象は，(5a) では間接目的語，(5b) では主語である．このことから，chance は間接目的語との間で，permission は主語との間で何らかの関係が成立していると言える．

(5a) が示す事態構造は所有変化とは異なり，〈使役者〉が〈経験者〉のところに「機会」というものを移動させるものではない．(5a) のような二重目的語構文の2つの目的語の間に成り立つ関係は，〈経験者〉が自ら経験して獲得する，あるいは〈経験者〉自身に内在するものであり，その関係を〈使役者〉が認めることで成立する．たとえば (5a) の場合，間接目的語が本来的に説明する機会を持っているが，その機会が実際に利用できるかどうかは主語によって決まる．このような関係が〈可能〉に相当し，障壁モデル

で捉えられるものである．このタイプに属すると考えられる名詞には ac-cess, freedom, right, victory などがある．(6) はその例である．

(6) a.　... IEPs written without general education teacher participation denied students their access to free appropriate public education ...　(COCA)

b.　... Eduardo Romero chipped in to deny him his second tour victory this year, ...　(BNC: A40)

c.　He releases them from their hutches thus giving them their freedom.　(BNC: H83)

障壁モデルに沿って説明すると，間接目的語と直接目的語の間には内在的な関係があり，介在する障壁を取り払うことによってその関係が確立する，あるいは障壁を動かさないことで関係の成立を阻害することになる．

　一方，(5b) では，主語が「許可」を出すという意味で主語と許可の間に関係がある．許可が間接目的語のところへ移動するという点では典型的な所有変化と類似する．しかし，所有変化とは異なり，許可の場合，間接目的語（経験者）の側から許可を求めるという段階がある．許可は目的とする出来事を実現するために申請されるため，許可が申請された時点で〈経験者〉と〈未然の出来事〉の間に潜在的な関係が成立する．すると，〈許可〉には 2 つの局面があることになる．1 つには許可が〈使役者〉から〈経験者〉に移動するという推進力モデルで捉えられる局面であり，もう 1 つは〈経験者〉が許可を受けた結果，申請内容を実行するという障壁モデルで捉えられる局面である．〈許可〉は推進力モデルと障壁モデルの融合したものと考えられる（2.3.2 節）．許可タイプに属する名詞には consent や authorization などがある．

(7) a.　For policy holders who don't give the agency their consent by Dec. 31, ...　(COCA)

b.　After completion of the training and courses, her physician gave her his authorization for the eye test portion of the test.
(*Aniridia and WAGR Syndrome: A Guide for Patients and Their Family*)

この節を離れる前に，（2）で観察した look の事例に立ち戻りたい．冒頭で（2）を〈許可・可能〉の例として取りあげたが，ここでの議論をふまえると，look がいずれに分類されるのかを検討する必要がある．直接目的語に所有代名詞が生じる事例を見ると，（8）に示すとおり，間接目的語と同一指示になることが可能である．したがって，（2）は〈可能〉の事例であると言える．

(8) a. "Come. Let's get under a tree and give you your look at the sky."　　　　　　　　　　　　　　　　　　　　　(*Mother's Choice*)

    b. ［話者が葬式で友人の亡骸と対面する場面にて］
        People stepped out of my way to give me my look at her.
                (*Amber's Summer with M. the V and New Poems*)

2.3.2. 推進力モデルと障壁モデルの共存

植田（2018）では，推進力モデルと障壁モデルは図と地の関係にあるとしたが，〈許可〉の特徴をふまえると，両者の関係は図と地の間で見られる排他的な関係ではなく，共存できる関係であるとすべきである．では，推進力モデルと障壁モデルはなぜ共存できるのだろうか．

この問題に取り組むために Newman（1996: 185-186）の〈所有変化〉と〈可能〉の関係に関する考察を参考にしたい．Newman は類型論の立場から GIVE という概念を表す動詞の意味拡張について考察を重ね，その中で GIVE がなぜ〈可能〉を表せるのかという問題に取り組んでいる．Newman によると，〈所有変化〉の中に〈可能〉につながる意味が潜んでいるという．

(9) a. She gave me a book to read.
    b. She gave me a book.　　　　　　　　　　　　(Newman (1996: 185))

（9a）の例では，（i）「送り手が受け手に物をあげる」という所有変化の意味に加えて，（ii）「受け手が受けとった物を後で用いる」ことが明示的に表されている．（ii）に相当する意味は to read によってもたらされ，これが〈可能〉の意味に通じるという．to read が表れない（9b）であっても暗黙の内に同様の解釈が呼び起こされるという．そして，（9a）のような事例が橋渡しとなって〈所有変化〉が〈可能〉の意味に拡張するとしている．

(9a) を推進力モデルと障壁モデルを用いて記述すると，[she → a book → me] という連鎖は「彼女」が「本」を「私」のところに移動させる推進力モデルで捉えられる．また，to read が表す [me → a book] の関係は障壁モデルで捉えられることになる．2つのモデルの融合は，植田 (2018) を仮定すると自然に捉えることができる．推進力モデルも障壁モデルもその経験的基盤を手渡しという事態におき，手が持つ2つの役割からそれぞれのモデルが形成されている (2.2 節)．しかし，手はそもそも1つの物体であり，物を握って相手のところまで動かし，手を開いて相手が入手できるようにするという一連の動作が示すように，2つの役割を同時に果たすことができる．したがって，2つの役割が同時に認識されたとしても不自然なことではない．推進力モデルと障壁モデルが融合したモデルが図6である．

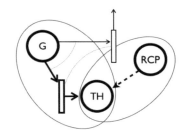

図 6　推進力モデルと障壁モデルの融合したモデル

図6では G から TH にエネルギーが伝わり，RCP の支配域に送る過程と，G が障壁を取り除き，RCP が TH にアクセスできるようにする過程が描かれている．ただし，(9) の例からわかるように，障壁モデルで捉えられる過程は明示的に言語化されない限り表に出てこないため，通常はこの部分に光は当たらない．表示上，手を表す長方形はエネルギーを伝える役割と障壁の役割が別々に描かれているが，点線が示すように両者は1つのものである．また，G から手へのエネルギーの流れを示す矢印もそれぞれの役割によって別々に引かれているが，実際には1つの活動と見なされるものである．

〈許可〉はこの融合モデルの基本的な構造を引き継ぎ，推進力モデルによって主語から間接目的語へ許可が移動する側面が捉えられ，障壁モデルによって間接目的語が許可された内容を実行する側面が捉えられる．

2.4. まとめ

　2節では，二重目的語構文が表す〈可能〉の特徴を〈使役〉と〈許可〉と比較しながら明らかにしてきた．とりわけ〈可能〉と〈許可〉は植田（2018）では明確に区別していなかったが，直接目的語に生じる所有代名詞に着目してその区別を試みた．結局のところ，〈許可〉は主語から間接目的語にもたらされる事態であるのに対して，〈可能〉は間接目的語と直接目的語の間の内在的な関係を主語が認める事態であると論じた．

3. 〈可能〉の事態構造

　〈許可〉と〈可能〉の違いが明らかになったところで，いよいよ本稿の眼目である〈可能〉の事態構造を詳細に見ていく．個別の構成要素と文全体の構造を示し，植田（2018）で提案したモデルの精緻化を試みる．

3.1. 二重目的語構文の認知プロセス

　〈可能〉の事態構造を詳述するための理論的前提として，川瀬（2004）による二重目的語構文の認知プロセスを仮定する．川瀬は二重目的語構文と to 与格構文を比較し，その差異を認知主体による事態の捉え方の違いに求めている．当該構文の意味的・統語的な差を説明する認知プロセスは，〈許可〉や〈可能〉における間接目的語と直接目的語の間の関係を捉える障壁モデルを理解するのに有益な仮説である．川瀬によると，二重目的語構文やto 与格構文のような3つの参与者が関わる事態は，2つの参与者が関わる2者関係を3者関係に拡張して認識されるとし，その拡張の方向が二重目的語構文と to 与格構文とでは異なるという．二重目的語構文に話を絞ると，その認知プロセスは次のように述べられている．

> (10)　O_1［間接目的語］，O_2［直接目的語］として実現される参与者の関係を参照点関係としてとらえ，その関係を引き起こした参与者の方にスコープを拡張し全体をとらえる．
>
> （川瀬（2004: 395），角括弧引用者）

　この仮説そのものは二重目的語構文一般が持つ事態構造の認知メカニズムを捉えようとするものであるため，下位構文の1つとなる〈可能〉を表す二

重目的語構文にも適用可能である．2.3.1 節で，〈可能〉の場合，間接目的語と直接目的語の間に内在的な関係があり，それを主語が認める事態構造であることを述べた．この事態構造はまさに（10）の認知プロセスに則るものと言える．（10）を仮定すると，〈可能〉を表す二重目的語構文の構造は，間接目的語と直接目的語の間に参照点の関係が成立し，次に主語と2つの目的語の関係が捉えられる構造になる．

3.2. 障壁モデルと参照点構造

川瀬（2004）にもとづき，〈可能〉を表す二重目的語構文の構造を提示する．比較的構造が単純になることから例文として（11）を用いる．その構造が図7である．

(11) John denied Mary access to the children.

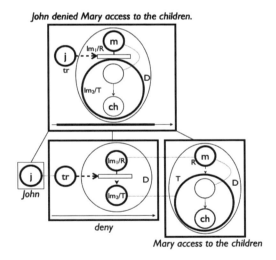

図7 *John denied Mary access to the children.* の構造[7]

一番上の図が全体の構造を示したものである．トラジェクター（tr）である John（=j）が，第1ランドマーク（lm₁）である Mary（=m）と第2ラン

---

[7] 本来であれば合成された文と構成要素間の関係を示す点線などを明示する必要があるが，図を見やすくするために一部表示を省略している．

ドマーク（lm$_2$）である access to the children の間に参照点の関係があることを認めないことを表している．関係が成立するのを妨げる障壁（長方形で表示）が両者の間に存在する．j から障壁に向かっている破線矢印は障壁をとどまらせるための「力」の行使を表している．この場合の力は物理的なものではなく，社会的な権限の行使に相当する．

　構成要素間の関係に目を移すと，(10) によって Mary と access to the children が最初にまとまりをなす．Langacker (2000: 191) によると，両者の間には NP's N の -'s のように参照点の関係を形態的に明示する要素はなく，2つの名詞句が並置されているにすぎないため，参照点構造であることは構文によってもたらされることになるという．すると，間接目的語-直接目的語の関係は図8で示す構造によって捉えられると考えられる．[8]

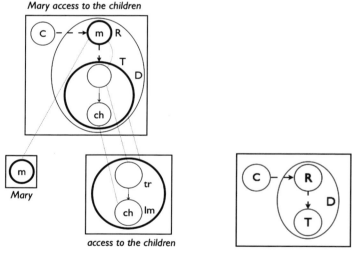

図8　*Mary access to the children* の構造　　図9　Possessive Schema

　図8の上段が2つの目的語である Mary と access to the children が合成された構造となる．この構造は二重目的語構文によって与えられる Possessive Schema（図9; Langacker (2009: 84)）を具体化したものとなる．図中

---

[8] Langacker (2009) に従えば，グラウンディングについて考慮する必要があるが，議論を簡潔にするためグラウンディングについては考慮しない．

の C は認知主体（conceptualizer）を指し，C は参照点（R）（図 8 における Mary）に依拠して目標（T）（図 8 における access to the children）に心的接触（mental access）することになる．

　図 8 の右下の図は，access の意味構造を示し，「tr が lm にアクセスすること」を表す．to the children は tr が移動する着点（lm）を表し，access の意味構造と重なっている．

　図 8 の構造で重要なのは，Mary が access に対して参照点になっている上，access の tr としても理解されるという 2 つの役割を担うことである．この 2 つの役割は，(6)（(12) として再掲）で見たように，異なる言語表現として表れることがある．間接目的語と直接目的語が並置されることによって両者の間で参照点の関係ができあがるのに加えて，直接目的語に所有代名詞が付加し，間接目的語と同一指示になることで両者の間の関係が明示される．

(12) a. ... IEPs written without general education teacher participation denied students their access to free appropriate public educa- tion ... (COCA)

　　 b. ... Eduardo Romero chipped in to deny him his second tour victory this year, ... (BNC: A40)

　　 c. He releases them from their hutches thus giving them their freedom. (BNC: H83)

NP's N という形式における NP's は N の参照点となる（Langacker (2000) など）ことから，(12) の例では，間接目的語と所有代名詞が冗長的に直接目的語と参照点の関係にあることを示すことになる．

　ここまでの議論と関連して (13) も合わせて考えてみたい．

(13) a. I did repel his letters, and denied / His access to me.

(*Hamlet* 2.1.110–11)

　　 c. MACEDONIA'S parliament was locked in a bitter debate yes- terday over demands that the republic accept a temporary name to allow its admission to the United Nations.

(BNC: K5D)

(13) は他動詞構文の例で，間接目的語は生じない．(13) では直接目的語に

所有代名詞が用いられており，NP's N という構造の内部において参照点の関係が成立する．(11) から (13) までで見た3つの異なる形式は実際には異なる意味を表すのだが，参照点構造に基づく意味の記述では間接目的語と直接目的語の関係も，所有格名詞句と主要部の関係も参照点に依拠して目標に心的接触があるという関係が共通するため，結果的に近い内容を伝えることができる．

この点を補強するものとして，English Language & Usage というウェブサイトで 2013 年 11 月 10 日に投稿された質問とその回答がある．投稿された質問に記載された例文が (14) である．

(14) a. There is no higher authority that can legally deny me my right to do so.

b. There is no higher authority that can legally deny me the right to do so.

c. There is no higher authority that can legally deny my right to do so.

(https://english.stackexchange.com/questions/137042/which-version-of-this-sentence-is-the-best)

(14) の投稿者は3つの文を同じ意味を持つ文とした上で，文法性に差があるかどうかを質問している．これに対して回答者はいずれも文法的には問題がないが，意味に細かな違いがあると述べている．その回答によると，(a) では所有代名詞を用いることによって誰の権利なのかが (b) よりも限定されるという．また，(a) と (b) では「私」が権利を行使しようとするのを権威者が止める意味合いがあるのに対して，(c) は「私」には単に権利がないことを述べているにすぎないという．つまり，結果的に「私」が権利を有していないという点では3つの例は共通し，これが投稿者が意図した同じ意味に相当する．その一方でこの3つの文は形式が異なっており，その違いは細かな意味の違いに反映される．

障壁モデルと参照点構造による説明は，(14) の投稿者が意図した「同じ意味」と回答者が記した「異なる意味」の両方を捉える説明力を持つ．(a)-(b) と (c) の違いは構文の違いによるものであり，(a) と (b) の違いは間接目的

語と直接目的語の間の関係を冗長的に表しているかどうかによるものである.[9]

4.　おわりに

　本稿では，二重目的語構文が表す〈可能〉が，概念的に関連する〈許可〉とどのような点で異なっているのかを明らかにした上で，その事態構造を示した．また，植田（2018）で提案したモデルを精緻化するために川瀬（2004）で提唱された二重目的語構文の認知プロセスを仮定し，文全体の構造と構成要素間の関係を参照点構造という観点から分析した．

参考文献

BNC. *The British National Corpus*, Ver. 3（BNC XML Edition），（2007）http://www.natcorp.ox.ac.uk/

Cattell, Ray（1984）*Composite Predicates in English*（Syntax and Semantics 17），Academic Press, Sydney.

Croft, William（1991）*Syntactic Categories and Grammatical Relations: The Cognitive Organization of Information*, University of Chicago Press, Chicago.

Davies, Mark（2008-）*The Corpus of Contemporary American English: 450 million words, 1990-present*, http://corpus.byu.edu/coca/

Goldberg, Adele E.（1995）*Constructions: A Construction Grammar Approach to Argument Structure*, University of Chicago Press, Chicago.

Green, Georgia M.（1974）*Semantics and Syntactic Regularity*, Indiana University Press, Bloomington.

---

　[9]　南佑亮氏より冗長性の主因は参照点構造ではなく，直接目的語に現れる名詞の意味構造にあるのではないかという指摘を受けた．考察の対象となった名詞は tr と lm の関係性を表すものであり，それゆえ直接目的語内部における所有代名詞と主要部の関係が，間接目的語と直接目的語という外部の関係と並行的になるのではないかという．その根拠として，(i) He brought me my coat. には本稿で指摘した冗長性が見られないことをあげている．直接目的語に生じる名詞の意味構造を看過できないのは南氏の指摘のとおりである．

　興味深いことに，(i) は，ここでいう冗長性とは少し性質が異なるが，「私」と「コート」の間に二重の関係が成立していることを示すという意味では本稿での議論と関連があることを指摘したい．具象物が直接目的語に生じる二重目的語構文には，その物の所有を問題にする場合と管理を問題にする場合があり，(i) は両方の関係が間接目的語と直接目的語に成立していることを示す例となる．所有と管理の区別については Oehrle（1976）や Ueda（2004）を参照されたい．

Iwata, Seizi (2006) "Where do Constructions Come from?" (Review Article: *Radical Construction Grammar: Syntactic Theory in Typological Perspective*, by William Croft, Oxford University Press, Oxford, 2001,) *English Linguistics* 23, 493–533.

岩田彩志（2012）『英語の仕組みと文法のからくり─語彙・構文アプローチ─』開拓社，東京.

川瀬義清（2004）「事態の認知プロセスと構文─二重目的語構文を例に─」『言葉のからくり─河上誓作教授退官記念論文集─』，河上誓作教授退官記念論文集刊行会（編），389–402，英宝社，東京.

Kövecses, Zoltán (2010) *Metaphor: A Practical Introduction*, 2nd ed., Oxford University Press, Oxford.

Lakoff, George (1990) "The Invariance Hypothesis: Is Abstract Reason Based on Image-schema?" *Cognitive Linguistics* 1, 39–74.

Langacker, Ronald W. (1991a) *Concept, Image, and Symbol: The Cognitive Basis of Grammar*, Mouton de Gruyter, Berlin.

Langacker, Ronald W. (1991b) *Foundations of Cognitive Grammar*, vol. 2: *Descriptive Application*, Stanford University Press, Stanford.

Langacker, Ronald W. (2000) *Grammar and Conceptualization*, Mouton de Gruyter, Berlin.

Langacker, Ronald W. (2009) *Investigations in Cognitive Grammar*, Mouton de Gruyter, Berlin.

Newman, John (1996) *Give: A Cognitive Linguistic Study*, Mouton de Gruyter, Berlin.

Oehrle, Richard T. (1976) *The Grammatical Status of the English Dative Alternation*, Doctoral dissertation, MIT.

Rappaport Hovav, Malka and Levin, Beth (2008) "The English Dative Alternation: The Case for Verb Sensitivity," *Journal of Linguistics* 44, 126–167.

Talmy, Leonard (1988) "Force Dynamics in Language and Cognition," *Cognitive Science* 12, 49–100.

Talmy, Leonard (2000) *Toward a Cognitive Semantics*, vol. 1: *Concept Structuring Systems*, MIT Press, Cambridge, MA.

Ueda, Masanobu (2004) "A Usage-Based Analysis of the English Ditransitive Construction," *Tsukuba English Studies* 22, 205–220.

植田正暢（2018）「可能を表す二重目的語構文の意味とその経験的基盤」『日本認知言語学会論文集』第 18 巻，162–170.

中国語の〈主観性〉の再考察

──使役表出文を例として──[*]

王　安

岡山大学

1.　問題提起

　〈主観性〉関連の研究には，「視点」「態度」「内的状態」「事態把握の傾向」など様々なテーマがあり，研究者によって〈主観性〉の解釈と分析の着眼点が異なる．本稿が再考察の対象とする〈主観性〉はこのうち事態把握の傾向に見る言語の主観性をいう．事態把握の傾向，もしくは〈好まれる言い回し〉は池上（2003, 2004）を代表とする一連の研究によって提唱された概念で，それ以来，事態把握の傾向を巡る言語間の対照研究が盛んに行われるようになった．このうち，中国語の事態把握の傾向もしばしば取り上げられる話題の1つであり，日本語が持つ主観的事態把握の傾向に比べ，中国語は英語に類似しており，客観的事態把握の傾向を持つ言語としばしば指摘される（佐々木（2013），李（2016））．その根拠とされる代表的な言語現象の1つが，以下の例（1）のように，感情を表す際に使役構文が頻繁に用いられていることである．

　　（1）　这个　消息　　让　　我　很　　高兴.
　　　　　その　知らせ　cause　私　とても　嬉しい／喜ぶ
　　　　　（その知らせが私を嬉しくさせた／喜ばせた.）　（佐々木（2013: 322））

---

　　*　本稿は福岡認知言語学会第 37 回大会（2017/9/11）での口頭発表原稿に加筆・修正を加えたものである．発表に際して，川瀬義清教授（西南学院大学），古賀恵介教授（福岡大学）や木山直毅先生（北九州市立大学）から有益なご質問・ご意見を頂戴した．この場を借りて御礼申し上げたい．なお，本稿は科研費（基盤研究（C）「感情表現の構文パターンと感情の捉え方の認知類型的実証研究：日韓中英仏独語を対象に」，課題番号 16K02677）の助成を受けている．

周知のように，日本語では話者自身の感情を表す場合，感情形容詞述語文を用いて表現するのが一般的である．それに対し，既に先行研究（大河内（1997），古川（2003），佐々木（2013））によって指摘されたように，中国語では使役表現が多用され，佐々木（2013）は事態把握の観点からその現象を分析している．同氏によれば，使役構文は使役という因果の枠組みの中で出来事を捉え，話者の視点は出来事の外にあり，あたかも他者の視点で事態を捉えているかのように，話者自身を客体化しているという．また，この構文は体験的な事態把握ではないため，感情表現にこの構文が多く用いられるという現象は中国語が持つ客観的な事態把握を好む傾向を表していると分析している（ibid.: 323）．

しかし，次の例（2）は体験的な事態把握ではないと言ってよいのだろうか．（2）では，感情を引き起こす対象が言語化されず，文脈からわかるように話者はある突然な出来事に対し，「その場・その時」の感情をそのまま吐露している．王安（2017）では，（1）は感情における客観的な報告や描写であるのに対し，（2）は感情の表出を捉えており，（1）とは質が異なると指摘した．また，（2）のような構文を「**使役表出文**」と名づけ，その認知構造は日本語の感情形容詞表出文のそれと類似点を持つことを示した（王安（2017））．

(2) 「真　　　让　　　人　羨慕！」　　　　　　　　　　(CCL[1])
　　　本当に　　cause　人　羨む／羨ましい
　　　直訳：*本当に人を羨ましくさせる！（本当に羨ましい！）[2]

（2）からわかるように，佐々木（2013）による客観的事態把握の説明は（1）には適切であるが，（2）には適用しにくいと言わざるを得ない．そこで，本稿は，従来の諸研究を踏まえ，（2）のような中国語の使役表出文が具体的にどのような統語特徴及び意味特徴を持つのかを明らかにし，他の使役構文に比べた時の使役表出文の特殊性と，その事態把握の本質を捉えることを目的とする．そのうえで，言語の〈主観性〉の問題を検討する際には，言語の多様性を考慮し，類型論的な視点を取り入れる必要性を述べる．

---

[1] CCL：北京大学中文系漢語語言学中心現代漢語コーパス．以下の例文について注釈がない場合，全て CCL によるものである．
[2] 本稿における例文の逐語訳，日本語訳は全て筆者によるものである．

本稿は第2節以降，次のように構成される．まず第2節では，類型論的観点から使役構造が持つ通言語的な特徴を概観し，中国語の使役構造の全体像及び使役のプロトタイプを見ていく．第3節では，実例に基づき，使役表出文が持つ統語的・意味的特徴を考察し，その特殊性と事態把握の本質を論じる．最後に第4節では，本稿の結論を述べ，〈主観性〉問題における類型論的視点の必要性を指摘する．

2. 中国語の使役構造とそのプロトタイプ

2.1. 使役構文に関する普遍的特性

使役という事象は汎言語的に存在しており，世界のあらゆる言語は使役構文を持っていると言われている（コムリー（1981: 178），ウェイリー（1997: 194））．また，その表す状況には，原因と結果という2つの状況が成分として含まれており，この2つの状況は言語によって幾通りもの表現方法がある（コムリー（1981: 178））．例えば，原因や結果の接続詞（*because* や *so that*）あるいは前置詞（*because of*）の使用や，使役述語（例えば *to cause, to bring it about*）を用いる方法や，さらに *"kill"* のように，語彙自身の内部に原因の概念を含んだ述語を使う表現もある．コムリー（1981: 178–184）では，形式的パラメーターを立て，使役構文を大きく以下の3類型に分けた．なお，これらの3類型は連続体を成しており，間には中間的タイプも存在する（ibid.: 179）．

使役の3類型	プロトタイプ的特徴	例文
分析的（迂言的）使役	使役作用を表す述語と結果の述語が別々になっている．	I caused John to go.
形態的使役	使役形は生産的な形態的手段によって非使役述語と結びついている．例えば，接辞の添加など．	次郎が太郎にドアを開けさせた．（例文は中村（2015）によるもの）
語彙的使役	語彙自身の内部に原因の概念を含んだ述語．	Kill

表1　使役の3類型（コムリー（1981）をもとに整理したもの）

また，コムリーによれば，上述の3類型は，使役の直接性・間接性，すなわち，原因と結果が密接に結びついているかどうかという点において違いが見られる（ibid.: 184-185）．具体的には，分析的使役から形態的使役を経て語彙的使役に至る連続体が，使役の直接性の度合いの低いほうから高いほうへ変わっていく．例えば，コムリー（1981）による例（3）を見てみよう．

(3) a. Anton broke the stick.（アントンは杖を折った）
    b. Anton brought it about that the stick broke.
       （アントンは杖が折れるようにした）

(3) の (a) と (b) はそれぞれ語彙的使役，分析的使役である．(a) のほうは明白な因果関係が直接的に述べられているのに対し，(b) では動作者がどのようにして杖を折ったかがはっきりと言及されず，因果関係が間接的である．これは心理述語の場合においても同様である．[3] Dixon（1991: 164）では次の例（4）を挙げている．

(4) a. The pistol shot in the airport frightened me.
    b. The stories I've heard about pistol shots in airports have made me frightened (of ever visiting an airport).

(4a) は語彙的使役で，因果関係が frighten によって明示的に捉えられている．つまり，The pistol shot が刺激を与える直接原因で，その結果経験者が直接恐怖を体験しているということである．一方 (b) は，make による分析的使役で，経験者が pistol に関する話を聞いて間接的に恐怖を感じているため，因果関係は (a) に比べて間接的で弱い．

このように，分析的使役から語彙的使役に至る連続体は使役の直接性・間接性の度合いと相関している．なお，コムリー（1981），Dixon（1991）によれば，言語によっては，上述の3類型のどれか1つだけを用いるのではなく，いくつかの使役構文を併せ持ちながらプロトタイプ的構文を有しているという．例えば，英語は，(3)(4) からわかるように分析的使役も語彙的

---

[3]「嬉しい」「悲しい」「happy」「frighten」などの感情を表す形容詞・動詞は研究者によって「感情表現」「心理述語」「内的述語」「主観述語」など様々な呼び方があるが，本稿では「心理述語」と呼ぶことにする．

中国語の〈主観性〉の再考察　　　39

使役もいずれもあるが，語彙的使役は数が多いだけでなく，使用頻度も高いため，英語の使役のプロトタイプは語彙的使役である（Dixon（1991））．それでは，中国語の場合はどうであろうか．次節では，使役構文に関する通言語的特徴に照らして，中国語の使役構文の基本構造を見ていく．

2.2.　中国語の使役構造及びそのプロトタイプ
2.2.1.　中国語の使役構造

　使役は中国語研究において最も注目を集めるテーマの１つであり，これまでその構造について"兼語式，遞系式，致使結構"など様々な分析がなされてきた．このうち，"致使結構・致使句（使役構造・使役文）"という見方（牛（2008），宛（2005））が広範囲で中国語の使役構造を体系的に記述しているため，ここでは宛（2005: 49）を参考に中国語の使役構造を以下の表2にまとめる．

	分　　　類
致使句 （使役文）	①　由特定标记构成的致使句（使役マーカーによる使役） 　　例：他的神态和歌声令我入迷. 　　　（彼の表情と歌声が私を夢中にさせた） ②　由特定句法格式构成的致使句（特定の統語構造による使役） 　　a. 使令句：兼語文 　　　例：他命令我给他做饭. 　　　（彼は私に彼にご飯を作るように命令した） 　　b. 使成句：動補構造 　　　例：哭<u>红</u>了眼.（泣いて目を赤くした） 　　c. V 得句：V＋得＋補語 　　　例：冻<u>得</u>我直流鼻涕. 　　　（寒くて（それが原因で）私は鼻水をたらした） ③　由词语使动用法构成的致使句（語彙的使役） 　　例：你的路还很长，没必要<u>苦</u>着自己. 　　　（あなたの人生はまだ長いから，自分を苦しめる必要はない）

表2　中国語の使役構造の分類（表中の日本語訳は筆者によるもの）

　表2で，①と②は使役作用を表す述語と結果の述語が別々になっているため，分析的使役であることがわかる．張（2004）は，中国語の使役構文は，

40

分析的使役の表現方法が多く，中国語の使役のプロトタイプは分析的使役であるという．これは使役構文が持つ通言語的特徴に一致している．すなわち，一般的には，形態論的に孤立的である言語は分析的な使役を使う傾向がある（ウェイリー（1997: 194））．また，第1節で示した例（1）のような中国語の客観的事態把握傾向を反映するとされる使役構文は，分析的使役の中でも使役マーカーによって作られる典型的な使役構文（表1①）である．以下でいう「使役構文」は表1の①のような使役マーカーによる使役構文に限定し，議論を行っていく．

2.2.2. 現代中国語の使役構文の基本構造と心理述語使役文

　現代中国語の使役構文は「X（使役者）＋使役マーカー＋Y（被使役者）＋述語」を基本構造としており，代表的な使役マーカーには"使""叫""让"の3つがある．木村（2000）ではこれらの使役マーカーを用いる使役文をそれぞれ「誘発」「指示」「放任」使役と呼び，3構文は表3のように，「意志性」「目的性」「結果性」の3つの意味特徴において異なっていると指摘した．

使役文のタイプ	意味特徴	例文
"叫" ⇒ 指示使役文	「＋意志性」 「＋目的性」 「－結果性」	我叫小红念课文． （私はシャオホンにテキストを朗読させる．）
"让" ⇒ 放任使役文		你让我好好儿想想． （私によく考えさせてちょうだい．）
"使" ⇒ 誘発使役文	「－意志性」 「－目的性」 「＋結果性」	成功的快感使他兴奋． （成功の快感が彼を興奮させた．）

表3　木村（2000）による使役構文の分類

　3構文のうち，特に誘発使役文は心理活動や身体的状況に言及する無意志動詞もしくは形容詞を述語にとることが特徴である（木村（2000））．この指摘を踏まえ，王安（2006, 2011）ではさらに，使役構文の述語の位置に感情形容詞と感情動詞を含む心理述語がくる場合，3構文がそれぞれ本来持つ各自の特徴と互いの違いが消失し，使役マーカーを問わず，その文は「－意志性」「－目的性」「＋結果性」の特徴に統一されることを指摘した．それゆえ

に，「X＋使役マーカー＋Y＋心理述語」を独立した構文として，**「心理述語使役文」**と名づけた（王安（2011））.[4] 例えば，第1節で挙げた（1）はその例である（例（5）＝（1））.

(5)　这个消息让我很高兴.　　　　　　　　　　　　（佐々木（2013：322））

　一方，第1節で述べたように，（5）は感情を客観的に描写し報告する例であり，このような場合は，日本語も同様に使役構文を用いることが可能である.

(6)　その知らせがジョンを驚かせた.　　　　　　　　（谷口（2005：262））

しかしながら（5）に対し，使役表出文は例（2）「真让人羡慕！（本当に羨ましい）」のように，会話でかつ「その場その時」に起きた感情を表出している[5]点で（5）と異なり，日本語には無論，英語や他の言語にも管見の限りでは見られない用法であり，注目に値する.

3.　使役表出文の統語特徴と認知構造

3.1.　使役表出文とは

　使役表出文とは，**会話**において用いられる使役文を指し，以下のように構成される.

(7)　**(X)＋表出副詞＋cause＋Y＋心理述語**

> X → 感情対象
> **表出副詞**→ "真，好" など　(*"很")
> cause: 叫，让，使
> Y → 経験者
> 心理述語→ 感情形容詞・動詞

　例：「这事儿真让人伤心！」（作例）

---

[4] 心理動詞を述語にとる使役構文に関する研究は数多くあるが（張（2004）），本稿がいう心理述語は，感情形容詞と動詞の両方を含むという点で他の研究と異なる.

[5] 王安（2006）は，感情の言及を大きく「感情の表出」と「感情の描写」の2分類に分けている. 両者の違いは王安（2006, 2018）を参照.

（このことは本当に人を悲しくさせる！）

　(7) では感情の表出の度合いによって，感情対象 X が言語化されない場合があるため，（X）で示している．また，使役表出文には必ず"真"などの表出を表す副詞[6]の修飾がついている．なお，程度副詞"很"は表出機能を持つ副詞ではないため，「这个人很让我生气.」のような文は使役表出文として認めない．次節では，使役表出文の統語特徴を詳しく考察し，その事態把握の有り様を見ていく．

3.2. 使役表出文の統語特徴
3.2.1. 表出副詞とのかかわり方

　まず，心理述語使役文全体に見られる重要な特徴として，程度副詞の修飾を受けられる点が挙げられる．この現象にいち早く気付いたのは古川 (2003) である．同氏によれば，一般的な動詞を述語にとる使役文 (8) は副詞の修飾を受けられないのに対し，(9) のように心理述語が述語の位置に来る場合，問題なく程度副詞の修飾を受けることができる．[7]

(8)　妈妈　　刚才　　叫　　我 去　买东西．（一般的な動詞述語使役）
　　　お母さん さっき cause 私 行く 買い物する
　　　→ *妈妈刚才　真／特别　叫　我去买东西.
(9)　妈妈　　刚才　的话 叫　我 难过．（心理述語使役）
　　　お母さん さっきの話 cause 私 悲しい
　　　→ 妈妈刚才的话　真／特别　叫　我难过.

　一方，古川 (2003) は現象の指摘に留まり，それがどういう意味を持つかについては詳しく触れていない．ここでは，この現象が持つ意味，さらに使役表出文の場合の表出副詞の関わり方を詳細に分析していく．

　まず最初に，中国語の程度副詞の機能を見る必要がある．中国語の程度副詞は性質や状態の程度を修飾するものであり，そのため基本的には形容詞もしくは一部の心理動詞しか修飾しない．例えば："很高（とても高い)"，"真

---

[6] 副詞"真"の表出機能及び"很"との違いは王安 (2006) を参照.
[7] 动词谓语的使动态绝对不受程度副词的修饰，然而使动态感受谓语句却完全可以受程度副词的修饰 … (古川 (2003: 34)).

熱（本当に暑い）"，"真高興（本当に嬉しい）"とはいえるが，"*很跑（とても走る）"，"*特別吃（特に食べる）"などはいえない．言い換えれば，程度副詞の修飾を受けられるのは，状態や性質など程度の変化が含意される<u>形容詞的表現</u>である．なお，程度副詞には，"真""好"のような表出機能を持つものと"很""非常"のような程度を強調するだけで発話行為を成さない非表出的な副詞がある（王安（2006））．使役表出文では表出機能を持つ程度副詞の修飾が必須である．

　次に，既に第2節でみたように，心理述語使役文は分析的使役であるため，使役の類型の中でも元々原因と結果の結びつきが弱い類型であるといえる．

(10)　心理述語使役文：X＋程度副詞＋**[cause＋Y＋心理述語]**

　　　　　　　　　　　　　　　　　原因　　　　　　結果

　そこで，(10) のように［cause＋Y＋心理述語］全体が程度副詞の修飾を受けられることから，以下のことが示唆されると考える．まず，本来使役構文に内在する原因と結果という2つの出来事からなる枠組みが心理述語使役文においては曖昧であり，因果関係の結びつきがより一層間接的となる．また，［cause＋Y＋心理述語］が表出副詞の修飾を受けられることから，その構造全体の結合は密接であり，ひとまとまりとして感情の様子や状態を捉える機能を果たしているのではないかと考えられる．言い換えれば，［cause＋Y＋心理述語］は1つの結合した構文として，意味的には<u>形容詞的表現</u>[8]として機能しているのではないかということである．

　さらに，使役表出文の場合になると，表出副詞の関わり方はより特殊で，［cause＋Y＋心理述語］の結合度が極めて高いことが，本稿の考察で明らかになった．本稿は，CCL で"高興（嬉しい）"を例に，表出副詞"真"の使役表出文における位置を調査した．具体的には，使役マーカーの前に表出副詞"真"と非表出副詞"很"の修飾をそれぞれ受ける場合（以下では「＿＿＋cause＋人／我＋高興」と略す）と，心理述語の前に上述の副詞がそれぞれ入る場合（以下では「cause＋人／我＋＿＿＋高興」と略す）の2通りに分け，

---

[8]　類似する指摘が古川（2003）にもある．

44

検索をかけた．その結果は表4のようにまとめられる．

CCL	用例数（2017/11/23 検索）
真　让人高兴	**18**
很　让人高兴	7
真　让我高兴	**5**
很　让我高兴	0
让人　真 高兴	**0**
让人　很 高兴	3
让我　真 高兴	**0**
让我　很 高兴	19

表4　使役表出文における表出副詞の関わり方

　表4からわかるように，「＿＿＋cause＋人／我＋高兴」の場合は，非表出副詞"很"に比べ，表出副詞"真"が用いられる例が圧倒的に多い．しかも，"真"の修飾を受けた例（全23例）は全て会話文の例（例えば例（11））であるのに対し，"很"の修飾を受けた例（全7例）のうちの4例は連体修飾（例12）として用いられ，2例はモダリティ表現（例13）が付加されており，そして残り1例（例14）は非会話文で感情を描写している例である．このように，"真"の修飾を受けた使役表出文は感情の表出を表しているのに対し，"很"の修飾を受けた文は感情の表出を捉えていないことがわかる．

- （11）"真是奇迹！真让人高兴！"（本当に奇跡だ！本当にうれしい！）
- （12）"进行比赛总是一件很让人高兴的事情."
（試合を行うことはいつも人を喜ばせることだ）
- （13）有他在我的课堂上，的确很让人高兴.
（彼が私の授業に来てくれること，確かに人を嬉しくさせる）
- （14）在上衣口袋里挂上这样的表，便平添几分古典绅士般的风采，很让人高兴.（上着のポケットにこんな時計をかけていたら，古典的で紳士的な風格が増えて，とても人を嬉しくさせる）

その一方で，「cause＋人／我＋＿＿＋高兴」の場合，"＿＿"の位置に表出副

詞 "真" が来る例はゼロで，全てが非表出副詞 "很" である．これは，「X＋cause＋人＋＿＿＋高興」では，心理述語の前に修飾語が入ることが本来の因果関係の枠組みに影響を与えておらず，因果関係の結び付きがそのまま保たれているため，感情の描写には適しているが，感情の表出には矛盾しているからだと考えられる．実際，"很" の修飾を受けた全22例を確認したところ，うち非会話文は13例，連体修飾用法の例は2例，会話文ではあるが感情の分析・報告の例は6例，残りの1例はモダリティ表現が付加された例であり，つまり以上の22例は全て感情の描写の例である．

　以上のデータからわかるように，使役表出文では，「cause＋Y＋心理述語」の結合が非表出の心理述語使役文よりも非常に密接であり，表出副詞 "真" はその構造の前にしか置けず，構造全体にかかっている．"真" の修飾を受けることで，「cause＋Y＋心理述語」はひとまとまりとして形容詞的機能を果たしているといえよう．

　ここまでの分析をまとめると，使役表出文では，①「cause＋Y＋心理述語」が構造上密接に結合され，②表出副詞は「cause＋Y＋心理述語」全体を修飾し，③「cause＋Y＋心理述語」は全体として形容詞的機能を果たしている，ということになる．

3.2.2.　経験者 Y における人称制限

　感情の描写を捉える心理述語使役文の場合，経験者 Y は一人称，二人称，三人称のいずれも可能である．例えば，以下の例を見てみよう．

(15)　她恋愛过，也很投入，但是没有结果，这让她很伤心.
　　　（彼女は恋愛にのめり込んだことがあるが，結果が出なかったので，それがとても彼女を悲しませた）

　一方，使役表出文では経験者 Y は常に一人称話者に限定され，日本語の感情形容詞表出文と同様に人称制限が起きる（王安（2011, 2017））．特に，次の例のように，経験者 Y の位置に総称名詞「人」が据わっている場合であっても，それは常に一人称「我」を指しており，「我」には書き換えられるが，他の人称には置き換えられない．

(16) 「真让人伤心！」（本当に人を悲しくさせる）
　　　⇒　「真让我伤心！」
　　　⇒ *「真让他伤心！」

3.2.3. 感情対象（X）のゼロ化

　一般的に，使役構文では使役者 X（人もしくはもの）は意図の有無を問わず，原因をもたらす役割として明示化されるが，(17) のように命令文であれば，使役者 X が言語化されない場合も考えられる．心理述語使役文の場合は，(18) のように感情対象 X が何らかの形で前文に明示されることが多い．

(17) "快让他去！"（早く彼を行かせて）　　　　　　　　　　　　（作例）
(18) "那你一定要演好，让我高兴高兴."
　　　（必ずうまく演じてね，私を喜ばせて）

　(17)(18) に対し，使役表出文の場合は，命令文でないにも関わらず，(19)-(21) のように感情対象 X が完全にゼロ化し，「真＋cause＋Y＋心理述語」の部分だけがそのまま感嘆的に用いられるという点が特殊である（王安（2017））．

(19) 「φ 真让人伤心！」（本当に人を悲しくさせる！）
(20) 「哎呀，φ 真让人吃惊！」（アイヤー，本当に人をびっくりさせる！）
(21) 「φ 真让人羡慕！」（本当に人を羨ましがらせる！）

　以上の使役表出文は，日本語の感情形容詞表出文と同様に「その場その時」に生じた感情を表しており，このように用いられる際は，表出副詞の修飾が必ず伴うと同時に，経験者 Y の位置を占めているのは一人称代名詞「我」ではなく，総称名詞「人」であることが観察されている（王安（2017））．この統語特徴が持つ意味について次節で分析を行うが，ここでは以上に見てきた使役表出文が持つ統語特徴を表 5 にまとめる．

統語特徴	使役表出文	非使役表出文
I. 表出副詞の位置は使役マーカーの前に限定され、「cause＋Y＋心理述語」の結合度が極めて高く，形容詞的機能を持つ.	○	×
II. 経験者 Y における人称制限	○	×
III. 感情対象のゼロ化	○	×（命令文を除く）

表5　使役表出文の統語特徴

3.3.　使役表出文の認知構造

　表5で示したように，使役表出文では，経験者 Y は一人称話者に限定される．さらに，次の例からわかるように，感情の表出が直接的で強くなるにつれ，経験者 Y は具体的な人称代名詞「我」から総称名詞「人」に代わっていく．すなわち，感情の表出の度合いが高いほど経験者 Y の背景化が起きている．

(22)　「你这么高估我，真让我高兴.」（こんなに褒めてくれて本当にうれしい）

(23)　「φ 真让人伤心！」（本当に人を悲しくさせる！）（例 (19) の再掲）

(24)　「哎呀，φ 真让人吃惊！」（アイヤー，本当に人をびっくりさせる！）
　　　　　　　　　　　　　　　　　　　　　　　　　　　　　　（例 (20) の再掲）

これは，使役表出文において感情の生起における感情主自身の関与をできるだけ弱めようとする主観的事態把握が行われていることを示唆していると考えられる．また，(22)–(24) からは，感情の表出の度合いが高まるにつれ，感情対象 X もゼロ化する．つまり感情対象 X も背景化されていくことがわかる．

　このように，使役表出文では，感情対象 X のゼロ化と経験者 Y の背景化を同時に行うことによって，感情の生起における両者の関与が極めて弱くなる．これは，程度の差はあるものの，日本語の感情形容詞表出文における感情対象や感情主のゼロ化と類似する認知プロセスである．それによって，使役表出文の持つ使役の意味合いがさらに減少し，その反対に高い表出性を持つようになる．これが，使役表出文が持つ特殊性であり，使役構文でありな

がら感情の表出を捉えうる原因でもある．以下，使役表出文の認知構造を図1に示す．

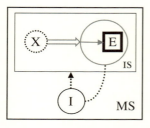

図1　中国語の使役表出文の認知構造（王安（2017）の簡略版）

　冒頭で提示したように，佐々木（2013）では，中国語の使役構文による感情表現は因果の枠組みの中で出来事を捉え，話者自身を客体化しており，体験的な事態把握ではないと指摘している．しかし，図1からわかるように，使役表出文は感情対象のゼロ化及び経験者の存在の背景化により，因果関係の描写（ぼやけた矢印の部分）が極めて弱くなっており，言い換えれば，使役表出文は他動性や causer の明示など典型的な使役構文としての特徴を既に失っている．同時に，感情対象のゼロ化と経験者の背景化は日本語の「私はXが〜い！」から「〜い！」へのプロセスと同様に，体験的に感情を表出すればするほど感情対象と話者自身を言語化しなくなるのであり，話者自身を客体化しているとは言い難い．ただし，使役表出文は使役構文である以上，日本語の「うれしい！」のように経験者を完全にゼロ化することができないため，その感情表出の度合いは日本語の感情形容詞表出文に比べて低いといえる（王安（2017））．[9]

4.　おわりに

　使役構文は通言語的に存在する構文ではあるが，中国語の使役表出文は刺

---

　[9] なお，感情対象を主語に立て感情を表現する場合，日本語では「その知らせが嬉しい」のように形容詞述語文を用いられるのに対し，中国語では「这个消息让我很高兴」のように使役構文を使わなければならない．両言語のこの違いは，感情対象に対する捉え方の相違に関連すると考えられる（王安（2017））．

激物に直面した際に起きた「その場その時」の感情を捉え，かつ表出できる
点において，他に類を見ない現象である．筆者は現段階で英語，日本語，ド
イツ語，トルコ語，フランス語などの言語の感情表現における使役構文の使
用状況を調査した．その結果，いずれの言語も感情を描写する際に使役構文
の使用が可能だが，感情の表出に用いられるのは中国語の使役表出文のみで
あることがわかった．今後も引き続き，中国語の使役表出文のような用法が
他言語にもあるかを追及していきたい．

　また，従来頻繁に対照比較されてきた日中両言語の感情形容詞について，
中国語の感情形容詞は日本語のような感情の表出用法を持たず感情の描写し
かできない（王安（2006, 2013a））のだが，一方で本稿で示したように，使
役表出文は使役構造を持ちながらも，感情主や感情対象の背景化といった操
作によってなるべくありのままの感情を表現しようとしている．このこと
は，中国語にもいわゆる主観的事態把握を反映する言語現象が確実に存在し
ており，感情形容詞述語文の振る舞いだけでは事態把握の傾向を判断しきれ
ないことを示唆している．言い換えれば，日中両言語は元々類型的に異なる
言語であるため，〈主観性〉の具現化も異なる統語環境において現れる可能
性が十分にある．したがって，中国語の〈主観性〉を検討する際には，孤立
語としての中国語の特徴をより考慮し，広範囲で見る必要があるといえる．

　さらに，本稿が取り上げた現象のみならず，既に上原（2011），王安
（2013b, 2016）などによって指摘されたように，日本語の感情形容詞述語文
に見られる人称制限の現象も日本語に特有の現象ではなく，韓国語や中国語
などでも異なる統語環境下で観察されている．したがって，言語間における
〈主観性〉の相違をより正確に捉えるためには，言語の多様性を考慮し，類
型論的視点を取り入れる必要があるといえよう．

参考文献

バーナード・コムリー（1981）『言語普遍性と言語類型論』，松本克己・山本秀樹（訳）
　　（1992），ひつじ書房，東京．

Dixon, R. M. W. (1991) *A New Approach to English Grammar, on Semantic Prin-
　　ciples*, Clarendon Press, Oxford.

古川裕（2003）「現代漢語感受谓语句的句法特点」『語言教学与研究第 2 期』，28-37.

池上嘉彦（2003, 2004）「言語における〈主観性〉と〈主観性〉の言語的指標」（1）（2）

『認知言語学論考』3号・4号，1-49，1-60，ひつじ書房，東京.

木村英樹（2000）「中国語ヴォイスの構造化とカテゴリー化」『中国語学247』，19-39.

Langacker, Ronald W. (1991) *Foundations of Cognitive Grammar*, vol. 2, Stanford University Press, Stanford.

李奇楠（2016）「中国語・日本語の構文から見る主観性」『言語の主観性——認知とポライトネスの接点』，小野正樹・李奇楠（編），1-17，くろしお出版，東京.

リンゼイ J. ウェイリー（1997）『言語類型論入門　言語の普遍性と多様性』，大堀壽夫・古賀裕章・山泉実（訳）（2006），岩波書店，東京.

松本克己（2007）『世界言語のなかの日本語』三省堂，東京.

中村渉（2015）「使役構文」『認知類型論』，山梨正明ほか（編），213-254，くろしお出版，東京.

牛順心（2008）「从类型学参项看普通话中分析型致使结构的句法类型及语义表现」『语言研究』2008年1月，377-393.

大河内康憲（1997）『中国語の諸相』白帝社，東京.

佐々木勲人（2013）「ヴォイス構文と主観性」『中国語文法論叢』，木村英樹教授還暦記念論叢刊行会（編），315-331，白帝社，東京.

谷口一美（2005）『事態概念の記号化に関する認知言語学的研究』ひつじ書房，東京.

上原聡（2011）「主観性に関する言語の対称と類型」『主観性と主体性』，澤田治美（編），69-91，ひつじ書房，東京.

宛新政（2005）『現代漢語致使句研究』浙江大学出版社，浙江.

王安（2006）『感情事象モデルに基づく感情表現体系の研究——日中感情表現の対照による試み——』北海道大学博士学位論文.

王安（2011）「中国語における心理述語使役文の意味と機能」『日本認知言語学会論文集』第11巻，406-416.

王安（2013a）「主体化」『認知言語学　基礎から最前線へ』，森雄一・高橋英光（編），181-204，くろしお出版，東京.

王安（2013b）「対照言語学の観点から見た人称制限の普遍性——日中感情表現の対照を通して——」『国際学研究第2巻』，95-106，関西学院大学.

王安（2016）「感情事象の表現パターンに見る感情の捉え方——6種の言語における調査結果に基づいて——」『日本認知言語学会論文集』第16巻，1-13.

王安（2017）「行為連鎖から見る感情表出の使役文と形容詞文との関連性——日中両言語の感情の捉え方を比較して——」『日本認知言語学会論文集』第17巻，172-184.

王安（2018）「感情の普遍性とその言語化——感情表現の類型論的研究に向けて——」『ことばのパースペクティヴ』，中村芳久教授退職記念論文集刊行会（編），71-84，開拓社，東京.

張京魚（2004）「心理動詞与英語典型使役化結構」『四川外国語学院学報』Vol. 20, No. 5, 97-101.

用例出典：CCL（http://ccl.pku.edu.cn:8080/ccl_corpus/）

Big time 再考[*]

大橋　浩

九州大学

1.　はじめに

　著者は，大橋（2012）で英語の big time が名詞から副詞の用法を発達させたプロセスを，通時的コーパスである *The Corpus of Historical American English*（以下，COHA）からの用例の分析を通して明らかにした．本稿はその後の研究（大橋（2014, 2015, 2017））で明らかになったことを論じ，big time の通時的発達について補完することを目的とする．本稿の構成は次の通りである．まず 2 節で大橋（2012）の分析に基づき big time の通時的発達のプロセスを簡潔に概観する．続いて 3 節では，大橋（2012）では扱わなかった big-time, bigtime という複合語についての通時的発達プロセスを COHA からのデータに基づいて調査し，大橋（2012）の主張を検証する．4 節では収集した例文の観察から副詞用法が発達した要因を探る．さらに 5 節では big time の発達を文法化や構文化という観点からはどのように捉えることができるかを述べる．6 節では強意表現の変化の動機づけについて Keller（1994）や Haspelmath（1999）の主張を援用しつつ論じる．7 節はまとめである．

2.　big time の発達

　現代英語の big time は（1）-（3）に示すように名詞，形容詞，副詞として

---

* 本論考は JSPS 科研費（16K02947）によって行った研究を含んでいる．

52

の意味を持つ.[1]

(1) a. No more shall he urge his Texan cronies to "come on and have a big time." (COHA (1876))

b. Other than that, we had a big time. (COHA (2004))

c. The 'big time', as such theaters as Percy Williams' and Williams Morris' are termed. (COHA (1910))

d. Like as not I will have to go back pitchin' baseball in some bush league on the account I am too old for the Big Time.
(COHA (1921))

e. As for me, I was hopeful of a big time. (COHA (2004))

f. May left graduate school when his band hit the big time.
(COHA (2005))

g. I think it's because it took the boys and me longer to make the big time than any other orchestra. (COHA (1980))

The Oxford English Dictionary（以下 OED）によると，big time の原義は a big time として "an excellent time" である．(1a) に示す COHA の初出例もこの意味であり，(1b) のように現代でもこの用法は見られる．ここから (1c, d) のようにメトニミー的な意味拡張により the big time という形で "the best kind or the highest rank" や "the top-ranker" という「素晴らしい時」を提供してくれる場所や人を表す意味で使われるようになり，さらに (1e) のように「成功」自体を表すようになる．この意味では (1f, g) のようなフレーズでとして用いられることもある．

(2) a. But she has been traveling the "big time" vaudeville circuit, from coast to coast, during the last year. (COHA (1928))

b. Investigators declared that the abduction had all the earmarks of "big time" criminals. (COHA (1934))

c. He's Big Time, and an Operator; but not big enough, by far.
(COHA (1950))

---

[1] 以下例文中の big time は下線で示す．また例文の出典はコーパスの略号と生起した年で示すこととする．

d. (…) stock car racing is as <u>big time</u> as baseball and basketball.

(COHA (2002))

e. About what <u>big time</u> party poopers they are. (COHA (1973))

f. They played <u>big time</u> spenders. We played their women.

(COHA (2000))

(2a) は「成功している，人気のある」という形容詞的用法である．この意味では肯定的な評価を持つ対象だけでなく，否定的な評価を持つ対象の修飾にも使われるようになる．(2b) がその例であり，他にも crime, operator,[2] gamblin' man, gangster といった名詞との共起が見られる．3 節で述べるように名詞の前位修飾用法と形容詞とを区別することは難しいが，現代英語では *Longman Advanced American Dictionary*, 2nd edition（以下，LAAD）のように形容詞としての意味をあげているものもある．ただし LAAD では限定（attributive）用法しかないとしているが，(2d) のような実例も観察される．形容詞としては「一流の」という語彙的意味が希薄化し，(2e, f) のように強意形容詞として「すごく座をしらけさせる」や「はでに金を使ってみせる」という意味を表す場合もある．

一方，副詞としてはもっぱら (3) のように big time という形で，"on a large scale; to a great extent"（*Oxford Advanced Learner's Dictionary*, 9th edition, 以下 OALD）という意味の強意副詞として用いられる．

(3) a. This is going to cost you <u>big time</u>. (COHA (2004))

b. Prostate checkups pay off <u>big time</u>. (COHA (2006))

大橋（2012）では COHA からの用例を調査し，意味発達のプロセスが (4) に示すものであることを明らかにした．

(4) 名詞 ＞ 名詞の前位修飾用法 ＞ 形容詞
[have [a big time]] [big time][football] [is][big time]

すなわち，名詞として別の名詞を限定的に前位修飾する用法から形容詞とし

---

[2] OALD には operator の 4 番目の語義として以下が与えられている．

4 (*informal, especially disapproving*) a person who is skillful at getting what they want, especially when this involves behaving in a dishonest way: (…)

ての用法が可能であるという類推が生じ，形容詞としての用法が定着したと考えられる．一方，副詞としてはもっぱら強調のために用いられていることから，強意形容詞から発達したものであると考えられる．

　以上が大橋（2012）の概要であるが，以下ではまず big-time と bigtime という複合語の通時的変化について COHA を調査し，以上の観察がこれらの語についても当てはまることを見る．

3.　COHA における big time，big-time，bigtime の使用頻度の変化

　大橋（2012）では COHA の用例を名詞，形容詞，強意副詞の用法別に分類して通時的変化を考察した．しかしそこでも指摘したように，名詞の前位修飾用法と形容詞としての用法は（2a, b）に見られるように区別が困難である．そこで本論ではより客観的に，名詞，前位修飾，述部，形容詞，副詞，独立用法と，文中の統語的位置に従い，6 つのカテゴリーに分類することとした．「名詞」は主語や動詞，前置詞の目的語となっているもの，「前位修飾」は例文（2a, b）や（2e, f）のように名詞（句）の前に使われているもの，「述部」は（2d）のように be 動詞などと述部を構成しているもの，「形容詞」は（2c）のように統語的に曖昧でない場合のみをそれぞれカウントした．また，「副詞」は（3）のように動詞（句）に後続するもの，「独立」とは下の（5）に示すように単独で使われているものとした．

(5)　a.　"I'm a professor at Georgetown University." "Big time."

(COHA（1993））

　　　b.　Did the New York Times reporter's invite to the ranch get lost?
Big Time!　　　　　　　　　　　　　　　　(COHA（2000））

まず big time の出現数を示したのが表 1 である．[3]

---

[3] 2018 年 2 月 13 日に収集したデータによる．

	1870	1880	1890	1900	1910	1920	1930	1940	1950	1960	1970	1980	1990	2000
名詞	1	3	1	4	5	3	8	21	43	15	34	23	27	15
前位修飾	0	0	0	0	0	4	6	0	9	1	3	3	0	10
述部	0	0	0	0	0	0	0	0	4	1	3	2	4	2
形容詞	0	0	0	0	0	0	0	0	0	0	0	0	0	1
副詞	0	0	0	0	0	0	0	0	0	0	0	0	24	25
独立	0	0	0	0	0	0	0	0	3	1	0	0	4	9
計	1	3	1	4	5	7	14	21	59	18	40	28	59	62

表1　COHA における big time の使用頻度

表1における各用法の使用頻度の通時的な変化から，まず，big time の発達プロセスが名詞 ＞ 前位修飾 ＞ 述部 ＞ 形容詞であるという主張の正しさが検証された.

　次に big-time と bigtime という複合語の COHA における使用頻度の変化を見よう．一般に連語関係にある後の連鎖が定着するとハイフンで結ばれて複合語となり，さらに定着度が増すと1語として綴られる (Quirk et al. (1985: 1537))．これに従えば，'big-time' や 'bigtime' という綴りの複合語が出現した時点でこれらの表現が連語として定着していることが示唆される．表2，表3がこれらの語の使用頻度の変化である.[4]

	1920	1930	1940	1950	1960	1970	1980	1990	2000
名詞	0	0	1	3	1	0	1	2	2
前位修飾	1	22	41	63	46	33	44	73	82
述部	0	0	0	0	0	0	0	1	1
形容詞	0	0	0	0	0	0	0	1	1
副詞	0	0	0	0	0	0	0	15	23
独立	0	0	0	0	0	0	0	0	2
合計	1	22	42	66	47	33	45	92	111

表2　COHA における big-time の使用頻度

---

[4] 表2，表3とも 2018 年 2 月 13 日収集のデータによる.

	1920	1930	1940	1950	1960	1970	1980	1990	2000
名詞	0	0	0	0	3	0	0	1	1
前位修飾	0	3	7	5	0	2	2	6	3
述部	0	0	0	0	0	0	0	0	0
形容詞	0	0	0	0	0	0	0	0	0
副詞	0	0	0	0	0	0	0	5	1
独立	0	0	0	0	0	1	0	0	0
合計	0	3	7	5	3	3	2	12	5

表3　COHA における bigtime の使用頻度

まず，初出は，big-time が 1920 年代，bigtime が 1930 年代と big time より 50 年以上遅いが，この間に big time の使用が定着したと考えられる．興味深いのは，これらの語の初出の年代が，表 1 における big time の前位修飾用法が現れた時期と重なっていることである．同じ時期に複合語の名詞用法がなく，その後も非常に少ないことを考え合わせると，前位修飾用法では big time が一語の形容詞と認識されており，形容詞としての用法がこの時期に定着したと考えてよいように思われる．

　big-time のその後の使用頻度の推移は big time と類似している．すなわち，1950 年代に増加が見られ，その後漸減するが，1990 年代と 2000 年代に再び増加を示している．bigtime の場合は 1950 年代の増加は見られないが，やはり 1990 年代に増加している．両語とももっぱら前位修飾用法として使われていたものが，この時期に新たに副詞用法を発達させている点は big time と同様である．したがってこの時期に形容詞から副詞への変化が急速に広まり定着したという推定の正しさが確認されたといえる．big time, big-time, bigtime の各年代の出現数を合計し用法別の変化を次に図 1 として示す．

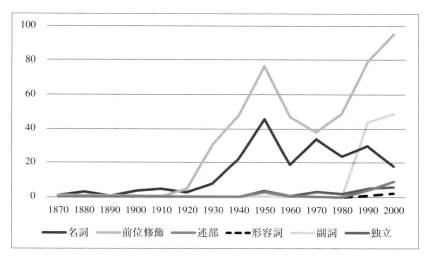

図 1　big time, big-time, bigtime の総出現数の用法別変化

1950 年代と 1990 年〜2000 年代に見られる増加の内容をさらに細かく観察すると，いくつかの連語の使用頻度が高いことがわかる．まず，1940 年代と 1950 年代における頻度の高い連語とその出現数（カッコ内）を以下にあげよう．

(6)　1940 年代における big time と高頻度の連語
　　a.　have a good time（8）
　　b.　into the big time（5）
　　c.　in the big time（4）
　　d.　名詞用法の合計（21）
(7)　1950 年代にににおける big time と高頻度の連語
　　a.　in the big time（11）
　　b.　into the big time（8）
　　c.　have a big time（5）
　　d.　hit the big time（4）
　　e.　名詞用法の合計（43）

これら高頻度の表現の使用は，各時期の名詞用法全体の頻度の 81%（1940

年代）と 65%（1950 年代）を占めている．have a big time という初出の表現に加えて，in/into the big time や hit the big time という 1940 年代に初出の表現が高い頻度で使用されることにより，「一流の人」「一流の地位」「成功」という意味が定着していったことが，このデータから推測される．

一方，1990 年代と 2000 年代に見られる頻度増加の基盤となった副詞と独立用法における big time の連語関係で，高頻度の動詞は以下のとおりである．

(8)　1990 年代〜2000 年代における big time と高頻度の連語
　　a.　screw up（5）
　　b.　owe（4）
　　c.　fuck up（3）
　　d.　pay off（2）

1950 年代ほどではないがいくつかの動詞との共起が増加の基盤となっていることが示唆されている．ここで興味深いのは，screw up, fuck up という否定的な意味を表す動詞との連語関係が見られることである．これら以外にも，lose（"負ける"），cost（"犠牲を払う"），suck（"最低である"），ruin one's life, get in the way, underestimate などの動詞（句）との共起が見られる．これら否定的な評価を表す動詞との共起は，前位修飾用法・形容詞（的）用法から引き継いだものと考えられる．大橋（2012）でも指摘したが，原義の「素晴らしい時間」から「一流の人」「一流の地位」という肯定的な意味が派生するが，一方で operator, criminal, crime, gamblin' man, gangster など否定的な評価を持つ人やモノとの連語へと拡張している．

以上，big time の新しい意味は特定の連語，あるいは，類似の意味を持つ連語が高頻度で使われたことによって定着したことが明らかになった．同様のことは複合語化した big-time, bigtime にも見られる．

big-time は，初出後の 1930 年代から着実に使用頻度を伸ばし，名詞前位修飾用法を定着させている．1930 年代から 1950 年代までの各時期に big-time と共起頻度の多い名詞を見ると次のようになっている．

Big time 再考　　　　　59

(9)　1930 年代における big-time と共起頻度の高い名詞
　　a.　stuff（2）
　　b.　politics（2）
　　c.　singer(s)（2）
(10)　1940 年代における big-time と共起頻度の高い名詞
　　a.　football（2）
　　b.　operator（2）
　　c.　gambler(s)（2）
　　d.　show（2）
(11)　1950 年代における big-time と共起頻度の高い名詞
　　a.　football（8）
　　b.　sport(s)（8）
　　c.　coach(es/ing)（7）
　　d.　game（3）
　　e.　operator（3）

1930 年代〜1940 年代と比較すると，1950 年代における使用頻度の急増は
football をはじめとしたスポーツ関連の語との共起の増加によるものである
ことが明らかになった．では 1990 年代，2000 年代はどうであろうか．表 2
によると big time 同様，この時期に副詞としての用法と独立用法が出現し
ている．これらの用法で big-time と共起頻度が大きな動詞は以下のもので
ある．

(12)　1990 年代〜2000 年代における big-time と共起頻度の高い動詞
　　a.　owe（8）
　　b.　suck（2）

big-time でも owe との共起は顕著であり，かなり強い共起関係が見られる．
bigtime については母数が少ないが，全体的に big time, big-time と並行的
な変化を示していると言えよう．
　　以上，big time と big-time の通時的データの観察から，新たな意味が定
着する際に頻度が上がること，また，定着においては特定の連語の使用頻度

が高くなることが全体の使用頻度の急増の要因であることを見た.[5]

4. 副詞の発達プロセス

big time の形容詞用法と副詞用法の間には「強意」という意味的な共通性が見られるが,他方,統語的には,名詞(句)の前と動詞(句)の後という異なる文中位置を占める.副詞用法の発達を統語的に動機づけたものは何であろうか.興味深いのは,big time と big-time の 1990 年代と 2000 年代に「独立」と分類した用法が現れていることである(表1を参照).(13)がその例である.

(13) a. Did the New York Times reporter's invite to the ranch get lost? Big Time! (COHA (2000))
   b. "So we're back in business." "Big-time." Gino paused for a moment. (COHA (2005))

(13a) では「New York Times の記者が牧場への招待状をなくしてしまった」ということ,(13b) では「それで仕事再開だ」という聞き手の発言に対して,話し手の驚きや祝意が表されているように思われる.すなわち,これらの例では,big time や big-time は,文中の特定の語句の内容を修飾する局所的な用法というよりも,より広範囲なスコープを持つように思われる.一方,独立用法の中には,(14) のような例も見られる.

(14) a. "Thanks anyway, buddy. And thanks for coming. I owe you." "Big time." Renfro smiled then, flashing even white teeth as he finished his self-appointed task. (COHA (1993))
   b. "People say he made a scene." "Big time. He made his wife give me her wedding ring to cover his debt." Scamz said, "He hates to lose, especially in front of a crowd." (COHA (2003))

---

[5] *The British National Corpus* (BYU-BNC) (https://corpus.byu.edu/bnc/) の調査(2018 年 3 月 10 日)によると,big time 109 例(副詞7例),big-time 49 例(副詞1例),big-time 3 例(副詞なし)と,これらの語はイギリス英語でも使われている.

（14a）では「礼を言う」と謝意を表す聞き手に「すごく」と付け加えている．
（14b）では「彼は醜態をさらしたらしい」という聞き手の発言を受けて「はでに」とやはり付け加えている．これらの例では対話者の発話中の動詞句が表す事態のありようの激しさ，程度の強さを強調する強意副詞的用法と思われる．そして聞き手の発言に話し手が付け足すというやりとりを，話し手が1人で行っているとみなすことができるような例が見られる．

(15) a. They been doing two, three cars a night, Dennis, <u>big time</u>.

                  (COHA (1990))

  b. "(…), you have a chance to play at that next level, <u>big time</u>."

                 (COHA (2005))

(16) a. "This place gives me the creeps, <u>big time</u>," Krause muttered,

  (…)   (COHA (2001))

  b. Justin got me into trouble, <u>big time</u>. (COHA (2003))

  c. This sudden fabulous surprise holiday was going to ruin her

  life, <u>big time</u>.   (COHA (2005))

  d. "Dirk's going to owe me, <u>big time</u>, for this one."

                 (COHA (2009))

（15a, b）では話し手が自分の発話内容に対して，「すごい」と付加的に感嘆の気持ちを表している．（15a）は映画のスクリプト，（15b）はワシントン・ポスト紙のスポーツ記事からの例文であるが，主文からの big time の意味的独立度が比較的高いと思われる．一方，同様にカンマで直前の文と区切られてはいるが，（16）の例文中の big time はより局所的に動詞句が表す出来事の程度が非常に強いことを強調していると考えられる．そして同時期に（17）のような，カンマのない副詞の例が現れ始めている．

(17) a. You've fucked up <u>big time</u>.   (COHA (1995))

  b. "We screwed up <u>big time</u>."   (COHA (1995))

  c. Boston Globe columnist Bob Ryan messed up <u>big time</u> (…).

                 (COHA (2003))

  d. "They beat us out <u>big time</u>," (…) (COHA (2007))

  e. (…) and he'll fall for you <u>big-time</u>. (COHA (2004))

独立用法とした (13) や (14) のような間投詞的用法と，(15) のように big time が文末に付加的に使用されている例との間には，意味的な類似性に加えて，分布上の連続性が観察される．この観察から，(17) のような強意副詞の発達には間投詞的な独立用法が橋渡しの役割を担った可能性があるといえよう．

5. big time と文法化・構文化

3 節と 4 節の考察から big time の変化は新しい意味が高頻度で使われることに動機づけられた名詞 ＞ 形容詞 ＞ 副詞というカテゴリーシフトと捉えることができる．本節ではこの変化を文法化と構文化の観点から考えてみよう．

文法化のテキストである Hopper and Traugott (2003) では，文法範疇を語彙的意味を持ち，開いたカテゴリーであり，名詞と動詞からなる主要範疇と，文法的機能を持ち，閉じたカテゴリーであり，冠詞，代名詞，助動詞，前置詞，接続詞，接辞，活用語尾などからなる非主要範疇に分けている．一方，開いた範疇ではあるが，動詞の分詞形から生産的に派生される形容詞と，-ly の付加など形容詞からの生産的な派生や名詞からの品詞転換などがある副詞については，中間的な範疇としている (Hopper and Traugott (2003: 107))．彼らに従えば名詞 ＞ 形容詞 ＞ 副詞という big time の変化は文法化の 1 例と見ることができる．

意味と形式が不可分に結びついた記号体を構文 (construction) と呼ぶ (Fillmore (1988) など)．言語の基本単位を構文とすると，言語における変化は構文における変化となる (Traugott and Trousdale (2013)，大橋 (2018) など)．big time の変化も構文における変化と捉えることができる．big time を形式と意味が結びついた構文とすると，名詞，前位修飾，形容詞，副詞の用法はそれぞれ以下のような構文として表すことができる．

(18)　a.　[[[a] [big time]$_{NP}$] ↔ [excellent time]]

　　　b.　[[[the big time]$_{NP}$] ↔ [top-ranker, great success]]

　　　c.　[[[big time]$_{ADJ}$] ↔ [most successful]]

　　　d.　[[[big time]$_{ADV}$] ↔ [to a great extent]]

(18a) の名詞用法は合成的な面をもち，(19) のように複数形として使われることもある．

(19) Midsummer Saturday nights used to be big times for the little stock car tracks across America. (COHA (2006))

(18b) では time に元来の「時間」の意味がなくなり，冠詞の the は独立した構成素でなく構文の一部を構成している．(18c) の形容詞では冠詞が脱落する．形容詞から派生した (18d) の副詞も無冠詞であり，形容詞とは異なる統語的分布を示す．

　ある構文から新たな構文への変化を構文化 (constructionalization) とよぶ (Traugott and Trousdale (2013))．構文化は，従来の構文が新しい意味で高い頻度で使用されることによって起こる．構文化に見られるように，言語の構造化が高い使用頻度に基盤を持つと考える使用基盤の立場 (Langacker (2000), Bybee (2010) など) では構文化は段階的に進む．[6] big time の文法化も一種の構文化と考えることができるが，名詞構文から形容詞構文への構文化も段階的に進み，現在進行中であることが次のような用例からうかがうことができる．

(20) a. Vortex, made in 16 mm on an $80,000 budget, is their first shot at the relatively big time. (COHA (1983))
　　 b. Very possibly my one chance to go from catalogue model to the very, very big time, so, if you are joking, stop joking.
(COHA (2000))

(20a) では名詞構文 the big time 中に relatively が，(20b) では very, very が介入し，構文中の big だけを修飾している．構文化が完成すると構成要素の語彙的特徴が失われるが，これらの例では big に形容詞としての語彙的意味が残されていることを示唆している．文法化や構文化に対する使用基盤的アプローチでは品詞を離散的でなくプロトタイプ的カテゴリーとみなすのでこのような事実も自然に捉えることができる (Langacker (2009), 大

---

　[6] 強調詞の文法化における段階性については Lorenz (1999: 81–83) やそこで引用されている Partington (1993: 184) を参照．

64

橋 (2018)).

以上，本節では big time の変化を文法化・構文化の観点から自然に捉えることができることを示した．

6.　強意副詞の変化について

big time の強意副詞用法は比較的短期間で使用頻度が増加した．この短期間での増加の動機づけを Keller (1994) の言う「見えざる手」という言語変化に関する理論を援用した Haspelmath (1999) の主張を参考にして考えてみよう．

Keller は言語の変化は，特定の方向へ変化させることを意図しない無数の話者による言語使用の結果，副産物として生じると主張し，Adam Smith の言葉になぞらえて，見えざる手による変化と呼ぶ．Keller は人間が言葉を使う際の指針として多くの格率（maxim）を立てているが，Haspelmath (1999: 1055) は文法化の 1 方向性を説明するための Maxims of Action として，そのうちから (21) に示す 5 つの格率を取り上げている（格率の名称は Haspelmath によるもの）．

(21)　Maxims of Action
　　　a.　Hypermaxim: talk in such a way that you are socially successful, at the lowest possible cost.
　　　b.　Clarity: talk in such a way that you are understood.
　　　c.　Economy: talk in such a way that you do not expend superfluous energy.
　　　d.　Conformity: talk like the others talk.
　　　e.　Extravagance: talk in such a way that you are noticed.

Haspelmath の言うように，社会的に成功する方略としては，(21b) や (21c) の格率が求める明確で簡潔な言い方以外に，(21e) の格率の言う誇張した，大げさな言い方が使われる場合もある．強意副詞の使用は伝達内容を正確に伝えるというよりも，非真理関数的であり，話し手の感情に動機づけられており，(21e) の Extravagance Maxim に沿ったものであると思われる．ちなみに，Keller は他にも "Talk in an amusing, funny, etc. way." という格

率もたてており，これも強意副詞の使用の動機づけになっていると思われる.

個人による新奇な言い方が (21d) の Conformity Maxim と (21e) の Extravagance Maxim によって次第に多くの話者に使われるようになる (Haspelmath（1999: 1057))というプロセスは強意表現の発達に当てはまると思われる. 強意表現の場合，強調していることを人に理解してもらうことがその使用の前提になるので，新奇な表現が急速に広がる動機づけがこれらの格率にあると考えられる.

このように，Keller や Haspelmath の理論は，言語変化に対する使用基盤的アプローチの基盤をなすものと考えられる.

7. おわりに

本稿では big time, big-time, bigtime が形容詞，強意副詞へと変化する過程を COHA からの用例を分析して明らかにした. 新たな意味の定着は特定の連語による使用頻度の増加によるところが大きいことが明らかになった. また，これらの語(句)の変化が文法化や構文化の例として捉えられることを指摘した. さらに，強意副詞の発達の動機づけとして Keller や Haspelmath の言う extravagance maxim が考えられることを述べた. 本稿の分析や考察を通して言語変化への使用基盤的アプローチの有効性の一端を示すことができたと考える.

参考文献

Bybee, Joan (2010) *Language, Usage and Cognition*, Cambridge University Press, Cambridge.

Fillmore, Charles J. (1988) "The Mechanisms of 'Construction Grammar,'" *BLS* 14, 35–55.

Haspelmath, Martin (1999) "Why Is Grammaticalization Irreversible?" *Linguistics* 37(6), 1043–1068.

Hopper, Paul J. and Elizabeth Closs Traugott (2003) *Grammaticalization*, 2nd ed., Cambridge University Press, Cambridge.

Keller, Rudi (1994) *On Language Change: The Invisible Hand in Language*, Routledge, London.

Langacker, Ronald W. (2000) "A Dynamic Usage-Based Model," *Usage Based Model of Language*, ed. by Michael Barlow and Suzanne Kemmer, 1-63, CSLI Publications, Stanford.

Langacker, Ronald W. (2009) "Chapter 3: A Constructional Approach to Grammaticization," *Investigations in Cognitive Grammar,* by Ronald W. Langacker, 60-80, Mouton de Gruyter, Berlin / New York.

Lorenz, Gunter R. (1999) *Adjective Intensification—Learners versus Native Speakers: A Corpus Study of Argumentative Writing,* Rodopi, Amsterdam / Atlanta.

Ohashi, Hiroshi (2008) "Pragmatic Factors in Grammaticalization: The Case of Intensifiers," *Proceedings of the Eighth Annual Meeting of the Japanese Cognitive Linguistics Association*, 658-661.

大橋浩 (2012)「強調詞 big time の発達」『ことばとこころの探求』, 大橋浩・久保智之・西岡宣明・宗正啓佳・村尾治彦 (編), 391-404, 開拓社, 東京.

大橋浩 (2013)「第7章 文法化」『認知言語学 基礎から最前線へ』, 森雄一・高橋英光 (編), 155-179, くろしお出版, 東京.

大橋浩 (2014)「頻度基盤による分析——英語強意副詞句の変化を例に」『日本英語学会第32回大会シンポジウム 頻度と言語研究を考える』, 学習院大学, 11月9日.

大橋浩 (2015)「認知言語学と言語変化——コーパスを利用して——」『認知言語学フォーラム 2015』, 北海道大学, 7月4日.

大橋浩 (2017)「認知的アプローチと文法化：英語の強意副詞を例に」「シンポジウム報告 自然言語の歴史的変化と文法化——日英仏語の事例研究と数理的アプローチの批判的検討を通じて——」『フランス語学研究』第51号, 116-120, 日本フランス語学会.

大橋浩 (2018)「第6章 文法化はなぜ認知言語学の問題になるのだろうか？」『認知言語学とは何か』, 高橋英光・森雄一・野村益寛 (編), 113-131, くろしお出版, 東京.

Partington, Alan (1993) "Corpus Evidence of Language Change: The Case of the Intensifier," *Text and Technology: In Honour of John Sinclair*, ed. by Mona Baker, Elena Tognini-Bonelli and Gill Francis, 177-192, John Benjamins, Amsterdam.

Quirk, Randolph, Sidney Greenbaum, Geoffrey Leech and Jan Svartvik (1985) *A Comprehensive Grammar of the English Language*, Longman, London / New York.

Traugott, Elizabeth Closs and Graeme Trousdale (2013) *Constructionalization and Constructional Changes*, Oxford University Press, Oxford.

用例出典

コーパス

The British National Corpus (BYU-BNC) (https://corpus.byu.edu/bnc/)
The Corpus of Historical American English (COHA) (http://corpus.byu.edu/coha/)

辞書

Longman Advanced American Dictionary, 2nd ed. (2007) (LAAD), Pearson Long-
man, White Plains.
Oxford Advanced Learner's Dictionary, 9th ed. (2015) (OALD), Oxford University
Press, Oxford.
The Oxford English Dictionary (OED), 2nd ed. on CD-ROM, Oxford University
Press, Oxford.

コ・ソ・アの用法

川瀬　義清
西南学院大学

1.　はじめに

　これまでの日本語指示詞の研究は大きく分けると，大槻（1917）に始まる
コ・ソ・アを話し手からの距離によりそれぞれ近称・中称・遠称の３つの
領域に分ける三分説，佐久間（1966）によるコ・ソ・アを人称と結びつけ話
し手のなわばり（コ），聞き手（相手）のなわばり（ソ），それ以外の領域
（ア）に分ける人称による三分説，三上（1970, 1972）による話し手と聞き
手の対立するコ・ソが現れる次元と話し手・聞き手が融合し遠称アと対立す
るコ・アが現れる次元とに分ける double binary 説の３つに分けることがで
きる．これらの考えは，いずれもコ・ソ・アの指す対象が，どの領域に属す
るかという観点から指示詞を論じたものであり，ここではこれらをまとめて
領域論と呼ぶ．
　距離によりコ・ソ・アを近称・中称・遠称に分ける見方は，ある意味我々
の言語直観に合っている．このため近年の指示詞研究でも，聞き手の概念を
組み入れながらも近称・中称・遠称という分け方を踏襲する研究も多い（服
部（1968），阪田（1971），黒田（1979），金水・田窪（1990, 1992）など）．
佐久間の人称による三分説は，指示詞が「人代名詞」の人称と平行的に用い
られることを示し，聞き手の概念を持ち込んだもので，その後の指示詞研究
に大きな影響を与えた．三上は，三分説では説明しづらい「アレコレ」「ソ
ウコウ」のような，コとア，コとソが対になった表現はあるが，ソとアが対
になったものはないという事実に基づき，コ・ソ・アを２つの次元に分け，
ソとアが共起する次元が無いことを示しこの問題を解決しようとした．
　これらの考えに共通するのは，コ・ソ・アそれぞれが自分の領域を持って

いるという見方である．その結果，コの領域にあるものはソやアの領域には存在しないことになり，コ・ソ・アの使用は排他的，すなわちコで指されたものはソやアを用いることはできないことになってしまう．しかし，実際のコ・ソ・アの用例では，複数の指示詞が交換可能な例や，談話の途中で指示詞の交代が起こるような用例が見られる．このことは，指示詞の領域が排他的に決まっているわけではないことを示唆している．

また，指示詞の用法は，大きく分けると現場指示用法と文脈指示用法があるが，従来の研究ではこの2つの用法に対し，異なる説明を必要とすることが多い（久野（1973），堀口（1978）など）．コ・ソ・アによる指示対象は，用法によって現実世界の「もの」であったり，ことばが表す「もの」であったり，また，ある場合には「イメージ」であるなどといわれる．しかし，現場指示用法でも文脈指示用法でも用いられている指示詞は同じものであり，統一的な説明ができることが望ましい．

従来の領域論に対し Kawase（1986）は，コ・ソ・アの指す対象は現実世界の事物を指すわけではなく話し手の意識の中に投影されたものを指すという意識論を提唱し，コ・ソ・アの使用が排他的ではないことを示した．

本稿では，2節でこれまでの領域論とは異なるアプローチを取る Kawase（1986），川瀬（1987）をもとに意識論についてその概要を述べ，3節，4節では，ソとアの用法について具体例を取り上げ，先行研究と比較しながら，意識論による説明を試みる．

2. 意識論

我々が外界の事物を知覚した場合，その概念（イメージ）が我々の意識の中に投影される．例えば，話し手と聞き手が同じものを見た場合，そのイメージは話し手の意識の中にも聞き手の意識の中にも投影される．すなわち，指示詞を用いる場合，話し手，聞き手双方の意識の中にイメージが投影されており，話し手は自分自身の意識の中に投影されたイメージを用いるか，それとも聞き手の意識の中にある（と話し手が想定する）イメージを用いるかのオプションを持っているということができる．

Kawase（1986），川瀬（1987）では，このような考えに基づき，コ・ソ・

アの指すものを (1) のようにまとめた.[1]

(1) コ： 話し手の意識の中にある話し手に近いもの
    ソ： 聞き手の意識の中にあるもの
    ア： 話し手の意識の中にある話し手から遠いもの

　意識論の最大の特徴は，話し手，聞き手の両方の意識の中にコ・ソ・アの指示対象が投影されるので，領域論とは異なり，コ・ソ・アの使用が排他的ではないということである．すなわち，同じものを指す場合，それを話し手の意識の中の話し手に近い要素として指す場合にはコを，話し手の意識の中の話し手から遠い要素として指す場合にはアを，聞き手の意識の中の要素として指す場合にはソを用いることができる．

　ここでいう「話し手の意識」,「聞き手の意識」とは，Fauconnier (1985) のいうメンタル・スペースに相当する．Fauconnier は，一見矛盾が生じる (2) のような例に対し，メンタル・スペースという概念を導入し，その矛盾を解決している．

(2) Len believes that the girl with blue eyes has green eyes.

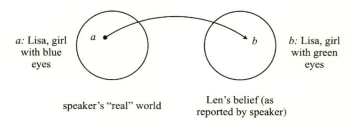

図1　メンタル・スペース (Fauconnier (1985: 14))

図1からわかるように,「話し手の現実スペース」と「(話し手が考える) Len の信念スペース」の2つのスペースがある．この2つのスペースで，同じ対象 (Lisa) が，一方は "girl with blue eyes",もう一方は "girl with green eyes" と記述される．この2人の少女は話し手の現実世界では Lisa という

---

[1] Kawase (1986) では，アは「聞き手にもわかる」としたが，川瀬 (1987) で (1) のようにアから聞き手を除外した．その理由は4節で説明する．

同一人物であり，a と b を結ぶコネクターが同一性を保証している．
指示詞の場合もこれと同じことが起こる．

(3)　ほら，この前君と一緒に行ったあの店，今あそこにいるんだ．

(以下，例文中の下線は筆者)

通常，話し手が今いる場所は「ここ」である．ところが (3) ではその場所を指すのに「あそこ」が用いられている．一見矛盾が生じるが，(2) と同じように「話し手の現実スペース」と「話し手の過去スペース」という2つのスペースを導入し，「話し手の現実スペース」では，話し手に近いものとしてコが用いられるが，(3) では，今いる場所を「過去において聞き手と一緒にいた場所」としてとらえており，その結果「話し手の過去スペース」にある話し手から遠いものとして「アソコ」が用いられると考える（図2）．

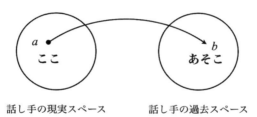

図2　現実スペース，過去スペース

さらに，意識論では，次のような話し手に一番近いはずの自分自身の身体の一部を指す場合に，コではなくソを用いる例も自然に説明することができる．

(4)　彼はむすこの顔をごしごし手で洗った．
　　「ちゃん，痛いよ．」
　　「何が痛いんだ．」
　　「そこ，痛いんだよ．」
　　周作は目の下の傷を，手でおさえようとした．

(山本有三『生きとし生けるもの』)

(4) では，父親が周作の身体をこすっているのであるから，話し手（周作）の意識にも，聞き手（父親）の意識にも今こすっている顔の部分が投影されて

いるはずである．この場合，話し手（周作）が聞き手（父親）に伝えたいのは「父親がこすっている場所」であるから，当然，聞き手（父親）の意識の中にあるものとしてその場所を指すのに「ソコ」を使うのである．

　さて，3つの指示詞コ・ソ・アのうち，最も無標なものは話し手の意識の現実の時空の要素を指すコであろう．指示詞を，コを中心にとらえると，2つの対立軸を考えることができる．まず，話し手の意識の中での「遠・近」の対立．次に話し手の意識と聞き手の意識の対立．前者がコ・アとして対をなし，後者がコ・ソとして対をなす (cf. Kawase (2015))．

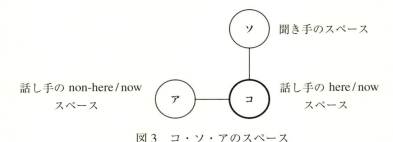

図3　コ・ソ・アのスペース

図3からわかるように，近 (here/now)・遠 (non-here/now) の軸がコ・アを結び，話し手・聞き手の軸がコ・ソを結ぶ．この結果，三上 (1972) が指摘したように，「アレコレ」「ソウコウ」のようなコとア，コとソが対になった表現はあるが，ソとアが対になったものはないという事実を説明することができる．

　意識論におけるコ・ソ・アのとらえ方では，お互いの指示詞が排他的ではなく，話し手は，指示詞の対象をどの意識スペースにあるものとして表現するか，すなわち，コ・ソ・アのどれを使うかに関して選択することができる．しかし，実際の用法では，オプションは持っているがどれでも自由に使えるわけではなく話し手の意図に応じてどの指示詞を用いるかが決まってくる．

　(5)　われわれはその日の夜，A町に着いた．この／その町は人口五千の小さな町であった．

(5)ではコ・ソどちらも使うことができる．田中 (1981) はこの例について次のように述べている．

「その町」が「つきはなして見る」という印象をもたせるのは,「その町」の指示対象が「われわれがその日の夜ついた A という」という先行詞中の限定部分によって特定されていて,それ以上でもそれ以下でもないからだと考えられる.それに対して,「この町」が「話し手に引きつけて見る」印象を与え,この場合には「その町」にはないある種の臨場感すら感じさせるのは,「この町」の指示対象が「われわれがその夜,着いた A という」という限定に何かが加わった形で特定されているからだと考えることもできよう.　　　　（田中（1981: 36））

意識論の観点から言うと,（5）では話し手はコを用いるかソを用いるかのオプションを持っている.話し手は A 町を「話し手の意識の中にある話し手に近いもの」として取り上げる場合にはコが,「聞き手の意識の中にあるもの」として取り上げる場合にはソが用いられることになる.「聞き手の意識の中のもの」として取り上げた場合には,先行表現以上の情報は無いが,コを用いて「話し手の意識の中のもの」として取り上げた場合には,単に「我々がその日の夜ついた A という」だけでなく話し手が A 町について持っている豊かなイメージが背後に存在するのである.この結果,田中の指摘するような印象が生じる.

　このように,複数の指示詞が使用可能な場合に,その中からどの指示詞を用いるかの選択は,ある種の伝達方略と呼ぶことができる.たとえば,川瀬（1987）では,ソを使用するための伝達方略として,「聞き手の意識の中にあるものを確認したい場合」「聞き手の意識の中にあるイメージに情報を与えたい場合」などをあげている.（6）のようにクイズ番組で司会者が回答者にヒントを与える場合,コではなくソを用いるのが普通である.

　（6）　それは歴史上の人物です.

この場合,司会者（話し手）の意識の中には当然指示対象が存在するのでコを用いることも可能であるが,この状況は,回答者（聞き手）にヒントを与えることが目的なので,回答者（聞き手）の意識の中にある（ぼんやりとした）イメージに情報を付加するためにソを用いることになる.

　指示詞の使用においては,（1）で規定したコ・ソ・アの意味が語義的な定義であるとすれば,実際の用法においてはコ・ソ・アのどれを用いるかとい

74

う伝達方略があり，それが実際の用法を決めていると考えられる．

3. ソの用法

本節では，3.1 節で佐久間の「聞き手のなわばり」では説明できないとされるソの用法を取り上げ，3.2 節で聞き手のいない状況で生じるソについて論じる．

3.1. 佐久間に対する反例とされるソの用法

ソの用法については，第 1 節で述べたように，近称・中称・遠称のうちの中称を表すという考えがある．ソを中称と見なす場合，それがどの程度の領域を指すのかは漠然としておりはっきりしない．これに対し佐久間（1966）は，ソを「聞き手のなわばり」とした．この佐久間の考えに対しては，聞き手に属する領域があることを認めつつも，多くの研究者が反例を示している．正保（1981）のあげた（7）では，話し手，聞き手から同じぐらい離れている地点を，客と運転手のいずれもがソで指示しており，お互いが相手（聞き手）の領域と見なしていることになり，佐久間の「聞き手のなわばり」では説明できない．

(7) 客： そこのレンガ色の建物の前で止めてくれ．
運転手： そこの大きな建物ですね．

吉本（1992）は，この例について，次のように述べている．

> 上はタクシーの中での会話だが，佐久間説が正しいとすれば乗客は「煉瓦色の建物」を聞き手である運転手のなわばりに属すると考えていることになる．他方，運転手の方は同じ建物が乗客のなわばりに属すると認めていることになる．このように同じ指示物が 2 人の話者の間で互いに他の領域に属するとされるのはかなり異常であり，何か他の強力な要因によって説明されるので無い限り受け入れられない．[2]
> （吉本（1992: 111））

---

[2] (7) は正保（1981）の例であるが，それを引用した吉本では「レンガ色」が「煉瓦色」となっている．

次の（8）も「聞き手のなわばり」では説明しづらいソの用例である．

　（8）　「お出かけですか」
　　　　「ええ，ちょっとそこまで」

（8）の「ソコ」が「聞き手のなわばり」を指すとすれば，それは現在聞き手のいる場所を指すことになり，意味をなさない．正保（1981）はこのソを「「コ」でも「ア」でも指すのが適当でない場合に登場する弛緩した「ソ」の例である」（正保（1981: 73））と述べている．
　阪田（1971）は，（7）や（8）のような佐久間の「聞き手のなわばり」では説明できないソの用例が数多くあることを指摘して，次のように述べている．

　　　話し手と相手との対立の場に基づかず，話し手の立場を中心にした，いわば，絶対的な領域が「コ・ソ・ア」を規定するという解釈を試みたい．すなわち，話し手は空間的に，時間的に，心理的に身近なものは自分の領域内のものとしてコ系で指示するのであるが，話し手から少し離れたものであり，話し手はソレを自分から一歩離れたものとしてとらえた場合に，ソ系で指示するのであると考える．

　　　　　　　　　　　　　　　　　　　　　　　　　（阪田（1971: 132））

阪田と同様に堀口，金水・田窪らもこれらの例はいわゆる中称のソであるとしている．

　　　現場指示の用法において，話し手は，自分と相手と相対する場——その場の中心は話し手自身であるが，外の果てを客観的に限定することは出来ない．少なくとも両者を取り巻くあまり遠くない空間で，両者に無理なく対象が知覚される範囲であると話し手が認定するものである．——の中で，自分が占めるとする領域の内にある対象はコで指示表現し，自分が占めるとする領域の外にある対象はソで指示表現するのである．　　　　　　　　　　　　　　　　（堀口（1978：139））

　　　これらのソは，遠くも近くもない場所を指し示している，というニュアンスを持っている．また，現場ではないが，現場の延長という意識がある．それは，これらの発話とともに，指さし行為が多く見られる，ということから確かめられる．聞き手との要素の共有という点か

ら見ると，それはあいまいであるとしかいえない．全体に，非常に中間的であり，あいまいな指示なのである．（中略）これらもすべて，中称として，コやソ（アの間違い？　筆者注）のすきまを埋める表現として機能していると考えられるのである．

(金水・田窪 (1990: 103))

阪田たちが（7）（8）のソが指す場所を，聞き手のなわばりに属さない中称のソであると考えるのは，ソが現実空間を指すととらえたからである．確かにソが指す場所を現実空間に求めるとすれば，それは聞き手のなわばりではない．一方，意識論では指示詞が指すものは，現実空間ではなく話し手，聞き手の意識の中に存在すると考える．（7）では，客と運転手は認知環境を共有しており，客の意識の中にも，運転手の意識の中にもソで指示される対象物が存在する．客が話し手として「そこのレンガ色の建物」という場合，話し手は聞き手（運転手）の意識の中にある対象を指しており，また，運転手が話し手として「そこの大きな建物」という場合も聞き手（客）の意識の中にあるものを指しているのである．このように客と運転手がお互いに相手の意識の中にあるものを確認するためにソを用いているのである．

また，（8）のような会話は，単なる挨拶であり，お互いどこに行くのかをはっきりさせようとしているわけではない．「お出かけですか」と言うことにより，自分の意識の中にぼんやりと出かける場所を思い浮かべている．これに対し「ちょっとそこまで」と答えることにより，聞き手が思い浮かべる場所であればどこでもよく，結果的に指示対象をぼかす効果を生み出している．

また，庵（2007）のあげた次の例では「ソノ」のみが使用可能であり，「コノ」は使用できない．[3]

(9)　順子は「あなたなしでは生きられない」と言っていた．その／*この／#φ 順子が今は他の男の子供を 2 人も産んでいる．

この例では，先行談話から聞き手の意識スペースの中の「順子」には「あな

---

[3]　(9) の例のφは，指示詞が何も付かない場合を表す．一般に固有名の場合は指示詞が付かない形でも用いることができるが，ここではその使い方も不可である．これは，裸の固有名のままだと「現実」の順子を指すことになり，ここで話し手が指したい「聞き手の意識スペースの中の順子」にはならないためだと考えられる．

たなしでは生きられない」という情報が与えられている．その聞き手の持っている情報に対して，その情報から予測される事態を裏切る情報を付け加えるのであるから，話し手の意識スペースにあるものを指すコではなく，聞き手の意識スペースの中にあるものを指すソを用いることになる．

3.2. 聞き手のいないソ

ここまで，ソが指すものは聞き手の意識の中の要素としてとらえてきた．ところが聞き手がいないと思われる状況でソを使う例がある．

(10)　アイツヲ呼ンデ来テ，ソイツ（つまりアイツ）ニヤラセテミルカ？

(10) は三上 (1972) の例であるが，三上は「これはひとりごととしても成り立つ言方であり，相手に向かって言うにしても，その相手は単なる聞役であって発言内容には交渉を持たない．このようなソレ的はもはや中称化していると思われる」（三上 (1972: 179)) と述べている．

金水・田窪 (1990)，庵 (2007) も同様の例をあげている．

(11)　もし特急電車が留まっていたら，{*これ／それ} に乗って行こう．
　　　　　　　　　　　　　　　　　　　　　　（金水・田窪 (1990: 105)）
(12)　もし今金があったら，その（／#あの）金でマンションを買うんだが．
　　　　　　　　　　　　　　　　　　　　　　　　　（庵 (2007: 32)）

これらの例を独り言ととらえるならば，そこには聞き手は存在せず，ソは「聞き手の意識スペースの中にあるものを指す」とは言えなくなってしまう．

これらの例で興味深いのは，ある種のスペース導入表現が現れていることである．(10) の「アイツヲ呼ンデ来テ」，(11) の「急行電車が止まっていたら」，(12) の「もし今金があったら」は，それぞれ「あいつのいる」スペース，「急行電車が止まっている」スペース，「金がある」スペースを導入し，その中の要素をソで指している．これらは，話し手の現実スペースとは異なる仮定スペースである．意識論では，コ・アが話し手の意識スペースであるのに対し，ソは聞き手の意識スペースとした．(10)(11)(12) のような例があることを考えると，ソは「聞き手の意識スペース」というよりも，「話し手の意識スペース以外のスペース」ととらえたほうがいいのかもしれない．ソが一般に「聞き手の意識スペース」の中のものを指すというのは，「聞き

手の意識スペース」が「話し手のスペース以外のスペース」のプロトタイプ
であり，最もよく使われるからであると考えられる．話し手にとっては，聞
き手の意識スペースはあくまで話し手が想定した聞き手スペースであり，現
実の聞き手スペースではない．別の言い方をすれば，コ・アは話し手にとっ
ての現実スペース（realis）であり，ソは非現実スペース（irrealis）を表して
いると考えることができる．

4. アの用法

　久野（1973）は，文脈指示用法におけるソとアの振る舞いを説明するため
に，アの用法とソの用法を次のように規定している．

　(13)　ア―系列：　その代名詞の実世界における指示対象を，話し手，聞
　　　　　　　　　　き手ともによく知っている場合にのみ用いられる．
　　　　ソ―系列：　話し手自身は指示対象をよく知っているが，聞き手が
　　　　　　　　　　指示対象をよく知っていないだろうと想定した場合，
　　　　　　　　　　あるいは，話し手自身が指示対象をよく知らない場合
　　　　　　　　　　に用いられる．　　　　　　　　　（久野（1973: 185））

久野は，(13) のように考える根拠として (14)(15) の例を挙げている．

　(14)　話し手：　昨日，山田サンニ初メテ会イマシタ．アノ（*ソノ）人
　　　　　　　　　随分変ワッタ人デスネ．
　　　　聞き手：　アノ（*ソノ）人ハ変人デスヨ．
　(15)　話し手：　昨日山田サントイウ人ニ会イマシタ．ソノ（*アノ）人，
　　　　　　　　　道ニ迷ッテイタノデ助ケテアゲマシタ．
　　　　聞き手：　ソノ（*アノ）人，ヒゲヲハヤシタ中年ノヒトデショ．
　　　　　　　　　　　　　　　　　　　　　　　　　（久野（1973: 186））

久野の説明によれば，(14) では，話し手は，聞き手も「山田サン」をよく
知っていることを知っているので，「ソノ」ではなく「アノ」を用いる．一
方，(15) では，話し手は聞き手が「山田サン」をよく知らないだろうと想
定しているので，「アノ」は使えず「ソノ」を用いることになる．
　意識論では，アは「話し手の意識スペースの中にある話し手から遠いも

の」，ソは「話し手の意識スペース以外のスペース（ここでは聞き手の意識スペース）の中にあるもの」と規定される．(14)では，話し手，聞き手ともに「山田サン」を知っているので，話し手は，自分の意識の中にある「山田サン」のイメージを使うか，聞き手の意識の中にある「山田サン」のイメージを使うか選択できる．(14)では，「随分変ワッタ人」という主観的な表現が現れることから，話し手の意識の中にあるイメージ，すなわちアを用いるのが自然である．聞き手が「山田サン」を知っているかどうかはアの使用には直接関係ない．一方，(15)では，話し手は聞き手が「山田サン」をよく知らないだろうと想定しているので，まず山田さんを聞き手の意識の中に導入し，その山田さんについて「道ニ迷ッテイタ」という情報を付加する．そのためソが用いられる．ここで話し手がアを用いれば，話し手は「聞き手が山田さんをよく知らない」と想定しているにもかかわらず，聞き手を無視して一方的に自分の意識の中にあるものを押しつけることになり聞き手に対して丁寧さを欠く．[4] 聞き手は，話し手の言っている「山田サン」と自分の知っている「山田サン」が同一人物であることを確認するためにソを用いている．

　久野のいう「ア系列における話し手，聞き手による指示対象の共有」が必要ないことは，次の例からも裏付けられる．

(16)　唯圓　今日はよく晴れて比叡山があのようにはつきりとみえます．
　　　親鸞　（座わる）あの山には今も沢山な修行者がゐるのだがな．
　　　唯圓　あなたも昔あの山に永くいらしたのですね．
　　　親鸞　九つの時に初めて登山して，二十九の時に法然様に遇ふまでは大てい彼の山で修行したのです．
　　　唯圓　その頃のことが思はれませすね．
　　　親鸞　あの頃の事は忘れられないね．若々しい精進と憧憬との間にまじめに一すぢに煩悶したのだからな．

（倉田百三『出家とその弟子』）

(16)における親鸞の最後のことばに出てくる「あの頃」は，話し手である

---

　[4] 堀口（1992）はこれを「社交の術」と呼んでおり，本稿の2節で述べた伝達方略の一部であると考えてよい．

親鸞の修行時代を指しており，聞き手である唯圓との共有経験を指している
わけではない．もっぱら，話し手が自分の意識の中にある遠いものに思いを
よせて話しているのであり，このためアが用いられる．(16) からわかるよ
うに，話し手と聞き手が指示対象をよく知っていることは，アの使用の必要
条件ではない．

　最後に，堀口 (1978) のいう観念対象指示の用例を取り上げる．

(17)　A　君，あの件は片付いたかい．
　　　B　はい，片付きました．

このような例では，先行談話なしにいきなりア系列が用いられる．このアの
指すものは，話し手と聞き手の間で過去に話題となったものを指しており，
コもソも用いることはできない．話し手は，話し手と聞き手の間で（過去に
「あの件」について話題にしたという）認知環境を共有していると考えてお
り，話し手は「あの件」と言いさえすれば，それが指すものを聞き手の意識
の中に顕在化できるという確信のもとにアを使うのである．[5]

5.　まとめ

　本稿では，これまでの領域論に対し，意識論の立場から日本語の指示詞
コ・ソ・アの指すものを次のように規定する．

(18)　コ：　話し手の意識の here / now スペースの中にあるもの
　　　ソ：　話し手が，自分のスペース以外のスペースにあると考えるもの
　　　ア：　話し手の意識の non-here / now スペースの中にあるもの

この意識論の特徴は，指示詞の指すものは，現実世界の対象を直接指すわけ
ではなく，話し手，聞き手の意識スペースの中に投影された対象を指すとす
ることである．このため，領域論とは異なり，コ・ソ・アの使用が排他的で
はない．これにより，領域論では説明の難しかった用例についても自然な説

---

　[5] このように，認知環境を共有する場合に，あるものが顕在化することを Sperber and
Wilson (1986) は相互顕在性 (mutual manifestness) と呼んでいる．相互顕在性について
は，Sperber and Wilson (1986: 41-46) 参照．

明を与えることができる．また，意識論では，現場指示用法と文脈指示用法の区別を必要としない．現場指示と文脈指示の違いは，意識スペースの中に導入する経路の違いであり，いったん意識スペースの中に導入されれば，用法にかかわらず，同じように扱うことができる．

（18）からわかるように，コとアは話し手の意識スペースの中の対象を指すため，話し手にとっては最もイメージ化しやすいものである．その意味ではコやアを用いることができる状況ではコやアが優先的に現れるといえる．一方，ソは「話し手の意識スペース以外」と規定されていることからわかるように，わざわざ自分のスペースではないスペースをたてることになり，それだけのコストをかける理由がなければならない．これが様々な伝達方略として現れ，ソによる指示を複雑なものにしていると思われる．

（18）にまとめたコ・ソ・アの規定は，いわば，コ・ソ・アの語義である．実際のコ・ソ・アの用法は，この語義をもとに，どの指示詞を用いるかという伝達方略が大きく関わっている．本稿では，この伝達方略については概略を述べるにとどまっており，今後，指示詞の使用に際し用いられる伝達方略がどのようなものであるか精緻化する必要がある．

参考文献

Bolinger, Dwight (1977) *Meaning and Form*, Longman, London.

Chafe, Wallace L. (1974) "Language and Consciousness," *Language* 50, 111–133.

Fauconnier, Gilles (1985) *Mental Spaces: Aspects of Meaning Construction in Natural Language*, MIT Press, Cambridge, MA.

Hasegawa, Yoko (2012) "Deictic and Anaphoric Uses of the Japanese Demonstratives *ko-so-a*," *Journal of Japanese Linguistics* 28, 43–59.

服部四郎 (1968)「コレ・ソレ・アレと this, that」『英語基礎語彙の研究』71–80，三省堂，東京．

堀口和吉 (1978)「指示語「コ・ソ・ア」考」『論集日本文学・日本語 5 現代』137–158，角川書店，東京．

堀口和吉 (1992)「指示語の表現性」『指示詞』，金水敏・田窪行則（編），74–90，ひつじ書房，東京．

庵功雄 (2007)『日本語におけるテキストの結束性の研究』くろしお出版，東京．

Kawase, Yoshikiyo (1986) "Japanese Demonstratives," *The Penn Review of Linguistics* 10, 81–94.

川瀬義清 (1987)「「コ・ソ・ア」の用法」『日本語教育学会昭和61年度大会予稿集』39-42.

Kawase, Yoshikiyo (2015) "Japanese Demonstratives from a Cognitive Point of View," paper presented at Linguistics Circle (Wake Forest University).

金水敏・田窪行則 (1990)「談話管理理論から見た日本語の指示詞」『認知科学の発展』3, 85-116, 講談社, 東京.

金水敏・田窪行則 (1992)「日本語指示詞研究史から／へ」『指示詞』, 金水敏・田窪行則 (編), 151-192, ひつじ書房, 東京.

久野暲 (1973)『日本文法研究』大修館書店, 東京.

黒田成幸 (1979)「(コ)・ソ・アについて」『英語と日本語と――林栄一教授還暦記念論文集』, 林栄一教授還暦記念論文集刊行委員会 (編), 41-59, くろしお出版, 東京.

三上章 (1970)「コソアド抄」『文法小論集』145-154, くろしお出版, 東京.

三上章 (1972)『現代語法新説』くろしお出版, 東京.

大槻文彦 (1917)『廣日本文典』43版, 林平次郎, 東京.

阪田雪子 (1971)「指示詞「コ・ソ・ア」の機能について」『東京外国語大学論集』21, 125-138.

佐久間鼎 (1966)『現代日本語の表現と語法』恒星社厚生閣, 東京.

正保勇 (1981)「「コソア」の体系」『日本語教育指導参考書8　日本語の指示詞』51-122, 国立国語研究所, 東京.

Sperber, Dan. and Deirdre Wilson (1986) *Relevance: Communication and Cognition*, Harvard University Press, Cambridge, MA.

田中望 (1981)「『コソア』をめぐる諸問題」『日本語教育指導参考書8　日本語の指示詞』1-50, 国立国語研究所, 東京.

吉本啓 (1992)「日本語の指示詞コソアの体系」『指示詞』, 金水敏・田窪行則 (編), 105-122, ひつじ書房, 東京.

英語直接話法における引用句と動詞の類像性[*]

木山　直毅
北九州市立大学

1.　はじめに

　英語の直接話法には（1）のように複数の形式があり，（1′）に示すように動詞−主語の語順と，主語−動詞の語順のようになる．本稿では各形式の必須項目の頭文字を取り，それぞれを QVS, QSV と呼び，両方の形式の総称として直接話法と呼ぶ．

(1) a. "My dear fellow," said Sherlock Holmes (to Lestrade).

　　 b. "My dear fellow," Sherlock Holmes said (to Lestrade).

(1′) a. "Quote message" Verb Subject (to NP)

　　 b. "Quote message" Subject Verb (to NP)

直接話法は，いずれの形式も発話者（addresser），聞き手（addressee），動詞，そしてメッセージ（quoted message）の 4 つの文法要素が使用され，発話者がメッセージを聞き手に伝えている状況を語り手（narrator）が述べている表現である．つまり（1）の例文はすべて同じ文法要素を用いて同じ状況を異なる語順で述べている点で，構文の交替現象とみなすことができる．
　このような直接話法の構文交替は生成文法においては Branigan and Collins（1993）を発端に多くの研究がなされ，主に主語の位置や移動する要素に関する議論がなされてきたが（e.g. Bruening（2016），Collins（1997）），

---

　[*] 本研究は，アン・クレシーニ氏，ロジャー・プライア氏（両氏とも北九州市立大学）とニール・マイルズ氏（当時：大阪大学［院］）の協力を受けた．また伊藤創氏（関西国際大学）と岩男考哲氏（神戸市外国語大学）との議論が大いに役立った．記して感謝する．なお，本稿の誤りは筆者によるものである．

認知言語学の立場から分析した研究は見当たらない．本研究では，構文文法論の立場に立脚し（e.g. Croft（2001），Fillmore et al.（1988），Goldberg（1995）），生成文法がこれまで全く触れてこなかった事実が認知言語学的及び機能的な考察によってのみ説明できることを提示する．

　本稿の構成は以下の通りである．まず 2 節では本研究が立脚する構文文法理論を概観し，3 節では直接話法に共通するフレーム要素を確認する．4 節では本研究が拠り所とする隣接性仮説を提示し，5 節ではデータの取得方法や手法を概観し，6 節で数量的な調査から得られた結果を認知言語学の観点から考察する．

2.　構文文法

　本稿が立脚する構文文法理論は認知言語学の主流な考えの 1 つであるが，構文の定義は複数ある．例えば Kay and Fillmore（1999）は構文を "the notion of a grammatical construction as a conventional association of linguistic form and content（Kay and Fillmore（1999: 2））" と明記しており，形式と意味の対応関係が構文であると述べている．同様に Croft（2001）では合成的な言語形式であったとしても形式と意味のペアであれば構文として認定することを述べている．彼らと一線を画する定義をしているのが Goldberg（1995）で，彼女は次の引用のように部分の総和だけでは得られない何かを示す時にのみ構文として認めるという立場を取っている．

(2)　"C is a construction iff$_{def}$ C is a form-meaning pair <Fi, Si> such that some aspect of Fi or some aspect of Si is not strictly predictable from Cs component parts or from other previously established constructions（Goldberg（1995: 4））."

Kay and Fillmore や Croft の構文の定義のほうが Goldberg の定義より広範囲なデータを扱うことが可能で，Goldberg の構文の認定方法では極めて狭い範囲でしか当てはまらなくなる可能性がある．しかし Goldberg の構文の定義そのものは Kay and Fillmore，Croft らの定義と相反するものではなく，むしろ下位分類とみなすことが可能であるため，本稿では両方の立場を取り入れたい．そこで両者を区別するために形式と意味のペアの場合を「構

文 <F, S> と，部分の総和では出てこない意味を持つ構文を「構文 <F, S>+」と
記述することとする.

また Goldberg による構文の一般化は抽象度が高すぎるなどの批判を受け
ており，具体性の高い構文の想定が近年の流れであるが（e.g. Croft（2003），
Iwata（2008），Nemoto（1998, 2005）），直接話法は他の構文交替に比べ研
究が非常に少ないため，今後の研究の足がかりになるよう本稿では抽象度の
高い形式での一般化を試みる.

3. 引用句伝達フレーム

すでに「QVS と QSV はいずれも同じ事象を指し示している」と述べた
が，この「同じ状況を指し示す」が意味するところを説明しておく．本稿で
は Fillmore（1977）が提唱した売買フレームを参考にし，直接話法が指し
示す状況を図1のように記述し，このフレームを引用句伝達フレームと呼
ぶことにする．直接話法には4つの役割が関わると考えられるが，どのよ
うな文法関係で具現化されるかは使用される動詞によって異なってくる．例
えば（1）を図1に当てはめると図2のようになる．これは直接話法の最も
典型的な具現化であるが，発話者を主語として，聞き手を *to NP* として，
そして引用されるメッセージを引用句として表現し，語り手は言語表現化さ
れない．構文の最低限に必要な項だけで見れば QVS と QSV の両形式は同
一の事象を表しているといえるだろう.

4. 機能的な仮説

4.1. 隣接性仮説

機能的な言語理論において，語の並びに対し，何らかの重要な意味を見出
し，類像性（iconicity）という概念で以って様々な重要な提案がなされてき
た．特に本研究で関わりがある概念は「隣接性仮説（iconicity of contigui-
ty）」である（e.g. Bolinger and Gerstman（1957），Bybee（1985），Givón
（1980, 1991），Haiman（1983, 1985），Hawkins（2004））．この仮説では
Bybee や Givón の以下の引用からわかるように機能的，概念的，及び意味
的に近い語彙は隣り合い，反対にそれらが遠い場合は語彙的にも離れている

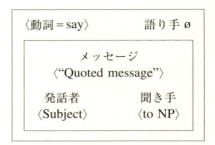

図1　引用句伝達フレームの基本構造　　図2　引用句伝達フレームの具体例

という予測を立てる．

(3) "A meaning element is relevant to another meaning element if the semantic content of the first directly affects or modifies the semantic content of the second (Bybee (1985: 13))."

(4) "Entities that are closer together functionally, conceptually, or cognitively will be placed closer together at the code level, i.e. temporally or spatially (Givón (1991: 89))."

これらの例として Haiman は次のような親子の算数の会話を挙げている．

(5) a. How much is 100 and ('n': *ø) 22?
    b. One hundred and ('n': ø) twenty-two.　(Haiman (1985: 102))

(5a) の 100 と 22 は別概念であるため，等位接続詞 *and* を省略することはできないが，(5b) の場合は 100 と 22 の合計，つまり 122 という1つの概念として捉えられるため，概念的距離が縮まり，意味的にも結束性が高まる．それ故に *and* を省略できる．換言すると，100 と 22 の間の意味的結束性の差によって *and* の省略の可否が変わるということである．

(1′) で示したように，直接話法の2つの構文の違いは主語と動詞の順番である．つまり引用句と動詞が隣り合っているか (=QVS)，それらが主語によって隔てられているか (=QSV) という違いである．もしも隣接性仮説が直接話法に関わっているとすれば，Q と V の間になんらかの概念的距離の違いが見られるはずである．換言すると，QVS の場合，発話者がどのよ

うに引用句を述べたのかを表す特定の様態動詞が多く現れるという予測が立つ．そこで本研究では発話者が引用句をどのように述べたのかが明確にわかるように，（6）の下線部のように Q が感嘆符で終わっている例を British National Corpus（以下，BNC）から収集し，QVS と QSV に現れる動詞を Distinctive collexeme analysis（Gries and Stefanowitsch (2004)，Gries (2014)）によって頻度差を調査していく（(6) は BNC より）．

(6) a.　"Get rid of it, of course!" answered the farmer.
　　b.　"I have a problem, Headmaster!" Robert said.

4.2.　感嘆符と隣接性仮説

前節では直接話法における Q が感嘆符で終わっているものを対象とし，隣接性仮説が正しいとすれば QVS には感嘆符と意味的に結びつきの強い動詞が多く現れるという予測が立てられることを述べた．では「感嘆符と意味的に関連性が強い動詞」とはどういうことなのか，もう少し具体的に考えてみたい．

まずは感嘆符がどういったものなのかについて概観しておく．Quirk et al. (1985) は英語の句読点の機能を 2 種類に大別している．例えばピリオドやスペースは言葉を 2 つのユニットに分けることを目的とした句読点であるため SEPARATION という機能を持っていると論じている．当然ながら感嘆符も文末に用いられることから SEPARATION の役割を果たしているのだが，感嘆符はそれ以外にも文法的，語用論的な機能を特定する役割を担っており，(7) に定義されている SPECIFICATION と分類している．

(7)　SPECIFICATION
　　　"The punctuation mark specifies a grammatical, semantic, or pragmatic function, sometimes in addition to the marking of separation (Quirk et al. (1985: 1611))."

感嘆符における文法的，語用論的機能とは，話者の強い感情（great emotive force）を指しており，例えば感嘆文は表現全体が驚きや感激などを表すため原則として感嘆符が必要とされる．

(8) a.　How silly they are!　　　　　　　（Quirk et al. (1985: 1633))

b. What a perceptive article she wrote! (ibid.)

また感嘆符が現れる環境は（8c）のように感嘆文である必然性はない．

(8) c. Aren't they tall! (ibid.)

　以上の指摘を踏まえると，直接話法で隣接性仮説が成立する場合，QVS には *exclaim* や *yell* といった強い感情を表す動詞が有意に多く現れ，QSV にはそういった動詞の分布傾向は見られないという予測が立つ．

　本節では感嘆符の使い方について簡単に見てきたわけだが，文法研究を行っていく上で感嘆符に的を絞って調査するということはあまりないため，感嘆符に焦点を当てて文法調査をする意味があるのかどうかについて簡単に筆者の立場を述べておく．本来的に言語は話し言葉であるため，句読点というのはどこかの段階で誰かが規則化したもので，書き言葉を整理するために成文化されたものである．そのため通常の言語研究では対象にされないのは当然である．しかし後述するように直接話法はフィクションや新聞で最も頻繁に使用され，それらは著者が様々な技法を用いて読者を楽しませるものである．その工夫を凝らした技法には言葉遣いの他にも句読点の使い方なども十分ありえ，文章の「見た目」がフィクションの表現法に影響を与えている可能性は否定できない．また Nunberg は句読点について，書き言葉の一部として考慮するべきであると論じており，"punctuation is [...] a linguistic subsystem, and hence to be considered as part of the wider system of the written language (Nunberg (1990: 6))" と指摘している．以上のことから，直接話法の調査において感嘆符を利用するのは非常に有益なことであると考えられる．

5. データ取得と分析方法

5.1. データ取得

　後述するように，本研究は数量的な調査方法を取るため，本研究では直接話法の用例を BNC から取得した．しかし BNC は構文解析がなされているわけではないため直接話法をすべて取得するには目視で確認していく必要がある．検索式はいく通りかあるが，BNC*web* のクエリで，QVS は！\"（＿

VHBI_VHDI_VVBI_VVDI_VVII_VVZ）（theI_{N}），QSV は！\"（theI_
{N}）の検索式を用い，手作業でデータの振り分けを行った．結果として
1,475 例の QVS と，1,322 例の QSV を得ることができた．

このデータに関して 2 つ補足説明をしておく．まず上に挙げた検索式に
は人称代名詞主語を含めていない．これは QVS における人称代名詞主語は
古めかしい（archaic）表現であり（Quirk et al. (1985))，BNC の公開時点
では原則として現れないからである．[1] そのため，本来ならば QVS に現れ
る特徴であっても，人称代名詞主語であるがゆえに QSV に出てくることが
考えられる．このような偏りを避けるため，本研究では人称代名詞主語を除
外した．次に，動詞 *say* を除外している点である．この理由は，QVS にお
いての *say* の頻度は全体の 4 割（981 回）を，QSV においては 2 割以上
（373 回）を占めており，母集団に対して強い影響を与えてしまうからであ
る．後述するように，本研究で使用する手法は構文全体の頻度を重視するた
め，特定の語彙が極端に多く現れてしまう場合はその語彙の影響を強く受け
る．そういった問題を避けるためにも本研究では *say* を除外した．

5.2. 量的調査の必要性

本研究では，以下に挙げる 2 つの理由から，母語話者の内省には頼らず，
量的な調査を行う．

1 つ目に，直接話法の主語と動詞の倒置はほとんどの動詞で起こるという
点である．QVS にのみ可能なのは (9) の *come* ぐらいである．反対に，
QSV のみが可能なケースとしては，(10) にある *hear* や (11)，(12) のよ
うな句動詞，(13) の二重目的語構文や与格構文を取る *tell* だけである．

 (9) a. "Joan is willing to go," <u>came</u> the answer.   (BNC)

   b. *"Joan is willing to go," the answer came.

 (10) a. "Oh God," Karen King <u>heard</u> Jessica breathe. (BNC)

   b. *"Oh God," heard Karen King Jessica breathe.

 (11) a. "I'll pass, if you don't mind," Shae <u>cut in</u>.   (BNC)

---

[1] 筆者が Corpus of Historical American English(Davies (2010-)) で調査した限り，
1920 年から 1930 年あたりで人称代名詞主語は駆逐されたに等しい分布を示した．そのた
め人称代名詞主語は QVS でも見つかるものの，圧倒的に QSV に多く現れている．

b.??"I'll pass, if you don't mind," cut in Shae.

c. *"I'll pass, if you don't mind," cut Shae in.

(12) a.　"We have the finance to hire one," Shales pointed out.　(BNC)

b.??"We have the finance to hire one," pointed out Shales.

c. *"We have the finance to hire one," pointed Shales out.

(13) a.　"The Roman Britain Library," the jacket told her ...　(BNC)

b. *"The Roman Britain Library," told her the jacket ...

c. *"The Roman Britain Library," told the jacket her ...

そのため，大規模なデータから使用方法を明らかにする手法のほうが直接話法の実態を明らかにするのには適していると考えられる.

もう1つの理由は，QVS と QSV の交替現象は作家固有のスタイルや作品固有の文脈の影響を極めて強く受けるという点である (Reinhart (1997)). 表1は直接話法の最も典型的な形式 (\" {say / V} the) が BNC においてどのレジスターで生じるのかをまとめたものであるが，直接話法は小説や新聞などで用いられることが一般的であることがわかる. これらのジャンルの特徴として，著者が工夫を凝らして文章を書くという特徴がある.

つまり主語と動詞の交替現象は文脈や作家個人のスタイルが関わると考えられ，母語話者の直感も各インフォーマントが持つスタイルや好みなどの影響を受ける可能性があり，調査結果が文法性の問題なのか個人のスタイルの問題なのか，あるいは文脈の問題なのかを見極めるのが非常に困難である. 一方，コーパスを利用することで，各母語話者のスタイルや作品固有の文脈

	検索数	PMW	累積比率 (%)
Fiction and verse	2,200	136.27	66.37
Newspaper	547	58.12	82.87
Other published written material	307	17.13	92.13
中略	中略	中略	中略
Other spoken material	1	0.16	100.00
Spoken conversation	0	0.00	100.00
Total	3,315	33.72	100.00

表1　BNC における \" {say / V} the のレジスター間の差

の影響などを均すことができ，大規模なデータを容易に得ることができる．

以上の理由から，本研究では母語話者の直感には頼らず，コーパスから
データを取得し，直接話法の実態を調査する．

5.3. Distinctive collexeme analysis

近年，認知言語学において，数量的な調査が非常に盛んに行われている．
Gries and Stefanowitsch（2004）はこのような流れを汲んで構文に現れる語
彙がどの構文により有意に多く，あるいは少なく使用されているのかを統計
的に抽出する Distinctive collexeme analysis という手法を提案した．

この手法は表2のようなクロステーブルをすべての動詞において作成し，
どの動詞がどちらの構文により多く現れるのかを統計的に抽出する手法であ
る．この手法で使用する指標は Collostructional strength（COLLSTR）と呼
ばれるもので，独立性の検定の一種であるフィッシャーの正確確率検定
（Fisher-Yates exact test）を用いて p 値を計算し，その p 値を対数変換した
ものである．本来的に p 値は一定の水準を下回ればそれ以上の意味は持た
ないが，コーパス言語学においては伝統的に p 値が小さければコロケーショ
ンの結びつきが強いとされてきた．しかし大規模コーパスを利用した場合
は p 値が極端に小さくなるため，対数変換をすることで視認性を高める．
先述したように COLLSTR とは，この p 値を対数変換した値のことで，
COLLSTR が 1.30 より大きければ p 値が 0.05 未満と同等の値を持っている
ことを指し，その語彙がどちらかの構文に特徴的な項目であるといえる．こ
の COLLSTR は，あくまでもクロステーブル内のどこかに有意な差があるこ
としか示していないため，どちらの構文に特徴的なのかは期待値との関係か
ら見ていくことになる．例えば表2の *cry* であれば，COLLSTR は 8.39 と
非常に大きな値で，QVS における実測値は期待値を上回っており，反対に

	cry	¬cry	計
QVS	266（212.5）	1,209	1,475
QSV	137（190.5）	1,185	1,322
計	403	2,394	2,979

表2　直接話法＋感嘆符における *cry* の頻度（カッコ内は期待値）

QSV における実測値は期待値を下回っていることから，*cry* は QVS に特徴的な語彙であると認定することができる.

　本手法が素頻度での比較よりも優れている点は，コーパス中の構文全体の頻度を考慮に入れることである．例えば *cry* の場合を見てみると，QVS では 266 回，QSV では 137 回生じているが，各構文の総頻度がわからないことにはそれぞれの頻度にどのような意味があるのかという判断がつかない．またこれらを割合で比較をした場合，QVS は 18%，QSV は 10% になるが，この 8% の差が偶然起こった差なのか，蓋然性が高い差なのかは判断できない．その一方で，独立性の検定を行っている本手法は，上記の 2 つの問題点を克服しており，信頼性が高い手法であるといえる.

　以上のことから，本研究では *say* を除くすべての動詞に対して CollStr を算出し，そこで得られた動詞リストをもとに隣接性仮説を検証していく．尚，ここでは Distinctive collexeme analysis の提案者の 1 人である Stefan Gries 氏がオンライン上で公開している R スクリプトを利用した（Gries (2014)）．表 3 は本手法の調査結果の一部である.

6. 結果と考察

6.1. Distinctive collexeme analysis の結果

　直接話法の両形式に現れる動詞に対し，Distinctive collexeme analysis を適用した場合，もし隣接性仮説が機能しているのであれば感嘆符と意味的に相性の良い動詞が QVS に，感嘆符とはあまり関係のない動詞が QSV に多く現れるはずである．（14）と（15）に挙げたリストは，各構文により特徴

QVS	CollStr	QSV	CollStr
cry	8.39	turn	8.52
think	7.48	tell	8.19
scream	6.75	shake	5.56
answer	4.18	burst	5.23
wail	3.62	look	4.90

表 3　BNC における上位 5 件の distinctive collexemes

英語直接話法における引用句と動詞の類像性　　93

的な語彙として抽出された動詞をアルファベット順に並べたものである．

　(14)　QVS に特徴的な動詞
　　　　announce, answer, *bark*, beg, breathe, come, *cry*, *exclaim*,
　　　　gasp, *howl*, protest, remark, repeat, *scoff scream*, *screech*,
　　　　shriek, *snort*, *squeak*, think, *wail*, *yell*
　(15)　QSV に特徴的な動詞
　　　　bite, blurt, burst, give, glance, glare, greet, grin, lean, lift,
　　　　look, move, nod, point, pull, push, put, raise, reply, run,
　　　　hake, shoot, sit, slap, sound, speak, spit, stand, stare, start,
　　　　stop, take, tell, throw, turn, wave

まず（14）に多く現れる動詞を見てみると，*bark* や *cry*, *exclaim*（その他
は斜体にした語を参照）といった大きな声や金切り声など，強い感情を表す
ような動詞が非常に多く現れている．また（15）のリストにおいて，本来な
らば QVS に多く現れるだろうと予想される *burst* は，実際にどのように使
われているかを見てみると隣接性仮説とは全く別の理由によって QSV に多
く現れていることがわかる．直接話法で *burst* が使用される場合，（16）の
ように熟語で用いられることが多く，（11）と（12）で確認したように QVS
で使用することはできない（＝(17)）．

　(16)　a.　"He can't!" Hoomey burst out.　　　　　　　　　(BNC)
　　　　b.　"So they are!" Unnervingly Karl burst into a high-pitched
　　　　　　hyena-like laugh.　　　　　　　　　　　　　　　(BNC)
　(17)　a.　*"He can't!" burst out Hoomey.
　　　　b.　*"So they are!" burst into Unnervingly Karl a high-pitched
　　　　　　hyena-like laugh.

（14）と（15）の結果において感嘆符と意味的に強い関係性を持った動詞が
QVS にのみ好まれており，QSV にはほとんど見当たらないという頻度差
に基づくと，隣接性仮説が関わっていることが強く示唆される．

　QSV に多く現れる動詞については，（15）の動詞リストから特定の動詞ク
ラスを見出すことは難しいが，（18）に例示するような *glance* や *grin*,
stare, *nod* といった動詞で，本来的には伝達の意味を持ち合わせておらず，

直接話法においてのみ伝達動詞のような振る舞いをする語彙が多いように思われる（いずれも BNC より）．また QSV には（18e）のように動詞の表す行為が発話時点に行われているのかの判断が難しい例もある．

(18) a. "You're that convincing!" Farquhar <u>grinned</u> sideways.
  b. "Damn you!" Robyn <u>glared</u> and ...
  c. "Come on!" Marlene <u>stared</u> in amazement ...
  d. "Yes!" Shirley <u>nodded</u> vigorously.
  e. "All right!" Herr Nordern <u>threw</u> his cigar out of the window.

こういった動詞が QVS に比べ QSV に偏って現れるのは，QSV においてQ と V の意味的な結びつきが弱いからであるといえよう．

　Distinctive collexeme analysis の結果から動詞クラスの出現には偏りがあることが示され，QVS と QSV の違いには隣接性仮説が関わることが強く示唆された．QVS と QSV の間に見られる違いは語順だけであり，その語順だけで Q と V の結びつきに差が出るというのは構成要素だけからは予測できないものである．本研究からは QSV に特別な意味が備わっているとは強く議論できていないため，QSV については構文 _{<F, S>} である一方で，QVS は Q と V の結びつきが強いという点で構文 _{<F, S>+} といえる．

6.2.　考察：メッセージの再現性

　前節で得られた調査結果から QVS は Q と V の結びつきが強いということがわかった．では「結びつきが強い」とはどういうことなのだろうか．具体的な考察に入る前に，確認をしておきたいことが 2 つある．まず，前節で得られた句読点の違いが実例でどのように反映されているかである．以下に挙げる例はいずれも BNC に収録されている QVS の例である．

(19) a. "But he's so young, too!" <u>cried</u> Rose.
  b. "But we wouldn't be nuisances!" <u>exclaimed Linda</u> indignantly.
  c. "What this chamber needs is a little Norman wisdom!" <u>barked</u> M Cot ...
(20) a. "And he's destroying everything!" <u>shrieked</u> the shrews.
  b. "But I only burped once!" <u>wailed</u> Steve.

（19）の動詞は *cry* や *exclaim, bark* であるため，発話者は引用されている
メッセージを大きな声で叫んだことがわかる．よって義務的ではないにしろ
感嘆符が用いられるのは自然なことである．また（20）に挙げた *shriek* や
wail は強い感情を表しながら高い声や大きな声を発することを意味する動
詞であるため，やはり感嘆符との意味的な結びつきは強い動詞であるといえ
る．そのため（20）の引用句が感嘆符で終わっているのも自然である．

　次に感嘆符の役割を確認しておきたい．Bolinger（1977: 182）が論じる
ように文法上は同一の文であってもイントネーションを変えることで命令文
（＝(21a)）にしたり疑問文（＝(21b)）にしたりすることは可能で，(21b)
を文字化する際は疑問符を付与する．

（21）a.　Your $^{na}_{\ \ me}$　（ *= Tell me your name* ）

　　　b.　Your $^{na}me^{?}$　（ *= What is your name?* ）

Quirk et al.（1985）によると感嘆疑問文（exclamatory questions）の場合は
下降トーンで発話される．Quirk らの例を（21）の Bolinger 流に表記する
と（22）のようになる．

（22）a.　Wasn't it a marvellous $^{con}_{\ \ \ cert_!}$

　　　b.　Am I $^{hung}_{\ \ \ \ ry_!}$　　　　　　　　　　（Quirk et al.（1985: 825））

　では本題として，QVS において Q と V の結びつきが強いというのはど
のような意味なのかを具体的に考えたい．小説や新聞などで，引用句を正確
に伝えるために，(21) や (22) のように発音を文字の高さで表現するのは
現実的に不可能である．一方で強い感情や大きな声を意味するような動詞を
用いることで，イントネーションや発話の状況などをより正確に伝えられ
る．「発話をより正確に伝える」ということは，言い換えれば状況の再現を
しているといえ，QVS は QSV に比べ，Q の再現性が高いといえるのでは
ないだろうか．

　この Q の再現性の違いについて，隣接性仮説の観点から考察してみたい．
今回対象にしている QVS と QSV の形式上の違いは，主語と動詞の位置で

あり，それらの引用句との距離である．つまり動詞と引用句の距離は QSV に比べ QVS のほうが近く，両者の概念的距離も近いはずである．そのため QVS においては動詞の行為や様態と引用句が概念的に近くなり，結果として再現性が高くなっていると考えられる．その一方で QSV の場合，両者の概念的距離は主語を挟むことによって遠くなってしまっているため再現性が低くなってしまっているのではないだろうか.[2]

　本節では QVS と QSV の違いにおける隣接性仮説の妥当性を数量的な調査で論じた．そして隣接性仮説と動詞の関わりが引用句の再現性の違いに反映されていることを提案した．

7. まとめ

　本稿では英語の直接話法における主語と動詞の倒置現象について構文文法の立場から考察した．コーパスデータから得られた事実としては，2 つの形式の間で動詞の使用が大きく異なり，QVS のほうが感嘆符と意味的に相性の良い動詞が多く現れていることがわかった．本研究の調査から，QVS，QSV いずれも直接話法であるため，誰かの言葉を引用しているのは同じであるが，QVS は QSV に比べて引用句の再現性が高いということを議論した．そしてこのような再現性の程度差がなぜ生まれるのかという点に関しては隣接性仮説と概念距離の相関性，すなわち類像性の観点から考察をした．

---

　[2] もしこの議論が話法に関わる構文全てに当てはまるならば，以下のような一般化が可能である．
　本稿では間接話法を扱っているわけではないが，(i) と (ii) の対比からもわかるように間接話法は直接話法と違って時制や人称が主節に依存することから Q の再現性は明らかに低い.

　(i)　a.　"I am tired," said Mary.
　　　 b.　"I am tired," Mary said.
　(ii)　a.　Mary$_i$ said that she$_i$ was tired.
　　　 b.　*Mary$_i$ said that I$_i$ am tired.

このことから，直接話法と間接話法の間には，(iii) のような再現性の傾斜があると考えられる.

　(iii)　QVS >> QSV >> 間接話法
　　再現性 高い ◀━━━━▶ 低い

しかし直接話法には本稿で論じた形式以外にも様々あるため，それらが (iii) のどこに位置するのかは今後の課題としたい．

本稿ではコーパスのデータを観察したに過ぎず，質的な調査が十分にできていない．そのため今後の課題としては，（i）直接話法に現れる動詞クラスと句読点の関わりを，より詳細に記述すること，（ii）類像性がどの程度強く働いているのかを母語話者に確認する，などが挙げられる．

最後に，本研究で得られた理論貢献について述べておく．まず1つ目に構文文法論におけるジャンルの重要性である．構文文法はこれまであまりジャンルを考慮に入れてこなかったが，コーパスデータから明らかなように直接話法はフィクションに多く現れ，それゆえに句読点の使い方が重要であることが示唆された．

2つ目に直接話法における機能的な考察の重要性である．これまでは生成文法のみが直接話法の研究を進めてきていたが，直接話法の主語と動詞の交替現象を調査する上で，類像性の視点を入れる必要があり，認知言語学的な研究の重要性が確認された．

参考文献

BNC. *The British National Corpus*, version 3 (BNC XML Edition), (2007) Available online at http://corpora.lancs.ac.uk/BNCweb/.

Bolinger, Dwight and Louis J. Gerstman (1957) "Disjuncture as a Cue to Constructs," *Word* 13, 246–255.

Branigan, Philip and Chris Collins (1993) "Verb Movement and the Quotative Construction in English," *MIT Working Papers in Linguistics* 18, 1-13.

Bruening, Benjamin (2016) "Alignment in Syntax: Quotative Inversion in English," *Syntax* 19, 111–155.

Bybee, Joan (1985) *Morphology: A Study of the Relation between Meaning and Form,* John Benjamins, Amsterdam.

Collins, Chris (1997) *Local Economy*, MIT Press, Cambridge, MA.

Croft, William (2001) *Radical Construction Grammar: Syntactic Theory in Typological Perspective*, Oxford University Press, Oxford.

Croft, William (2003) "Lexical Rules vs. Constructions: A False Dichotomy," *Motivation in Language: Studies in Honor of Günter Radden,* ed. by Hubert Cuyckens, Thomas Berg, René Dirven and Klaus-Uwe Panther, 49–68, John Benjamins, Amsterdam.

Davies, Mark (2010-) *The Corpus of Historical American English: 400 million words, 1810–2009*, Available online at http://corpus.byu.edu/coha/.

Fillmore, Charles J. (1977) "Topics in Lexical Semantics," *Current Issues in Linguistic Theory,* ed. by Roger W. Cole, 76-138, Indiana University Press, Indiana.

Fillmore, Charles J., Paul Kay and Catherine O'Connor (1988) "Regularity and Idiomaticity in Grammatical Constructions: The Case of *Let Alone,*" *Language* 64, 501-538.

Givón, Talmy (1980) "The Binding Hierarchy and the Typology of Complements," *Studies in Language* 4, 333-377.

Givón, Talmy (1991) "Isomorphism in the Grammatical Code: Cognitive and Biological Considerations," *Studies in Language* 15, 85-114.

Goldberg, Adele (1995) *Constructions: A Construction Grammar Approach to Argument Structure*, University of Chicago Press, Chicago.

Gries, Stefan (2014) "Coll.analysis 3.5. A Script for R to Compute Perform Collostructional Analyses."

Gries, Stefan and Anatol Stefanowitsch (2004) "Extending Collostructional Analysis—A Corpus-Based Perspective on 'Alternations'," *International Journal of Corpus Linguistics* 9, 97-129.

Haiman, John (1983) "Iconic and Economic Motivation," *Language* 59, 781-819.

Haiman, John (1985) *Natural Syntax: Iconicity and Erosion*, Cambridge University Press, Cambridge.

Hawkins, John A. (2004) *Efficiency and Complexity in Grammars*, Oxford University Press, Oxford.

Iwata, Seizi (2008) *Locative Alternation: A Lexical-Constructional Approach,* John Benjamins, Amsterdam.

Kay, Paul and Charles J. Fillmore (1999) "Grammatical Construction and Linguistic Generalizations: The *What's X doing Y?* Construction," *Language* 75, 1-33.

Nemoto, Noriko (1998) "On the Polysemy of Ditransitive *SAVE*: The Role of Frame Semantics in Construction Grammar," *English Linguistics* 15, 219-242.

Nemoto, Noriko (2005) "Verbal Polysemy and Frame Semantics in Construction Grammar: Some Observations about the Locative Alternation," *Grammatical Constructions: Back to the Roots*, ed. by Mirjam Fried and Hans C. Boas, 119-138, John Benjamins, Amsterdam.

Nunberg, Geoffrey (1990) *The Linguistics of Punctuation*, CSLI Publications, Stanford.

Quirk, Randolph, Sidney Greenbaum, Geoffrey Leech and Jan Svartvik (1985) *A Comprehensive Grammar of the English Language*, Longman, London.

Reinhart, Tanya (1975) "Whose Main Clause? Point of View in Sentences with Parentheticals," *Harvard Studies in Syntax and Semantics,* ed. by Susumu Kuno, 127-171, Harvard University Press, Cambridge, MA.

指示詞は何を表すか[*]

古賀　恵介
福岡大学

1.　指示詞の意味？

　指示詞（demonstrative）がどのような意味を表すか，ということに関しては，直示機能（deixis）の一種としてこれまで数多くの考察がなされてきた．直示とは，認知文法理論の立場からいえば，発話場面認識（Ground）と対象の間の主観的（あるいは主体的）関係概念の一種であり，グラウンディング（grounding）機能を担うものとして説明されている．グラウンディングとそうでない場合の違いを端的に表す例としてよく用いられるのは以下のような表現の違いである．

(1)　**this** book
(2)　the book **near me**

上記の this と near me は，大雑把にいえば，"同じ"内容を表していると言えないこともない．しかし，では両者がまったく同じ意味かと問われれば，それは違うと答えるのが普通であろう．near me は，対象たる本と話し手との間の近接的空間関係を具体的に言語化して表しているのに対して, this は，あたかも対象物を直接指し示しているかのような感じがするからである．この違いは，認知文法でいえば，対象と話し手との間の関係が，客体化されてon-stage の状態で言語化されているか，それとも，主観的な関係のまま表

---

　*　本論文は，日本英文学会第 70 回九州支部大会（2017 年 10 月 21-22 日，長崎大学）における口頭発表を発展させたものである．発表に際して質問・コメントをくださった方々に，ここに記して感謝の意を表したい．

されているか，の違いによるものである.[1]

　本稿は，指示詞の持つこの「あたかも対象物を直接指し示しているような感じ」がどのようにして言語に取り込まれることになったのかを，名詞句の対象指示構造の進化モデルを仮定することにより説明しようとする試みである．というのも，指示詞のこの感覚が物理的指差し行為と関連していることは直観的にも明らかであり，しかも指示詞はどの言語にも普遍的に存在している（Diessel (1999), Dixon (2003)）ことからも，その言語進化的起源の重要性が極めて大きいといえるからである．まず第2節において，筆者が考える対象指示進化モデル（古賀 (2014, 2015, 2017)）を提示し，それをもとに第3節において，指示詞の意味構造の諸側面や具体的用法を考察していく.

2.　対象指示の進化モデル

　筆者は，動物的コミュニケーションから言語的対象指示への進化を

- 2項関係
- 3項関係（直接的対象指示）
- 記号的対象指示
- 概念的対象指示

という4段階のモデルとして仮定している．以下，それぞれの段階を順に説明していくことにしよう.

　まず，第1段階は2項関係であるが，これは発信者から受信者へ何らかの信号が送られるという原初的コミュニケーションの段階である．関与している参加者が発信者と受信者だけなので2項関係ということになる.

---

[1] 詳細は，Langacker (2008: Ch. 9.3) を参照．また，本稿では取り上げないが，Scott (2009, 2013) による関連性理論（Relevance Theory）を用いた分析では，this / that は手続き的意味（procedural meaning），つまり主観の働きを表すものとされている.

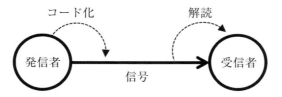

図1　2項関係

人間以外の動物にみられるコミュニケーションのほとんどはこの形態であり，メッセージのコード化とその解読の機能は概ね生得的である（Hurford (2007: Ch. 6)）.

第2段階は3項関係（直接的対象指示）である.[2] これは，発信者が指差しや身振りなどを用いて，受信者の注意を何らかの対象に対して向けさせるという形のコミュニケーション形態であり，発信者・受信者・対象という3者が関与するので3項関係ということになる.

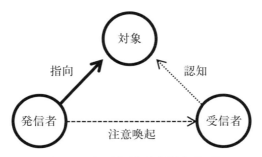

図2　3項関係（直接的対象指示）

図2にあるように，この段階においては，発信者から受信者への働きかけは，「注意喚起」と「対象への指向」いう2つの機能に分離する．そして，この後者の機能である指向性（pointing）こそ，最終的に指示詞の意味に繋がっていくものである.[3] ただ，この段階で注意しておかねばならないのは，

---

[2] 言語にとっての3項関係構造の重要性は，幼児の指差し行為の発達に代表される共同注意（joint attention）の構造の成立という形で，発達心理学においては早くから認識されてきた（Tomasello (2003: 3)）.

[3] Diessel (2006) は指示詞の基本的機能（聞き手の注意を対象へ向ける）を説明するのに共同注意構造を用いている．しかし，共同注意構造自体は，指示詞に限らず，対象指示全

ここでいう指向性はあくまでも言語的なものではなく，物理的なものだということである．したがって，対象は，発信者・受信者と同じ物理的場面内に存在し，知覚可能なものでなければならないのである．

　第3段階は，記号的対象指示である．ここでいう「記号」とは，特定の対象を代替的に表す物理的形象（etc. 音声，身振り，図柄）のことであり，その形象と対象の認識上の結びつきが慣用的（conventional）に定着することにより，対象が眼前になくともそれを表すことができるようになるのである．

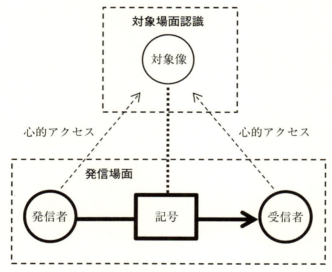

図3　記号的対象指示

記号と対象は慣用的に結びつけられているだけなので，両者の間にはそれ以上の必然的な関係性は存在しない（i.e. 記号の恣意性）．

　このように，本来は何の関係もない二者を認識上で結びつけて，それを社会的に共有できるようになるためには，Bouchard（2013: Ch. 4）のいうオフライン脳処理機構（Off-line Brain Systems: OBS）のような仕組みが脳活動の中に出来上がっている必要がある．OBSとは，外界からの知覚刺激（実際の存在物の知覚＝オンライン知覚処理）がなくても，対象の認識を記憶か

体に関わるものである．

ら自由に意識に呼び出し，思考することができるような脳処理機構である．これにより，受信者の側も，対象の直接知覚がなくとも，記号に対応する対象認識（対象像）を意識に呼び出してメッセージ内容を理解することができるようになるわけである．Bouchard（2013: 109）によれば，このような処理機構が本格的に備わっているのは人間だけであり，この機構の発達が言語進化にとって決定的な役割を果たしたとのことである．

OBS が言語進化にとって本当に決定的であったかどうかはともかくとして，記号的対象指示の重要な特徴の成立にとって決定的な役割を果たしたことは確かである．それは，対象を含む場面の心的空間化，つまりメンタルスペース（Fauconnier（1985））の成立と，それによる発話場面との時空間的分離可能性（displacement: Hocket（1960））ということである．指差しや身振りによる直接的対象指示の段階では，発信者・受信者・対象の三者が物理的に同一場面の中に存在している必要があるが，記号的対象指示の段階では，対象および対象場面は発信者・受信者双方のメンタルスペースとその中の心象となり，眼前の対象のみならず，時間的・空間的に離れた対象や非実在的対象を自由に記号で表すことができるようになるのである．つまり，対象指示というものが，記号そのもの以外はすべて発信者・受信者の思考の中で処理される過程になるということである．

加えて，このことは，対象のみならず，それを指し示す働き，すなわち指向性も心的過程（＝心的アクセス）に変わるということである．記号とその対象の慣用的結びつきが発信者・受信者の双方によって共有されていれば，発信者は記号を発することで間接的に対象を"指し示す"ことができ，受信者はその記号を手掛かりにして対象に心的にアクセスすることができる．つまり，この段階において，言語的対象指示の基本形が出来上がるということなのである．

次の第4段階は，言語的対象指示の一応の完成段階にあたる概念的対象指示である．この段階では，様々な個別対象の共通性を抽出する[4]（categorize/schematize）ことにより類認識（type conception）が成立し，個々の具体的

---

[4] 外界の事物に関して共通性認識を構成する能力自体は，人間以外の動物にも備わっていると考えられる（Hurford（2007: Ch. 2.1））．でなければ，そもそも生存し続けることは不可能である．しかし，動物の場合，そうした能力は，概ね生存・繁殖活動に直接関わる範囲に限定されており，人間のようにそれを大きく超えて広がるということはない．

対象は，類認識を具現化する個別例認識（instance conception）として位置づけられることになる（cf. Langacker (1991: Ch. 2, 2008: Ch. 9.2-9.3))．

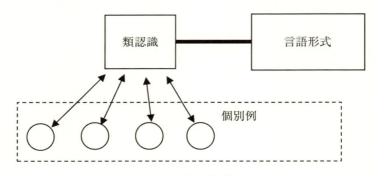

図4　概念的対象指示

そして記号（すなわち言語形式）は，個別例認識（e.g. 個々の犬）にではなく，類認識（e.g.《犬》という類の認識）に結びついたものとなる．

図5　概念的対象指示における類認識による媒介

したがって，この段階における対象指示は，対象と記号が直接に結びつくのではなく，類認識といういわばフィルターを通して個別例認識にアクセスするという形になるのである（図5）.[5]

「類認識を介して個別例認識にアクセスする」というこの指示構造を，指向性とは区別して，識別性（identification）と呼んでおくことにする．もちろん，両者は対象指示の一種であるという点では共通しているし，識別性は指向性のいわば発展形ではあるのだが，識別性が指向性に完全に取って代わってしまったというわけではない．両者は，互いに密接に関連しながらも機能的に棲み分けをし，名詞句の指示構造の中で別々の形で働くようになっ

---

[5] この記号的対象指示と概念的対象指示の違いは，ちょうど固有名詞と普通名詞の指示構造の違いに対応している．

ているのである．その棲み分けの最も典型的な例が冠詞と指示詞である．冠詞は，識別性情報（類に属するどの個別例が対象となっているかを判別できるかどうか）を表す要素であり，指示詞は心的指向性（心的に"指し示す"働き）の表現なのである．したがって，the dog は，類 dog の中でどの個別例が対象となっているか（聞き手にとって）判別可能であることを表し，this dog は，類 dog に属する個別例の1つを話し手の近接領域において心的に指し示していることを表しているのである．次節では，この点をさらに掘り下げてみよう．

3. 指示詞の意味の世界

3.1. 指向性と識別性

前節の最後で触れた指示詞と定冠詞の意味構造の違いを図示すると以下のようになる．

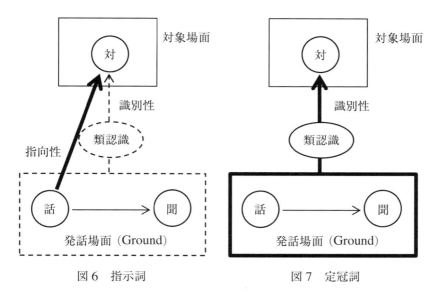

図6　指示詞　　　　　図7　定冠詞

指示詞が表す（profile）のは対象に対する心的指向性（図6中の太線）であり，識別性は，指示詞の意味構造の中では二次的なものにとどまる．それに対して，定冠詞は識別性のみを表す（図7）．指示詞の意味構造の中に（二次

的にではあれ）識別性を設けているのは，たとえ指示詞といえども，言語である以上，対象の類認識を何らかの形で内部的に備えているのが当然であるし，また，その表れの一端として，多くの言語で指示詞は性・数・格のような名詞の類認識に関わるカテゴリーを表すからである．また，通常，指示詞は定（definite）の限定詞の一種として扱われていることも，その根拠として挙げてよいであろう．

　心的指向性と識別性は，前節で説明したように，進化的起源を異にしている．心的指向性は直接的対象指示の段階から継承されたものであり，識別性は概念的対象指示段階において成立したものである．英語のように指示詞の限定詞化（あるいは，限定詞という文法カテゴリーの確立）が進んだ言語においては，指向性と識別性が（一応）両方とも指示詞の意味の中に含まれているので，両者の区別は意識されにくいが，言語によっては，指示詞が定冠詞とともに用いられるケースも存在する（Panagiotidis (2000: 718))．[6]

(3)　a fear seo "the man this"（アイルランド語）
(4)　aftos o andras "this the man"（現代ギリシャ語）

このような言語においては，指向性と定（definite）の識別性が別々に表現されているのである．このような事実の存在からすると，指示詞の本来の働きは心的指向性を表すことであり，定の限定詞としての働きはそれに付随するものと考えるべきであろう．

　指示詞の意味に関してもう1つ触れておかねばならないのは，指示詞が表す空間分割についてである．というのも，一見，空間を分割することが指示詞の本分であるかのように思われるからである．英語は対象空間をthis／that で2分割し，日本語はコ・ソ・アで3分割する．実際，世界の諸言語の圧倒的多数は2分割型かまたは3分割型であり，それより多い分割を行う言語も存在する（詳細は Diessel (1999), Dixon (2003) などを参照）．

　しかし，空間分割自体は決して指示詞の必須特性ではない．例えば，フラ

---

[6] そのほか，スペイン語でも指示詞が名詞に後続する場合には定冠詞が現れる（Panagiotidis (2000: 725-726))．両者の共起のあり方にも言語的多様性があるのである．
(a)　este libro "this book"
(b)　el libro este "the book this"
(c)　*el este libro "the this book"

ンス語の指示詞 ce は，それ自体では空間分割を何も表さない，いわば非分割型である。[7]

(5) ce livre "DEM book"
(6) ce livre-ci "DEM book-here"　　ce livre-là "DEM book-there"

必要があれば，(6) にあるように，場所副詞 (ici / là) 由来の接辞 ci / là を後尾に付加することで，遠近の区別をすることができる．また，ドイツ語のように，2 分割型と非分割型が 1 つの言語の中で同居するという例もある。[8]

(7) 非分割：　das (Buch) "DEM (book)"
(8) 2 分割：　dieses (Buch) "this (book)"
　　　　　　　jenes (Buch) "that (book)"[9]

このように，空間分割自体は指示詞にとって欠くべからざる特性ではないのである．つまり，指示詞の本質は，あくまで（直接的対象指示から進化的に継承された）対象を心的に指し示す働きであり，空間分割は，その方向や領域を明示化するための付随的属性なのである．（とはいえ，非分割型が世界的に見て極めて稀であることも事実ではある (Diessel (1999))．)

　では，次に指示詞の具体的用法（特に，心的指向性の具体的なあり方）に目を向けてみよう．そうすると，その広がり方にも，前節で見た対象指示の段階的進化（直接的指示 → 記号的指示 → 概念的指示）に対応するかのような構造が見られることがわかってくるであろう．

3.2. 現場指示用法（直示用法）
　指示詞の表す心的指向性は，直接的対象指示における物理的指向性にその

---

[7] フランス語の先祖であるラテン語は 3 分割型 (hic, iste, ille) であったが，フランス語は中世前期 (9 〜 11 世紀) に 2 分割型 (cist, cil) になり，その後，非分割型の ce に移行した (Marchello-Nizia (2005))．一方，同じくロマンス系のイタリア語 (questo, codesto, quello)・スペイン語 (este, ese, aquel)・ポルトガル語 (este, esse, aquele) は 3 分割型（の習慣）を維持している．

[8] ドイツ語の非分割型指示詞は定冠詞と同形であり，通常は名詞抜きで用いられるが，口語では強勢 (stress) を伴って名詞付きで用いられることもある（名詞を伴うと見かけ上は定冠詞と区別がつかなくなる）．

[9] ただし，遠称の jen- は，現代ドイツ語ではほとんど使われなくなっている．

起源を持っている．それゆえ，話し手・聞き手と同一場面内に存在する対象を表す現場指示（situational reference あるいは deictic reference）の用法がその第一義である，と考えるのが自然である．

(9)　Look at this dog!

しかし，言語においては対象を心象化することができるため，眼前の対象物を指しているように見えながら，実際にはそれに連想的に繋がる別の対象を表すこともできる．

(10)　"This is a great composer" said while holding up a recording of Beethoven's *Moonlight Sonata*.

(11)　"That's a bear" said while indicating a paw print.

(Borg (2002: 214))

連想指示（associative reference）とでも呼べるこの用法には換喩（metonymy）が関与していると考えられるが，そもそも換喩が可能になるためには，対象がメンタルスペース内の存在として心象化され，また，その性質が類認識の情報（type specification）を通じて一般的・概念的に把握されている必要がある．ここでも，記号的対象指示と概念的対象指示において獲得された性質が顔を出しているということが確認できるであろう．

　上の例は比較的単純な連想関係を表すものであったが，次の例においては連想指示がさらに複雑化する．

(12)　(A new faculty member picks up her first paycheck from her mailbox. Waving it in the air, she says to a colleague:)　Do most faculty members deposit this in the Credit Union?

(Elbourne (2009: 468))

(13)　[in front of a computer] These IBM ThinkPads are amazing!

(Potts and Schwarz (2010: 4))

(12) においては，paycheck → salary という連想関係だけでなく，主語の量化表現 most に伴って this が束縛変項（bound variable）化し，実質的に their salaries と同様の意味で用いられている．また，(13) では，物理的には 1 台の PC を指しながら，メンタルスペース内では複数の PC が仮想対

象化され，その仮想対象のほうが明示的言語表現となって表れている．この
ような個体から類（集合・複数）への連想指示が可能になる過程に，概念的
対象指示で成立した「類認識の介在」という構造が関わっていることは明白
であろう．

3.3. 談話指示用法（照応用法）

　指示詞は，現場指示のみならず，談話の中に登場する事物を表す形で照応
的に用いることができる．これは，記号的対象指示の段階で指示対象がメン
タルスペース内の存在として心象化されたことから当然出てくる帰結であ
る．物体として目の前にあろうがなかろうが，談話の流れによって維持され
るメンタルスペース（現行談話スペース Current Discourse Space: CDS,
Langacker（2008: 59-60））の中に位置づけられていれば，指向の対象とな
り得るからである．また，その場合，空間分割のあり方も談話スペースの中
に投影されるので，その影響を受けることになる．

　例えば，英語の指示詞は 2 分割型であるが，談話の流れが単一話者によ
り維持されるものであれば，this / that の両方とも前方照応的に用いること
ができる．

　(14)　John was an hour late, and {this / that} made us mad.

ただ，現場指示における空間分割のあり方（話し手にとっての遠近）が談話
スペースにも投影されるので，その結果，this を使えば話し手が対象をより
自分のほうに近づけて把握しているかのような感じになるし，that を使えば
その逆の感じになる．これは，日本語のコレ・ソレの場合もほぼ同様であ
る．

　(15)　ジョンは 1 時間遅刻してやってきた．{これ・それ} には，みんな
　　　　頭にきた．

ただし，日本語は 3 分割型で，英語にはないソとアの区別を持っている．
そのため，アレに関しては「想起のア」と呼ばれる独特の用法を発達させて
いる．

　(16)　ジョンは 1 時間遅刻でやってきた．あれには，みんな頭にきた．

アレを用いると，ジョンが1時間遅れでやってきたという事実を「記憶の中から呼び出して対象化している」という面が明確に示されることになる．「記憶からの想起」という，通常の談話構築では特別に意識されない心的過程が，アの指示構造の中で特殊な際立ち（salience）を与えられることになるのである．

　一方，談話の流れが会話のやりとりで維持される場合には，相手の発言内容を対象とする指示詞は that になるのが普通である．

(17)　A:　My mother was hit by a car and hospitalized yesterday.
　　　B:　Oh, that's too bad. (cf. *this is too bad.)

日本語の場合は，このようなときにはソを使うのが普通である．

(18)　A:　昨日，母が車にはねられて入院しまして．
　　　B:　あぁ，{それ・*これ・*あれ} は大変なことでしたね．

相手が述べたばかりの情報は，話し手にとって自分の領域外のものとしてイメージされるためである．

　さらに，照応は基本的には談話空間の中で既出の対象を表す（前方照応 anaphora）のが普通であるが，これから登場予定の対象を表す場合（後方照応 cataphora）もある．例えば，英語の指示詞の場合，話し手がこれから話そうとする内容を this / these で表す用法がある．

(19)　This should interest you, if you're keen on boxing. The world heavyweight championship is ...

(20)　These language options are open to our students: Spanish, French, and German.　　　((19)-(20), Quirk et al. (1985: 375))

つまり，話し手の知識（を投影したメンタルスペース）内のみにあって聞き手にはまだ知られていない対象を this で表すわけである．指示詞は，典型的には定の限定詞として振る舞うので，聞き手にとって識別可能ではない対象を指向するのは，一見矛盾しているように見える．しかし，識別性は指示詞にとっては二次的な機能なので，指向性のあり方如何（e.g. 話し手のみが知っているという点を特に際立たせる）によっては，定の識別性を無視するような用法の拡張が成立することもあるわけである．（ここにも，心的指向

性と識別性を概念的に区別すべき 1 つの根拠があるのである.)

さらに,英語ではこの用法の延長として特定的不定 (specific indefinite) と呼ばれる this の口語用法がある.[10]

(21) Ed has {this/a/*the} grumpy old aunt who always calls him to complain.   (Potts and Schwarz (2010: 6))

談話の中に初めて導入される個体は不定名詞句で表されるのが通例であるが,それを this で表す用法がくだけた口語表現にあるのである.しかも,不定名詞句なら何でもよいかというと,決してそういうわけではない.談話のその後の展開の中でも重要性を持つような対象を表すのでなければならないのである.例えば,以下の例では,1 ドル切手の談話的重要性によって,this の容認性が左右されている.

(22) I put a/this 1$ stamp on the letter and realized too late that it was worth a fortune.
(23) I put a/*this 1$ stamp on the letter. I wanted to mail the letter to Europe.   ((22)–(23),von Heusinger (2011: 10))

その意味で,単に定の識別性を無視しているというだけでなく,談話的重要性という話し手の特殊な思い入れを反映した用法になっているのである.指示詞は,そもそも対象に対する指向性という形の主観的関係性を表す要素なので,そこに話し手の様々な感情的思い入れが入り込んできたとしても,何ら驚くにあたらないであろう.

3.4. 類認識照応 (type anaphora) の that/those

英語の that/those は,談話において先行して登場した名詞の類認識に対する指向性を表す用法を発達させている.

(24) The heart of a bird is more powerful than that of a mammal of similar size.

---

[10] von Heusinger (2010: 17–19) によれば,ドイツ語の dies- (this にあたる) にも同種の用法が存在するとのことである.

(25) The teeth and nails of Siamese cats are much sharper and longer than those of any other cats I have come across.

((24)-(25), 綿貫・ピーターセン (2006: 395))

上記の that/those の名詞句全体は先行名詞句とは別の個別例を対象としているが, that や those が指向しているのは先行名詞句で用いられた類認識である. 例えば, (24) では, 指示対象は「同等の大きさの哺乳類の心臓」であるが, 指向対象は先行名詞句の中の heart という類認識である. つまり, that の指示対象と指向対象の間にズレが存在しているわけである.

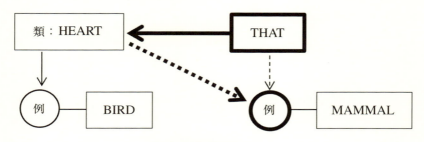

図 8　類認識照応の that

なぜこのような用法が発達し得るかといえば, やはり, 3.1 節で述べたように, 指示詞の意味構造の中で指向性と識別性が分かれて存在しているからである. 最終的指示対象としてどの個別例認識を指示するかというのは識別性に関わる問題であるが, 類認識照応の that/those は, 指向性がそれに直接参加せず, 先行名詞句の類認識を借りてくることで間接的に寄与するという形を取っているのである. しかも, この用法では, 前節の this とは逆に, 定の識別性が維持されている. それゆえ, 以下のように the heart を繰り返した場合と結果的に同じ内容を伝えることになるのである.

(26) The heart of a bird is more powerful than the heart of a mammal of similar size.

なお, (いささか翻訳調ではあるが) 日本語のソレにも同様の用法を見ることができる.

(27)　鳥の心臓は，同等の大きさの哺乳類のそれよりパワーがある.
　　　（cf. 哺乳類の {*これ・*あれ} より …）

　指示詞の意味の広がりは決してここに挙げたものに限られるわけではない
が，スペースの都合上，具体的用法の考察はここまでとしておきたい.しか
し，ここまで議論を見てみれば，本稿で仮定した対象指示進化モデルを前提
とすることで，指示詞の意味の本質である心的指向性がいかなる認知的位置
づけを持ち，冠詞が表す識別性とどのような関係にあるかが明確化する，と
いうことがわかるであろう.

4.　まとめ

　本稿では，筆者が提案する対象指示進化モデル（2 項関係 → 直接的対象
指示 → 記号的対象指示 → 概念的対象指示）を仮定することにより，指示
詞の意味の起源と，名詞句の意味構造内での適切な位置づけが明瞭になるこ
とを示した.具体的には，

- 指示詞の意味の本質は心的指向性であり，その起源が直接的対象指
  示段階における物理的指向性にあること
- それゆえ，指示詞の第一義的な用法は現場指示用法であること
- また，記号的対象指示段階に起源を持つ対象の心象化（メンタルス
  ペースの成立）により談話指示用法を持つ契機を得られたこと
- 現場指示から談話指示に広がっていく用法の多様性が，対象の心象
  化と類認識の介在（とそれに関わる識別性のあり方）を軸として展開
  していること

である.

　本稿での考察は，対象指示にまつわる諸問題へのアプローチの，いわばほ
んの入り口でしかないが，ここで明らかにした，対象指示における心的指向
性と識別性の区別と相互連関は，他の種類の名詞句表現の意味構造を探って
いく際にも重要な働きをすることになるであろう.

参考文献

Borg, Emma (2002) "Deferred Demonstratives," *Meaning and Truth: Investigations in Philosophical Semantics*, ed. by Joseph K. Campbell et al., 214–230, Seven Bridges Press, New York.

Bouchard, Denis (2013) *The Nature and Origin of Language*, Oxford University Press, Oxford.

Diessel, Holger (1999) *Demonstratives: Form, Function, and Grammaticalization*, John Benjamins, Amsterdam.

Diessel, Holger (2006) "Demonstratives, Joint Attention, and the Emergence of Grammar," *Cognitive Linguistics* 17, 463–489.

Dixon, R. M. W. (2003) "Demonstratives: A Cross-linguistic Typology," *Studies in Language* 27, 61–112.

Elbourne, Paul D. (2009) "Demonstratives as Individual Concepts," *Linguistics and Philosophy* 31, 409–466.

Fauconnier, Gilles (1985) *Mental Spaces: Aspects of Meaning Construction in Natural Language*, MIT Press, Cambridge, MA.

von Heusinger, Klaus (2011) "Specificity, Referentiality and Discourse Prominence: German Indefinite Demonstratives," *Proceedings of Sinn und Bedeutung* 15, 9–30.

Hocket, Charles (1960) "The Origin of Speech," *Scientific American* 203, 88–96.

Hurford, James (2007) *The Origins of Meaning*, Oxford University Press, Oxford.

古賀惠介 (2014)「言語における対象指示の構造」『福岡大学人文論叢』46(3), 543–567.

古賀惠介 (2015)「間投表現の意味構造」『福岡大学人文論叢』47(3), 757–785.

古賀惠介 (2017)「対象指示の2つの機能―指向と描写―」日本認知言語学会第18回大会（大阪大学）における口頭発表.

Langacker, Ronald W. (1991) *Foundations of Cognitive Grammar*, vol. 2: *Descriptive Application*, Stanford University Press, Stanford.

Langacker, Ronald W. (2008) *Cognitive Grammar: A Basic Introduction*, Oxford University Press, Oxford.

Marchello-Nizia, Christiane (2005) "Deixis and Subjectivity: The Semantics of Demonstratives in Old French (9th–12th Century)," *Journal of Pragmatics* 37, 43–68.

Panagiotidis, Phoevos (2000) "Demonstrative Determiners and Operators: The Case of Greek," *Lingua* 110, 717–742.

Potts, Christopher and Florian Schwarz (2010) "Affective 'This'," *Linguistic Issues in Language Technology* 3 (5), 1-30.

Quirk, Randolph, Sidney Greenbaum, Geoffrey Leech and Jan Svartvik (1985) *A Comprehensive Grammar of the English Language*, Longman, London.

Scot, Kate (2009) "A Procedural Analysis of 'This' and 'That'," *UCL Working Papers in Linguistics* 21, 151-181.

Scot, Kate (2013) "*This* and *That*: A Procedural Analysis," *Lingua* 131, 49-65.

Tomasello, Michael (2003) *Constructing a Language: A Usage-Based Theory of Language Acquisition*, Harvard University Press, Cambridge MA.

綿貫陽・マークピーターセン (2006)『表現のための実践ロイヤル英文法』旺文社, 東京.

Indirectness of *to*-Infinitives and Passivization*

Shotaro Sasaki

National Institute of Technology, Kochi College / Prefectural University of Kumamoto

1. Introduction

The main purpose of this paper is to elucidate the reason why *to* must be included when perception verbs like (1a) are used in the passive as in (1b). Basing my proposal mostly on Cognitive Grammar (CG), I will explain the linguistic phenomena in (1) in terms of the indirectness of *to*-infinitives and passivization, which I claim makes the main clause more indirect.

(1) a.　They saw / heard / noticed John kick Mary.

　　b.　John was seen / heard / noticed to kick Mary.

(Dixon (1991: 230))

I will also discuss some passivized sentences where small clauses are allowed as in (2a, b), or even more usual than *to*-infinitives as in (2c, d). In order to explain the reason, I will point to the directness of present participles (*-ing*) and adjectives, and epistemic directness of *see* + *-ing*.

(2) a.　He was found working very hard.

　　b.　She was found dead.

　　c.　?She was seen to be running.

　　d.　She was seen running.

---

　* This is a revised and expanded version of Sasaki (2017), which has some problems remaining to be discussed. This paper discusses these problems.

The organization of this paper is as follows. In section 2, I will review several previous studies on the indirectness of *to*-infinitives and passivized sentences, and raise some problems remaining to be discussed. In section 3, I will take a look at some basic notions of CG, which are closely related to my proposal in this paper. Resorting to these notions of CG, in section 4 I will make explicit the reason of the obligatory appearance of *to* as in (1b). In section 5, I will discuss some passivized sentences where small clauses are acceptable as in (2a, b), or more usual than *to*-infinitives as in (2c, d). Section 6 will summarize and review my arguments.

2. Previous Studies of *to*-Infinitives and Passivization

2.1. Nonimmediacy of *to*-Infinitives

In section 2.1, we take a look at two previous studies, which compare *to*-infinitives with *that*-clauses and small clauses (e.g. adjectives, *-ing*, and bare-infinitives (infinitives without *to*)) in terms of directness/indirectness. Citing Borkin (1973), Langacker (1991: 450) claims that sentences (3a–c) are semantically non-equivalent.

(3) a. Susan found that the bed was uncomfortable.
    b. Susan found the bed to be uncomfortable.
    c. Susan found the bed uncomfortable. (Langacker (1991: 450))

Based on Borkin's (ibid.) analysis, Langacker (ibid.) observes that (3a) might be used if Susan had searched through her files to learn the results of consumer reaction tests, whereas (3b) would be more appropriate if Susan herself had conducted such tests. Langacker (ibid.) also argues that sentence (3c) implies that Susan tried the bed herself and directly experienced the discomfort.

In addition, Dixon (1991: 230) points out the semantic non-equivalence between (4a) and (4b).

(4) a. John helped me to write the letter.
    b. John helped me write the letter.   (ibid.: 230)

Dixon (ibid.) observes that sentence (4b), without *to*, is likely to imply that John gave direct help. In contrast, he claims that sentence (4a) is more likely to be used if John gave indirect assistance.

By observing these previous studies, we have seen that *to*-infinitives imply more direct experience than *that*-clauses, but are not as direct as small clauses. In section 2.2, we see previous studies of the relationship between *to*-infinitives and passivization, and raise some problems remaining to be discussed.

2.2. Previous Studies and Their Problems

In section 2.2, I take a look at two previous studies about the relationship between indirectness of *to*-infinitives and passivization, and then raise some problems which are not discussed in these studies.

Dixon (1991: 230) considers why *to* is omitted in the active as in (5a) but included in the passive as in (5b).

(5) a. They saw / heard / noticed John kick Mary. (= (1a))
    b. John was seen / heard / noticed to kick Mary. (= (1b))

(ibid.: 230)

He argues that *see*, *hear* and *notice* imply direct perception of some activity, so *to* is omitted in sentence (5a). He claims, however, that putting (5a) in the passive loses the pragmatic immediacy of (5a), because the passive verges towards being the description of a state, and that is why *to* is included.

Similarly, Kasai (2004) claims that *to* must be included in sentence (6b), because *see* in the passive does not imply direct perception, a sense that is compatible with indirectness of *to*-infinitives.

(6) a. They saw her go.
    b. She was seen to go.   (ibid.: 22)

However, there are problems remaining to be discussed from these studies. First, Kasai (ibid.) does not elucidate the reason why perception verbs in passive sentences lose their directness. Second, in Dixon's (ibid.) analysis, it is not explicit why verging towards being the description of a state leads to indirect perception.[1]

In this paper, I explain the intrinsic mechanism that motivates indirectness in the meaning of perception verbs in the passive voice, resorting to some basic notions of CG, which we see in section 3.

3. Two Conceptualizers and Passivization

In this section, we look at some basic notions of CG which are closely related to my proposals in this paper. First, we see that with respect to complement clauses there are two conceptualizers, the main clause subject (C_1) and the speaker (C_0). Second, we take a look at the cognitive processing of passivization.

Langacker (2009: 275) argues that in a sentence like (7), there are two conceptualizers with respect to the proposition expressed by the complement clause.

(7) Joe suspects Alice is unhappy.　　　　　　　　(ibid.: 273)

He demonstrates that on one level, the complement clause constitutes the proposition toward which the main clause subject (C_1) inclines, and at the same time, the speaker (C_0) also apprehends the proposition as an inherent part of conceptualizing C_1's propositional attitude toward it. On the basis of Langacker's (ibid.) argument, in sentence (5a), there are two conceptualizers with respect to the complement clause: one is the main clause subject (C_1) (i.e. they), and the other the speaker (C_0).

The second notion of CG which is essentially relevant to my proposals in this paper is the cognitive processing of passivization. According to Langacker (2008: 385), the primary function of a passive is to provide an alternative to the default agent orientation of canonical transitives. For instance, the passive sentence (8b) selects as trajector the theme which is construed as landmark in the active sentence (8a).

(8) a. I opened the door.

---

[1] In section 4.2, we see that "verging towards being the description of a state" is not directly relevant to indirect perception.

b. The door was opened. (Langacker (2008: 385))

Observe Figure 1 (a, b) to make the processing of passivization explicit. The sentence (8a) is shown in diagram (a), where the agent is selected as trajector and the theme landmark. What should be noted here is that in diagram (b), which shows the passive (8b), the theme which is construed as landmark in (a) is selected as trajector. The shift of trajector status is the primary function of passivization.

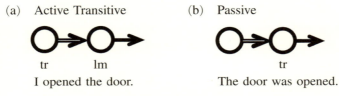

Figure 1 (Langacker (2008: 385))

In this section, we have seen the two basic notions of CG. On the basis of these notions, in section 4, I elucidate the relationship between *to*-infinitives and passivization.

4. *to*-Infinitives and Passivization

Given the previous studies we have seen in section 2 and 3, in this section I make explicit the reason why *to* must be included when perception verbs in (1a) are used in passives like (1b). In section 4.1, we take a look at Wierzbicka (1988), who provides a crucial analysis for complement clauses and passive sentences. Section 4.2 presents the main proposal of this paper.

4.1. Wierzbicka's (1988) analysis

Wierzbicka (1988) claims that sentence (9) expresses personal, experiential knowledge rather than public knowledge, which means the main clause subject is responsible for the complement clause. The following semantic formula shows this:

Indirectness of *to*-Infinitives and Passivization 121

(9) I know Mary to be a Mormon. ⇒
I know this of Mary: she is a Mormon
I don't want to say: people say this
I say: I know this   (ibid.: 51)

On the other hand, Wierzbicka (ibid.) gives the passive sentence (10) the following semantic formula:

(10) Mary is known to be dishonest. ⇒
people know this of Mary: she is dishonest
I don't want to say: I say this
I say: people say this   (ibid.: 48)

Her semantic formula in (10) shows that the passive de-emphasizes the speaker's own responsibility for the assertion. Additionally, she points out the distancing function of the passive as follows:

(11) In a sense, if we say that somebody "is known to be dishonest" we cannot completely disassociate ourselves from the assertion in question. One cannot say, for example:
    *She is known to be dishonest, but I don't know if this is true.
    Nonetheless, the passive turn of phrase allows us to de-emphasize our personal responsibility for the assertion: the formula 'I don't want to say: I say this; I say: people say this' allows us to capture the speaker's attitude.   (ibid.: 48)

What should be noted in (11) is that even though the speaker is not completely irrelevant to the assertion in the passive like (10), passivization de-emphasizes his personal responsibility for the assertion.

Given Wierzbicka's (ibid.) analysis, I claim that we need more generalized proposals, which elucidate passive sentences in a more comprehensive and natural way. First, rather than her assertion "we (speakers) cannot completely disassociate ourselves from the assertion," I claim the speaker is explicitly responsible for the passive sentence itself. In the next section, we see that the latter proposal explains the reason why one cannot say "*She is known to be dishonest, but I don't know if this is true" in a more natural way. Second, instead of saying "the passive turn of phrase allows us (speakers) to de-emphasize our personal responsibility for the assertion (Wierzbicka (1988: 48))," I claim even though the speaker is explicitly responsible for the passive sentence itself, passivization makes implicit the one who is directly responsible for the complement clause. In the next section, we see that the latter proposal can elucidate examples like (5a, b), where the one who is directly responsible for the complement clause is not necessarily the speaker. This means my proposal is more comprehensive than Wierzbicka's (ibid.).[2] In the following section, we also see that my proposal can explicate the relationship between passivization and the implicity of responsibility for the complement clause.

4.2. Passivization and Epistemic Indirectness

In section 3, we have seen Langacker's (2009) argument that in a sentence like (7) there are two conceptualizers with respect to the complement clause. On the basis of his argument, it follows that in sentence (12) too, there are two conceptualizers with respect to the complement clause; one is the main clause subject (C_1) (i.e. they), and the other the speaker (C_0).

(12)   They saw / heard / noticed John kick Mary. (= (5a))

The notion of the two conceptualizers means that not only the speaker, who entertains the whole sentence, but also the main clause subject (*they*), is responsible for the complement clause. Sentence (12) is sketched in Figure 2.

---

[2] Wierzbicka (ibid.: 51) argues that the sentence (ib), where the main clause subject is the speaker, is more natural than the sentence (ia).

   (i) a. ?John knows Mary to be a Mormon.
        b. I know Mary to be a Mormon. (= (9))   (ibid.: 51)

This may be the reason why she claims the speakers' responsibility is de-emphasized by passivization. However, there are also sentences like (5a, b), where the main clause subject in the active is not the speaker, which means we need a more comprehensive proposal.

Indirectness of *to*-Infinitives and Passivization

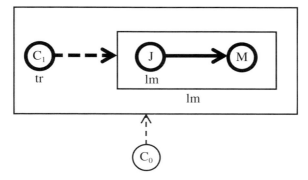

Figure 2

In Figure 2 it is obvious that the two conceptualizers, the main clause subject (C_1) and the speaker (C_0), entertain the event of the complement clause; the speaker (C_0) apprehends the complement clause as an inherent part of conceptualizing the whole sentence. This diagram also shows that not only the whole event of the complement clause ('John kick Mary') but also *John* is construed as landmark.[3]

In section 3, we have also seen the cognitive processing of passivization; that is, the passive sentence selects as trajector the entity which is originally construed as landmark in the active sentence. Therefore, when (12) is passivized, John is focused as trajector as in (13), which means the main clause subject (C_1) loses its status of trajector.[4] The sentence (13) is sketched in Figure 3.

---

[3] Langacker (2009: 32-33) argues that in the following Luiseño sentence in (i), the object 'him' has multiple roles: as the semantic object of 'make,' and as the semantic subject of both 'want' and 'leave.' Therefore, he claims that in the sentence, not only 'him want to leave' but also 'him' functions as landmark. This analysis shows the validity of Figure 2, where there are two landmarks: 'John' and 'John kick Mary.'

(i) Noo poy ngee-vichu-ni-q.   'I made him want to leave.'
     I   him leave-want-make-TNS   (ibid.: 33)

[4] When (ia) is passivized, the status of trajector is shifted to *her* and coded as a subject as in (ib). The reason why the shift of trajector status to the event *her go* is unusual like (ic) is that a relationship is less salient than a thing (cf. Langacker (2009: 289)), so relationships tend not to be focused as trajector. (Sasaki (2017) leaves the issue remaining to be discussed.)

(13) John was seen/heard/noticed to kick Mary. (= (5b))

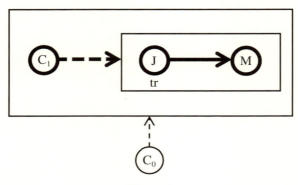

Figure 3

What should be noted in Figure 3 is the shift of trajector status from C_1 to John, which means C_1, who is directly responsible for the complement clause, is made unspecified.

The analysis above explains the reason why *to* must be included when the verbs in (12) are used in the passive as in (13). That is, passivization shifts the status of trajector from C_1 to *John*, which makes C_1 implicit. The implicity of C_1 makes the perception of the complement clause indirect, because C_1 is the one who is directly responsible for the complement clause. This is the reason why *to* is involved in sentences like (13), because *to*-infinitives are more indirect than bare-infinitives. The following is my main proposal.[5]

(14) The reason why *to* is included in passive sentences like (13) is that passivization shifts trajector status from C_1 to the entity which is construed as landmark in the active sentence. The shift

---

(i) a. They saw her go. (= (6a))
  b. She was seen to go. (= (6b))
  c. ?That she went was seen.

[5] This proposal is partly based on Sasaki (2017), where the terms "surrogate speaker and actual speaker (Langacker (1991))" are used instead of "C_1 and C_0 (Langacker (2009))." Proposal (14) also refers to the relationship between the shift of trajector status and the implicity of C_1, which Sasaki's (2017) main proposal does not include.

of trajector status makes C_1 unspecified, and the implicity of C_1 makes the perception of the complement clause more indirect. The indirectness requires *to* in the complement clause.

As we have seen in section 2.2, Dixon (1991) claims that the passive verges towards being the description of a state, and that is why *to* is included. However, my proposal above reveals that "verging towards being the description of a state" is not directly relevant to indirect perception as in (13). As Langacker (1990) claims, (15a, b) confer the trajector status on the participants that would otherwise function as landmark. He also states that the participle predicates in (15b, c) designate only the single, or final state in the process (e.g. *swollen* designates the final state in the process *swell* (ibid.: 129)). Since the participle predicates in (15b, c) designate only the final state, Langacker (ibid.: 130) claims that both of them are categorized as a type of adjective, or "stative-adjectival (Langacker (2008: 122))." On the other hand, Langacker (1990) claims that (15a) is still processual, because the participle predicate in (15a) designates all the states within the process, not just the final state.

(15) a. The town was destroyed (house by house).
    b. That watch you bought is probably stolen.
    c. My wrist is all swollen.   (ibid.: 129–131)

Based on Langacker's (1990) claim, Dixon's (ibid.) proposal "the passive verges towards being the description of a state" seems to be plausible. However, in this section, we have seen that what makes perception of the passive sentences as in (13) indirect is the shift of trajector status from C_1 to the entity which is originally construed as landmark. It follows therefore that only designating a final state in a process as in (15b, c) (i.e. verging towards being the description of a state) does not explain a mechanism which causes indirect perception; the shift of trajector status effects indirect perception, and that is why *to* is included in passive sentences as in (13).

In passing here, we see that the proposal (14) is more comprehensive than Wierzbicka's (1988), because it can also elucidate examples where the main clause subject is not the speaker; Wierzbicka's (ibid.) proposal that "passivization de-emphasizes speaker's responsibility," however, cannot elucidate such examples.

What I have mentioned above also makes explicit the reason why "*she is known to be dishonest, but I don't know if this is true (Wierzbicka (1988))" is unacceptable. Wierzbicka (ibid.) explains the unacceptability of the sentence, by arguing that although passivization de-emphasizes the speaker's responsibility, the speaker cannot completely disassociate himself from the assertion. However, as we have seen, her analysis does not cover all passivized sentences (cf. (5a, b)). In this paper, I claim that although passivization makes implicit C_1, who is directly responsible for the complement clause, the speaker's responsibility for the passivized sentence itself is still explicit. Therefore, in the sentence "*she is known to be dishonest, but I don't know if this is true (ibid.)," the speaker's responsibility for the whole sentence is still explicit. In addition, *know* is "semantically factive (Wierzbicka (1988: 50))." The two points, the speaker's explicit responsibility for the whole sentence and the factivity of *know*, mean that the speaker embraces the whole passive sentence, which presupposes the truth of its complements (cf. Sasaki (2017)). It follows therefore that uttering both "she is known to be dishonest" and "but I don't know if this is true" lacks consistency in the speaker's mental attitude (cf. Kasai (1994: 94)).

In passing here, let me specify the difference between Wierzbicka's (ibid.) analysis and mine. Wierzbicka (ibid.) claims that passivization de-emphasizes the speaker's responsibility. However, she also argues that the speaker is not completely disassociated from the assertion, and this is the reason why "*she is known to be dishonest, but I don't know if this is true (ibid.)" is unacceptable. On the other hand, my proposal is based on the idea that the speaker's (C_0 in this paper) responsibility is still explicit, even when the sentence is passivized; the subject (C_1 in this paper), who is directly responsible just for the complement clause, is made implicit through passivization. My proposal is supported by the fact that the complement clause in the passivized sentence is verbalized as a *to*-infinitive,

Indirectness of *to*-Infinitives and Passivization 127

which means the complement clause is negotiated[6] and construed as being indirect by the speaker. If the speaker does not negotiate the complement clause, then after passivization, which makes C_1 implicit, there is no one to regard the complement clause as being indirect, from which it follows that the complement clause would not be coded as being indirect.

Of course, my proposal here can explain sentences (9, 10), where C_1 is identified with the speaker. In sentence (9), the speaker has two roles, C_0 and C_1, so he is directly responsible for both the complement clause and the whole sentence. However, when sentence (9) is passivized, C_1 (the speaker in this sentence), who is directly responsible for the complement clause, is made implicit. Therefore, in the passivized sentence (10), the speaker's responsibility for the complement clause is de-emphasized (cf. Wierzbicka's (1988: 48) proposal in (11)), and he is directly responsible only for the whole sentence. My proposal here can be supported by the fact that the speaker cannot say "*she is known to be dishonest, but I don't know if this is true (Wierzbicka (1988))." That is, although the speaker's responsibility for the complement clause is de-emphasized through the passivization, he is still explicitly responsible for the whole sentence, which presupposes the truth of its complement clause; we do not doubt what we have accepted as being real.

In this section, I have made explicit the reason why *to* must be included in passives like (13). In section 5, we see passive sentences where including *to be* in their complement clauses is not obligatory or is even unnatural.

5. *-ing* and Adjectives as Complements

While *to* must be included in passive sentences like (6b) and (13), there are passivized sentences where *to be* is not necessarily included in their complements as in (16e, f). Furthermore, there are also passive sen-

---

[6] According to Langacker (2009: 231–235), if a proposition is purported to represent the speaker's (C_0 in this paper) actual position, its validity is **negotiated** by the actual speaker.

tences where it is unusual to include *to be* in their complements, which is
later shown in (18b). In this section, I observe these two linguistic phe-
nomena, which Sasaki (2017) leaves remaining to be discussed.

Find takes a small clause, *-ing* or adjectives, in the active voice as in
(16a, b), and *to be* is included in the passive voice as in (16c, d). How-
ever, small clauses are also allowed in the passive as in (16e, f).

(16) a. I found him working very hard.
    b. I found her dead.
    c. He was found to be working very hard.
    d. She was found to be dead.
    e. He was found working very hard. (= (2a))
    f. She was found dead. (= (2b))

As we have seen in section 4, in the case of bare-infinitives, small clauses
are not acceptable in the passive voice. Why then are small clauses ac-
ceptable in the passive, in the case of *-ing* and adjectives? I explain this
phenomenon in terms of the epistemic immediacy of *-ing* and adjectives;
-ing and adjectives describe more directly experienced events than do
bare-infinitives.

According to Langacker (2008: 120), an infinitive profiles all the com-
ponent states of a process. On the other hand, *-ing* imposes a limited im-
mediate scope on them, and since the immediate scope is the "onstage"
region, those portions of the processual base that fall outside its confines
are excluded from the profile. On the basis of the difference between in-
finitives and *-ing*, Verspoor (1996: 444) claims bare-infinitives symbolize
that the event is construed as a bounded one while *-ing* symbolizes that
the event is construed as an unbounded one. Verspoor (ibid.) also argues
that for a conceptualizer to be able to perceive the boundaries of an event,
he must have a little more distance. Therefore, *-ing* denotes that the con-
ceptualizer construes the event as seen at close range, whereas bare-infini-
tives imply that the conceptualizer needs more distance than *-ing*. Based
on her argument, I claim that *-ing* describes more directly experienced
events than do bare-infinitives.

As for adjectives, Langacker (1991: 450; 2008: 118) claims that they

Indirectness of *to*-Infinitives and Passivization   129

do not imply that the event is conceived as extending through some span of time, whereas infinitives do, though they are scanned in summary fashion. Therefore, adjective complements mean that the subject's (e.g. Susan in (3c)) conception is not specifically portrayed as embracing any period other than the moment at which he makes his judgement (cf. Langacker (1991: 450)).

These analyses above indicate that *-ing* and adjective complements report more directly perceived events than do bare-infinitives. As we have seen in section 4, passivization makes the complement clause more indirect; *-ing* and adjective complements such as (16e, f) are no exception. However, with the directness of *-ing* and adjectives, there are cases where the passivized versions of sentences like (16a, b) are still construed as being in the range of directness,[7] which allows passive sentences with small clauses as in (16e, f) to be acceptable.

Based on my proposal, the perception of the complement clause in sentences (17a, b) becomes indirect when they are passivized. However, the degree of indirectness of the perception of the complement clause differs between (17a) and (17b). As we have seen, (17a) is more indirect than (17b). Therefore, passivizing (17a) makes it more indirect, from which it follows that the complement clause is verbalized as a *to*-infinitive in (17c). On the other hand, (17b) describes a more directly experienced event than does (17a), which gives (17b) two choices for its passivized version. One is (17d), which is construed as being indirect, so the complement clause is verbalized as *to be* + *-ing*. The other choice is (17e), which is regarded as being still in the range of directness, so its complement clause is coded as a small clause.[8] The original directness of (17b) allows it to have the intermediate case (17e), which is not as direct as (17b), but more direct than (17d).

(17) a. I saw her run.

---

[7] On the other hand, (16c) and (16d) are construed as being indirect.

[8] I mean (17e) is more indirect, compared to (17b). However, even though (17e) is more indirect than (17b), (17e) is still construed as being in the range of directness, so (17e) has a small clause as its complement clause.

130

    b.   I found him working very hard. (= (16a))

    c.   She was seen to run.

    d.   He was found to be working very hard. (= (16c))

    e.   He was found working very hard. (= (16e))

As a final issue we discuss in this paper, observe the following sentences:

(18) a.   I saw her running.

      b. ?She was seen to be running. (= (2c))

      c.   She was seen running. (= (2d))

The passivized version of (18a) is sentence (18c) rather than (18b).[9] Why is (18c) with a small clause more usual than (18b) with *to be + -ing*? In order to make the reason explicit, compare the following definitions of *find* and *see*:

(19) a.   find: If you **find** someone or something, you see them or learn where they are.

      b.   see: When you **see** something, you notice it using your eyes.

                       (*Collins COBUILD Advanced Dictionary of English*)

In (19a) we see that *find* means not only direct perception but also indirect perception. On the other hand, (19b) shows that *see* means only direct perception. In addition, seeing an unbounded event as in (18a) is more direct than seeing a bounded event as in (17a), because the former means that the perception is more momentary than the latter; perceiving the resultant state of the event as in (17a) takes more time than perceiving the event in progress as in (18a). Since *find* means not only direct but also indirect perception, *to be* is involved in the passive voice of *find* as in (20), if the meaning is indirect.[10]

(20) She was found to be running.

---

[9] Four out of five informants said that (18b), while not ungrammatical, is unusual and never used. One out of them said (18b) is natural.

[10] If the perceptual meaning is construed as being in the range of directness, the passive voice of *find* takes *-ing* without *to be* as its complement as in (17e).

However, *see* means only direct perception, and *see + -ing* is more direct than *see + bare-infinitives*. Therefore, even if (18a) is passivized, the passivized sentence is necessarily regarded as being still in the range of directness, from which it follows that the passive version of (18a) is (18c) rather than (18b).

6. Conclusion

In this paper, I have elucidated the reason why *to* must be included when perception verbs are used in the passive, focusing on the indirectness of *to*-infinitives and the mechanism by which passivization causes indirectness. I explained the mechanism by resorting to the notion of two conceptualizers, the main clause subject (C_1) and the speaker (C_0), and the cognitive processing of passivization. This paper also discussed some passive sentences where small clauses are allowed or even more usual than *to*-infinitives, by focusing on the directness of *-ing* and adjectives and the epistemic directness of *see + -ing*.

References

Borkin, Ann (1973) "*To Be* and not *To Be*," *CLS* 9, 44–56.

Dixon, Robert M. W. (1991) *A New Approach to English Grammar, On Semantic Principles*, Clarendon Press, Oxford.

Kasai, Seizo (1994) "On the Consistency and Expressions of Mental Attitude," *The Annual Reports on Cultural Science* 42(2), 81–109.

Kasai, Seizo (2004) *Eigogakutenbyo*, iWord, Sapporo.

Langacker, Ronald W. (1990) *Concept, Image, and Symbol: The Cognitive Basis of Grammar*, Mouton de Gruyter, Berlin / New York.

Langacker, Ronald W. (1991) *Foundations of Cognitive Grammar*, vol. 2: *Descriptive Application*, Stanford University Press, Stanford.

Langacker, Ronald W. (1995) "Raising and Transparency," *Language* 71, 1–62.

Langacker, Ronald W. (2008) *Cognitive Grammar: A Basic Introduction*, Oxford University Press, Oxford.

Langacker, Ronald W. (2009) *Investigations in Cognitive Grammar*, Mouton de Gruyter, Berlin / New York.

Sasaki, Shotaro (2017) "Epistemic Indirectness of Complements in Passivized Sentences," *Journal of English Literary Society of Hakodate* 56, 75-88.

Sinclair, John et al. (2009) *Collins COBUILD Advanced Dictionary of English*, Heinle Cengage Learning, Boston.

Verspoor, Marjolijn (1996) "The Story of *-ing*: A Subjective Perspective," *The Construal of Space in Language and Thought*, ed. by Martin Pütz and René Dirven, 417-454, Mouton de Gruyter, Berlin / New York.

Verspoor, Marjolijn (1999) "*To* Infinitives," *Issues in Cognitive Linguistics*, ed. by Leon de Standler and Christoph Eyrich, 505-526, Mouton de Gruyter, Berlin.

Wierzbicka, Anna (1988) *The Semantics of Grammar*, John Benjamins, Amsterdam.

英語進行形構文の意志用法と命令用法
―その文法化および対話の響鳴関係について―

清水　啓子

群馬県立女子大学

1.　はじめに

　英語進行形構文はその意味・機能の多様性という共時的観点から，また現在まで継続する使用頻度の増加や歴史的変化といった通時的観点から，言語学者の関心を集め，数多くの研究が蓄積されている構文形式である．本論では，以下 (1)-(3) に例示されるような指示的発話機能（directive speech act），特に「命令」に等しい強い指示力（directive force）を持つ進行形構文に焦点をあてて分析する．

(1)　You're staying for dinner. That's an order.　　　(*The Love Story*)

(2)　You're staying with me. I won't hear otherwise.

(*The Forgotten Garden*)

(3)　She just looks at me, she kind of nods her head and she's going: 'Auntie Lina's here again, I'm leaving.' So she wants to go out on the balcony. I grab her again. 'You wanna go outside? You gotta go downstairs, but you're not going out on the balcony. Cause knowing you, you're gonna fall off.'

(De Wit and Brisard (2013: 75))

上記の例に読み取れる「命令」という発話行為の機能は，must や have to といった法助動詞の義務的モダリティ概念と平行性を持つ，と考える．この義務的モダリティという概念が，法助動詞を含まない現在進行形という非モダリティ形式からどのように創発する（emerge）のかを，認知文法の主体化，および対話統語論（dialogic syntax）の考え方を援用して考察すること

が本論の目的である.[1]

Langacker の認知文法の枠組みでは,法助動詞の文法化現象は「主体化 (subjectification)」として分析される.主体化とは本来の客観的用法に内在 (immanent) していた主体側の意味だけが残る意味変化である.主体化は文 法化の駆動力となる.たとえば be going to が「進行中の移動」から「未来」 へと法助動詞化する文法化において,本来の移動用法 (He was going to mail the letter but never reached the post office. (Langacker (1998: 79))) では,主語指示対象の空間移動という客体的意味がプロファイルされている が,その場合でも同時に概念化者の主体的概念が内在しており,話者は主語 指示対象が未来の行為 (mail the letter) の実現に向かって時間軸上を進んで いることを心的にスキャンしている.未来を表すよう文法化した用法 (He is going to like her.) では,空間移動という客体的意味が漂白され,概念化 者による時間軸上の未来への心的スキャンだけが残り,プロファイルされる 意味として顕在化する.

本論では,命令機能を持つ進行形構文においても,be going to の文法化 と同様に,主体化によって命令という義務的モダリティ概念が発生している とみなす.その命令的発話行為の力は,一人称単数を主語にした進行形構文 (I'm V-ing) の意志用法にその素地となる概念があり,その話者の意志が二 人称主語の進行形構文 (You're V-ing) において主体化して off-stage にのみ 存在するようになり命令機能が前景化する,という文法化(主体化)の経路 を提案する.

まず第2節で対話統語論および響鳴について概観し,第3節で進行形の 意志用法を考察する.続いて,意志用法から命令用法への拡張について,第 4節では認知文法の主体化の枠組みから,第5節では響鳴の観点から考察す る.第6節で対話統語論と響鳴からの分析の有用性を述べ,第7節では未 来表現から命令機能が発達する文法化の経路について考察する.

---

[1] have to も動詞 have を含むので,形式上は法助動詞ではないが,法助動詞的な modal-ity 概念を持つ.進行形の命令用法もこれと類似する文法化現象である,と考える.

2. 対話統語論 (dialogic syntax)

　本来アスペクト的概念を表す進行形構文が，未来や意志，命令を表すように多義化・機能変化する現象は，文法的形式がその概念をさらに拡張する現象であることから，文法化と考えられる．進行形の「意志」用法や「命令」用法は，いずれも対人的・社会的な使用場面で前景化する概念であり，話者と聞き手の相互作用という言語使用の文脈から創発する語用論的意味の前景化とも言える．この前景化のミクロ・プロセスを観察するためには談話構造に注目する必要がある．本研究ではその具体的方法として，Du Bois (2014)による対話統語論 (dialogic syntax) という枠組みと，その中の響鳴 (resonance) という概念を援用する．以下でこの枠組みを簡潔に概観する．

　Hopper (1998) は，言語の構造や規則性・文法は言語使用以前にアプリオリに存在するものではなく，日常の言語使用，特に談話構造の中から創発するという言語観を提唱し (Emergent Grammar)，文法を固定的なものとして見るのではなく，言語使用によって常に変化し続けるものと見る．この考え方と同じく，Du Bois の提唱する対話統語論 (dialogic syntax) は，言語システムは単独の文に存在するのではなく，複数の発話の相互作用，つまり対話性 (dialogicality) に在るとし，言語表現を対話構造から観察する (Du Bois (2014)，崎田・岡本 (2010) など)．以下 (4) は，Jennifer と Dan の一連の対話（5 行から成る）の 1 行目と 5 行目を抜粋したものである．

(4)　1 J;　I'm ^not going to be able to wipe this striped guy out yet　　　 .
　　　5 D; ^I'm　not going to be able to　　　　　　　　　　　 ^either.[2]

(Du Bois (2014: 380))

5 行目の Dan の発話は，1 行目の Jennifier の発話構造を繰り返しているが，主語指示対象が変わり (Jeniffer→Dan)，また副詞 either を付加することで先行発話への関連づけが明示されている．さらに省略部（wipe this striped guy out yet）の補完は先行発話への参照が必要となる．このように，言語表現は何らかの点で先行発話に響鳴している．Du Bois のいう響鳴 (resonance) とは，「（先行発話との）触媒作用によって発話間の類似性を活性化

---

[2] 例文中の [^] マークは，第一アクセント (primary accent) を表す．

させること (the catalytic activation of affinities across utterances (Du Bois (2014: 360, 372)))」と定義される. 響鳴はさまざまな言語単位レベルに生じる (signs, words, morphemes, constructions, phonemes, prosodic structures, features, meanings, referents, illocutionary forces, pragmatic functions, interactional moves, and so on, p. 372). 響鳴関係は, 直接連続した発話間に限らず, 離れた先行発話との間に生じる場合もある. また他者の発話に限らず, 自分自身の発話に対して響鳴することもある. 話者は先行する言語表現を再利用しつつ談話を結束させてゆく.

対話統語論のもう1つの重要な概念に類推 (analogy) がある. 響鳴関係で活性化された類推は, 推論を誘導し, 形式と意味の対応関係に新たな変化をもたらす可能性を持つ (One of the most important things dialogic syntax does is to create certain affordances for generating new forms and meanings, p. 382). 類推は文法化をもたらす要因でもあり, 対話統語論の枠組みは文法化や言語変化という言語現象の解明にも役立つ (… analogic processes yield a broad range of impacts on inference, interpretation, reanalysis, creativity, and grammaticalization, ultimately contributing to the self-organization of new linguistic structure, p. 364).

次節では, 進行形構文における意志の前景化について, 対話統語論にヒントを得て, 対話の中に生じる響鳴関係という観点から分析を試みる.

3. 意志を表す進行形構文

Leech (2004: 61) は進行形は意志を表さないと言い, 未来用法の進行形が表すのは意志ではない, とする (it is not a present intention or cause, but rather a PRESENT ARRANGEMENT that is signalled by the Progressive). しかし Nesselhauf (2007) は, 現在進行形は「意志 (intention)・自発的な決断 (spontaneous decision)」を表す機能を発達させていると指摘し, 一人称主語の肯定形 (I'm V-ing.) と否定形 (I'm not V-ing.) の2つの構文形式を挙げている. また Nesselhauf (2012: 103–105) は1950年から1990年における進行形構文の使用で最も多いのは intention であると指摘しており, 他の文法書 (Leech (2004), Huddleston and Pullum (2002) など) がこの進行形の意志用法に言及していないのは, この用法が手作業による意

味・機能分析でしか扱えないので，コーパス分析では見過ごされてしまうためではないかと述べている．

筆者が小説やTVドラマ等で集めた意志用法から受ける印象では，肯定形よりも否定形のほうが多い．具体的には，先行談話において示された計画や段取りを後続談話で拒絶する，という談話構造の事例が多い．

以下の（5）は日記形式の小説からの用例である．主人公のアメリカの高校生Miaが，突然Genovia王国の国王の娘であると告げられ，Genovia王国に移り住まなければいけないという文脈において，実線下線部の進行形構文が発話される．この進行形は現実世界で具体的段取りが進んでいる進行中の事態を指すのではなく，話者の断固とした拒絶の意志表明である．この進行形構文は，先行文脈中の話者本人による内的発言I have to MOVE???（点線下線部）と響鳴関係にある．さらにhave toで示される行為の義務性に反抗して逆らうというコントラストが進行形によって表されている．対話統語論的な表記（Diagraph）をすると，（6）のような構造の類似性と発話意図の対比が指摘できる．

(5)　　Not only am I a princess, but I have to MOVE???

I stopped crying almost right away. Because then I got mad. Really mad. I don't get mad all that often, because of my fear of confrontation and all, but when I *do* get mad, look out.

"I am NOT moving to Genovia," I said in this really loud voice.　　　　　　　　　　　　　　　　　　　　（*The Princess Diaries*）

(6)

| Mia 1; | I | have to | move | ??? | ［義務］ |
| Mia 2; | I | am NOT -ing | mov(ing) | | ［義務を拒絶する強い意志］ |

次の（7）では，まずHarryら子供たちは校則違反の罰として，森に行かなければならないことが明らかとなる（点線下線部）．そして生徒Malfoyが進行形構文（実線下線部）を発し，罰則には従わないという意志を表明するが，この時点では何ら具体的行動が進行しているわけではない．このMalfoyの意志を表す進行形構文（実線下線部）に呼応して，その2行下に続くHagridの"Yeh are …"という進行形の省略構文（波線下線部）は命令

的機能を持つ事例である。[3] (7) に対しては，(8) のような響鳴関係が成立する．

(7)　... because Filch said, 'I suppose you think you'll be enjoying yourself with that oaf?　Well, think again, boy—it's into the Forest you're going and I'm much mistaken if you'll all come out in one piece.'

（中略）

'I'm not going in that Forest,' he [= Malfoy] said, and Harry was pleased to hear the note of panic in his voice.

'Yeh are if yeh want ter stay at Hogwarts,' said Hagrid fiercely. 'Yeh've done wrong an' now yeh've got ter pay fer it.'

(Harry Potter and The Philosopher's Stone)

(8)

Filch;	it's into the Forest	that	you	are	going	
Malfoy;			I	'm not	going in	that Forest
Hagrid;			Yeh	are		

　以上（5）から（8）の事例とその響鳴関係から明らかなように，主語話者 I の意志の強調・前景化が対話の文脈の中で生じていることが明らかである．この意志を強調する進行形構文は，すでにある行動の準備段階が進んでいるという現実世界の在り方を記述しているのではなく，親や教師など権威を持つ人間によって将来の計画や成り行きが決められつつある場面で，その決定に逆らう話者の意志を表明するために使われている．その発話意図は「拒絶・反発・反抗」であり，先行発話の強制力よりも強い話者みずからの断固とした主体的意志である．[4]

　次の（9）ではまず Marilla が Anne に向かって助動詞 will を使って命令する（点線下線部）が，Anne はこれに進行形構文（実線下線部）を用いて

---

[3] この命令用法に関しては第 5 節の脚注 8 を参照されたい．

[4] Nasselhauf (2007) がこの用法を "spontaneous decision（自発的な決断）" と呼ぶ根拠は，このように他者からの強制力にみずから主体的に対抗するというこの用法の特徴にあると思われる．

反抗する.[5] 助動詞 will と進行形を比較すると，進行形は，ある事態を既に始まったものとして捉える概念化が本来の用法なので，未来への投射の確実性は進行形の方が will よりも高い．Marilla の先行発話の will による指示的発話行為力（directive force）よりも強い実効力を表すために Anne は進行形を使っている．この響鳴関係は (10) のようになる．

(9)　　'Insulted fiddlesticks!　You'll go to school tomorrow as usual.'
　　　　'Oh, no.'　Anne shook her head gently.　'I'm not going back,
　　　　Marilla.　I'll learn my lessons at home and I'll be as good as I
　　　　can be and hold my tongue all the time if it's possible at all.　But
　　　　I will not go back to school I assure you.'

(Anne of Green Gables)

(10)

Marilla:	You	'll	go	to school	tomorrow as usual.	
Anne:	I	'm not -ing	go(ing)	back,		Marilla.
	［命令］					
	［断固とした拒否］					

4.　意志用法から命令用法への主体化現象

　前節にあげた事例 (5), (7), (9) から，進行形構文が現実世界の準備段階（present arrangement）を表す用法から，一人称話者の意志という心理状態を表す用法に発展していることは明らかである．準備段階とは現実世界の物理的現実（reality）として存在する．その一方，主語が一人称であるなら，話者（＝主語）の意志や心情も心理的実在であり，話者にとっては現実（reality）である.[6] 一人称主語の進行形構文において，動詞句 VP の内部のプ

---

　　[5] 助動詞 will の命令機能も，文脈情報や会話参与者の社会的関係に依存して成立する機能である．以下の例は未来予測か命令かの解釈が，場合によっては曖昧になる可能性があることを示している．
　　　　"You will succeed."　She said it again, and, because it sounded less like a prediction than a command, I both thanked her and promised to try.　(*Reflecting the Sky*)
　　[6] 日本語で，「（私は）嬉しい」と言える一方で，「田中さんは嬉しい」が奇妙なのは，田中さんの心理状態は話者にとって現実としては不可知だからである．「私はあした絶対帰る」

ロファイルされる部分が present arrangement から主語話者 I の意志 (intention) へと，時間軸上を前方に移動し，意志という心理状態が前景化され，準備段階が漂白される，というプロファイル推移が起きている．この場合，主語が一人称であるので，主語話者の意志はプロファイル対象であり，認知文法的に言えば主体化されているわけではなく，まだ客体である．たとえば I want to go./I'm happy. という時，話者は自分の心理状態を客体化している．

認知文法において，語彙項目が文法化するプロセス（法助動詞 will, may, must など）は主体化とされ，その概念変化は以下図1のように示される．図1 (a) は元々の語彙項目が持つ客体的概念であり，主語の意志や能力が on-stage にプロファイルされている（太線の点線二重矢印）．この意志や能力が実際に行使されると未来の事態（太線の四角）が実現されることになる．プロファイルされている能力や意志は，未来の事態の実現へと向かう潜在力 (force tending toward V's occurrence (Langacker (2008: 304))) である．

(a)　文法化前（語彙項目）　　　(b)　文法化後（法助動詞）

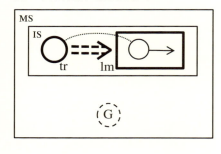 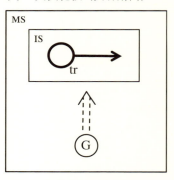

図1　文法化前と文法化後の概念構造（Langacker (2008: 304) より）

と言って，自分の意志を主張できるが，「君はあした絶対帰る」は相手の意志とは解釈できず，むしろ予測である．しかし「君はあした絶対帰るんだ」と，「〜のだ」形式を付加すると，命令としての解釈が可能となる．これは，「〜のだ」によって現実ではなく，話者の「判断（＝決定 ⇒ 命令）」となるからである．この「(君は) 〜のだ」形式と，英語の "You are V-ing" 構文は，その命令機能への拡張において平行性がある．どちらも主体化によって生じる義務的モダリティ概念と言える．

図 1 (a) の場合，意志や能力を持つ主語が未来の行為の行為者でもある．こ
れは，進行形構文の意志用法にもあてはまる．I'm V-ing という意志用法で
前景化されるのは主語話者の行為実現へ向かう意志である．この意志が未来
の行為を実現する効力となる．図 1 (b) は文法化した法助動詞の概念で，グ
ラウンドの話者に発する主体的概念に変化している．具体的には義務的モダ
リティや認識的モダリティ概念である．この場合，プロファイルされる事態
の行為者は話者と一致する必要はない．たとえば Rules must always be
obeyed. では，主語 Rules 自体に力があるわけではなく，義務性は概念化者
（グラウンド）の主体的概念に発する．この (b) の法助動詞の文法化におけ
る主体化作用が進行形の命令用法 (You're staying for dinner. It's an order.)
でも起きている，というのが本論の主張である．

　それでは進行形構文によって表される主語話者 I の意志という客体概念
（図 1 (a) に該当）が，どのように命令的発話行為（義務的モダリティ概念）
（図 1 (b) に該当）に発展するのだろうか．文法化において主体化される概
念は，実は本来の客体的概念においても背景として内在的（immanent）に
存在しており，この内在的な主体的概念が文法化によって顕在化・前景化す
ると考えられている (Lanagcker (1999: 298))．一人称主語の進行形の意志
用法にも，命令機能という義務的モダリティ性に文法化してゆく素地となる
主体的概念がすでに内在している，と考えられる．このことを，次の (11)
を例にして考察してみる．

(11)　My mind is quite made up, Marilla.　I'm not going to Redmond;
　　　I am going to stay here and teach.　Don't you worry about me a
　　　bit.　　　　　　　　　　　　　　　　　　(*Anne of Green Gables*)

上の (11) における実線下線部の進行形構文は意志用法である．そして
Anne と Marilla の 2 人の対話の中で，この Anne の意志表明は聞き手
Marilla に対して約束の発話行為力を持つ．それは後続する点線下線部の発
話から明らかである（Redmond には行かないから心配しないで）．[7] この進

---

　[7] この進行形に約束という対人的な発話意図を認めるもう 1 つの根拠は，例 (11) の 2 段
落前にある，Anne から Marilla への次のような発話である．
　　Oh, I have it all planned out, Marilla.　And I'll read to you and keep you cheered
　　up. You shan't be dull or lonesome …　　　　　　(*Anne of Green Gables*)

行形の意志用法は,次の図2 (a) に示すような「約束」の発話行為力 (promise) を内在的に持つ.

(a) 意志用法
I'm V-ing. (I promise.)

(b) 命令用法
You're staying for dinner.
It's an order. (= (2))

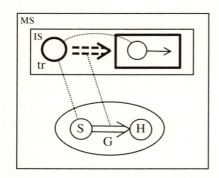
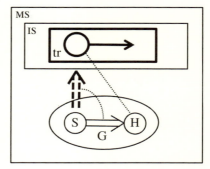

図2 進行形構文の意志用法と命令用法の発話行為力

図2 (a) の客体概念としての意志(太線の点線二重矢印)は,同時にグラウンド内の話者 S から聞き手 H への約束という発話行為力(二重線矢印)(これは自己再帰的な義務的モダリティ概念でもある)を主体的概念として内在的に持つ.この進行形構文の後に,遂行文 I promise を付加して,対人的な発話意図(約束)を明示することもできる.この未来の行為を実現する意志を表明する意志用法には,(i) 現時点で未来の自己の行為を選択し決める「話者の決定力」と,(ii) その行為を未来にみずから必ず「実現する義務」の,2つの側面が含まれる.主語を二人称 you に変換して生じる命令的な発話行為力は図2 (b) のように図示できる.意志用法 (a) から命令用法のモダリティ概念 (b) に文法化する際,(i) の「話者の決定力」はそのまま維持され,(ii) の実際に未来の行為を「実現する義務」は話者ではなく,主語指示対象 you に課されることになる.結果としてグラウンド内で話者から聞き手への発話意図として前景化されるのは,聞き手に対する未来の行為の

下線部 shan't (shall not) は,commissive 用法 (Palmer (2001: 72)) で,事態の実現を話者が約束していることを表す.

実現要請（command）である．行為者 you の将来の行為を決定しているのは話者であり，グラウンド内の話者に依拠する主体的概念（意志＝決定力）として前景化して存在する．助動詞 must の義務性や may の許可が話者に由来するように，"You're (not) V-ing" 形式の命令機能も話者に由来する．図 2 (b) において，話者の主体的概念（意志＝決定力）（太線の点線二重矢印）は，聞き手への命令という実効的コントロール（effective control），つまり義務的モダリティ（グラウンド内の話者 S から聞き手 H に向かう二重線矢印）となる．いみじくも，「モダリティ概念の多くが社会的相互作用において現れる（For the most part, the modal force is manifested in the realm of social interaction）（Langacker (2008: 305)）」という指摘を例証するような現象と言える．

5. 響鳴関係からみた命令用法

本節では，進行形構文の「命令」用法への発展を，対話の響鳴構造から考察する．Nesselhauf (2007, 2012) は進行形の意志用法には言及しているが，命令用法については何も言及がない．第 3 節と同様に，本節では進行形構文が命令的機能を持つようになるミクロ・プロセスを，Du Bois の対話統語論に基づき，対話における発話間の相互作用の観点から考察する．以下 (12) は，高校生の主人公 Mia と父親（Genovia 国の国王）の会話である．Mia は，王位を継承させようという父親の意向を拒絶している．(13) は，命令的機能を持つ進行形構文（実線下線部），それと響鳴関係をなす先行部分（点線下線部），さらに後続する意志用法（波線下線部）の 3 つの発話の対比である．

(12)　　"Well, what's best for me is to stay right here and finish high school," I told him. "And then I'm going to join Greenpeace and help save the whales."

My dad looked even *more* irritated at that. "You are *not* joining Greenpeace," he said.

"I am, too," I said. It was totally hard to talk, because I was crying and all, but I told him, "I'm going to go to Iceland to save the baby seals, too." (*The Princess Diaries*)

(13)

Mia 1;	I	'm going to	join Greenpeace		[意志]
Father 1;	You	are *not* -ing	join Greenpeace		[命令（禁止）]
Mia 2;	I	am,		too	[強い意志・反抗]

まず Mia 1 で，Mia は Greenpeace に入るという将来への願望を示し，父親の王位を継いで Genovia 王国の王女になる気はない意志を告げている．これに対し Father 1 で，父親は進行形構文を使って "You are *not* joining Greenpeace" と禁止する．否定副詞 not が強調され，禁止の発話意図が明確である．先行する Mia 1 の "I'm going to" 形式と対比的に父親は進行形を使い，未来の行為の実現に投射される実効的コントロール（effective control）の強さの差が強調される．Mia 1 の be going to VP 構文では，まだ VP の実現に向かう前段階（主語の意向）があるだけで事態 VP 自体は未開始状態という捉え方である．一方，父親が選択した進行形構文は，その本来の構文の意味として，事態 VP が決定されすでに準備が始まっているものと捉える概念化を表す．そうした概念構造を持つ進行形が利用されて命令という強い発話意図が伝えられている．(12) の言語形式の対比（be going to 対 be V-ing）で，父親は娘に対する自分の権威の強さを明確に示している．しかし，このすぐ後の Mia 2 の "I am, too" は，父親と同じ進行形構文を再利用して，同じ強さの実効コントロール（意志）をもって父親の権威に対抗し，その反抗的な態度が副詞 too で強調されている．

このように進行形構文 You are (not) V-ing が命令的な機能を持つ典型的な談話フレームは，先に you の指示対象である聞き手が自分の将来の意志を表明しているか，あるいはもう実際にある行為に取りかかろうとしている先行文脈が存在し，それを話者が禁止したり，別の行為を要請するという流れを持つ．以下 (14) から (17) も同様の事例である．

(14) Wife: I'm taking my son with me.
　　 Husband: You are not taking my son.

(*Scandal*, season 2, episode 19)

(15) Tinker Bell, you're not going in there.

(*Tinker Bell and the Great Fairly Rescue*)

(16)　'I'm coming with you,' she said.
　　　'You are *not*.'　　　(*Harry Potter and the Philosopher's Stone*)
(17)　(=(3) を再掲)
　　　She just looks at me, she kind of nods her head and she's going:
　　　'Auntie Lina's here again, I'm leaving.'　So she wants to go out
　　　on the balcony.　I grab her again.　'You wanna go outside?　You
　　　gotta go downstairs, but you're not going out on the balcony.
　　　Cause knowing you, you're gonna fall off.'
　　　　　　　　　　　　　　　　　　(De Wit and Brisard (2013: 75))

(14) では，これから別居する妻の「息子を一緒に連れていく」という意志
を，夫が拒絶している．妻と夫の発話は形式において響鳴関係をなす．先行
発話は妻の「意志」であるが，後続発話では行為者主語が I から You に代
入され，結果として夫から妻への「命令（禁止）」となる．主語行為者が「話
者自身 I」から「聞き手 You」に替わるという代入によって，主体的概念は
「自分の意志」から「他者への命令」へと変化し，義務的モダリティ（effec-
tive control）の創発が触発される（夫婦がお互いに "my son" と言い合う点
が，子供の親権を争点とする対立関係を明白にしている）．これは Du Bois
(2014) の言うところの，響鳴（発話間の類似性の触媒的な活性化）によっ
て，既存の言語形式（ここでは進行形構文）に新しい意味のアフォーダンス
が創造される（generating new affordances for meaning, p. 360）現象と言
えよう．(15) では，響鳴関係をなす先行発話はないが，映画の先行場面で
Tinker Bell はすでにある家に向かって走っている．(15) はすでに現実世界
で実現されようとしている行為を止めようとする発話であり，場面中に中断
させたい状況が存在する．(16) でも (14) と同様に，主語の代入（I→You）
と，肯定と否定の対比が明白である．(17) では点線下線部の対話者の発話
"I'm leaving" と，話者の推測 "So she wants to go out on the balcony" が
統合され，以下 (18) に示す複合的な響鳴関係が成立している．(B2) の命
令的な進行形は，先行する対話者の発話 (A1) と自分自身の内言 (B1) を統
合している．

146

(18)

A1;	I	'm leaving				
B1;			So	she	wants to	go out on the balcony
B2;	you	're not (go)ing				go(ing) out on the balcony

　以上のように，進行形構文の命令的用例を集めてみると，その多くに響鳴
関係をなす先行発話があり，命令的な進行形はその先行発話で表された対話
者の意志・意向を否定し禁止したり，対話者の意向とは異なる行為を要請す
るという談話フレームの存在が明白である．[8] また，命令的な用法が生じる
時，会話参与者の社会的関係は明らかな上下関係にある（教師—生徒，親—
子供，兄姉—弟妹など）．発話者は命令（禁止）という発話意図を伝達する
ために，進行形構文を利用している．進行形構文によって強い命令が伝達で
きることが言語システム，つまり文法（聞き手の側も共有する言語的慣習）
として確立していることを意味する．

6. 響鳴による分析の利点—談話構造スキーマ

　前節での対話に生じる響鳴関係の分析から，先行発話で生じた言語形式が
後続発話で「再利用」されていることがわかる．けれども，例（12）-（18）
から明らかなように，発話内行為や発話意図も同じくコピーされている訳で
はなく，主語が代入され（I→you），否定され，新たな意味・機能に変化し
ている（意志→命令）．複数参与者による対話場面において，現実に対する
各自の異なる概念化をどうすり合わせて，共通した現実把握の共有に到達す
るかという，参与者間の意味交渉（negotiation of meaning）が，既成の言
語形式の新しいアフォーダンス（新しい意味・機能）を生み出している．ま
た新しい意味・機能が生じる場合，その文脈となる談話フレームにパターン
がある可能性を，統語対話論や響鳴による分析は示すことができる．前節ま

---

　[8] 第3節の例（7）（8）において，生徒 Malfoy の "I'm not going in that Forest." という
意志表明に対し，Hagrid が "Yeh are" と省略した進行形構文で，「いや，（森へ）行くんだ」
と命令しているのも同様である．

でで考察した命令用法が生じる複数の事例から，以下（19）のような談話スキーマを抽出することができる．

(19) 進行形構文の命令用法が創発する談話スキーマ
　　　［先行発話］発話意図＝話者の意志表明

　　　［進行形構文 You're (not) V-ing］発話意図＝命令・禁止

次の（20）は（19）の談話スキーマのプロトタイプ事例と言える．17歳の高校生 Hazel とその母親の会話である．癌患者である Hazel の意志表明（実線下線部）と母親の指示・命令（波線下線部）の一連のやり取りが，進行形構文や be going to 構文などによって展開してゆく．指示的・命令的な発話意図を伝えるために，命令文がまったく使われていない点は非常に興味深い．

(20) 　"Hazel, you have to eat. Just some ch—"
　　　"No. I'm going to bed."
　　　"No," Mom said. "You're not." I glanced at my dad, who shrugged.
　　　"It's my life," I said.
　　　"You're not going to starve yourself to death just because Augustus died. You're going to eat dinner.
　　　I was really pissed off for some reason. "I can't eat, Mom. I can't. Okay?"
　　　I tried to push past her but she grabbed both my shoulders and said, "Hazel, you're eating dinner. You need to stay healthy."
　　　"NO!" I shouted. "I'm not eating dinner, and I can't stay healthy, because I'm not healthy. …" 　　(*The Fault in Our Stars*)

7. 未来から命令への文法化について

次の（21）と（22）に例示されるように，未来を表す助動詞 will や be going to も同様に，命令的な機能を持つ．

148

(21)   You will do as I say.   (Leech (2004: 88))

(22)   You're gonna take off your shoes before you come in here.

(Bybee et al. (1994: 211))

will や be going to という未来を表す形式が命令的機能を持つようになる変
化 (future → imperative) について，Bybee et al. (1994) と Leech (2004)
は，予測未来（認識的モダリティ概念）から命令が発達したとしている．一
方本論では，進行形構文においては，命令機能は意志用法から発達している
と主張している．進行形はまだ認識的な予測未来を表すまでには文法化が進
んでいないからである (It's going to rain tomorrow. / *It's raining tomor-
row.)．とすれば進行形構文と同様に，will や be going to においても主語
話者の意志を表す用法から命令用法が発達した可能性もあるのではないだろ
うか．むしろ文法化の経路として，「意志→命令」であれば実効的コントロー
ル概念内（義務的モダリティ内）での意味変化となり，理論上の疑問点は生
じない．一方，「予測未来→命令」という変化経路では，認識的モダリティ
から義務的モダリティへの変化となり，一般的に観察される法助動詞の文法
化の方向に逆行することになる．文法化・言語変化の研究において，変化が
具体的にどのようなミクロ・プロセスを経た結果なのかという問題を明らか
にするのは難しい．しかしながら，本論で援用した対話統語論の分析方法
は，文法化・意味変化の詳細を明らかにするための1つの有効な手段と言
えるだろう．

8.　おわりに

　本論では，英語の進行形構文の「意志」と「命令」を表す用例を取り上げ，
その意味・機能を対話の中から創発する当該構文のアフォーダンスとみな
し，Du Bois の対話統語論を援用して分析を試みた．また同時に，「命令」
用法については認知文法の観点から主体化現象としての説明も加えた．認知
文法の概念構造からの分析と，対話統語論の言語使用者の相互作用という観
点からの分析が，矛盾せず互いに補完し合うものであることを示した．どち
らのアプローチも，文法や言語体系が複数の発話者の相互作用から生じる動
的システムであるという言語観を共有している．

文法を，言語領域固有の認知システムではなく，一般認知能力から説明しようとするのが認知言語学である．その一方で，認知言語学は言語使用の社会的側面を軽視しているのではないか，という指摘もある．[9] Enfield (2017) は，認知言語学が基本的に "non-social" であるという．また「人間は特に他者の心（other minds）に適応的である（p. 15）」といい，多くの種が人間と類似した認知プロセスを可能とする基本的神経構造を持つが，その概念構造が公共の領域に入ることはなく（… conceptual structure does not enter the public domain, p. 16），言語記号がコミュニティーレベルで慣習化されることもなく，したがって文法化に至ることもない，と述べている．認知言語学の 1 つの重要な考え方である「使用依拠モデル（usage-based model）」における「言語使用」は，複数の言語使用者の対話場面が基本として想定されるべきであろう．1 人だけの空間で人間の一般認知能力が駆動されるのではなく，他者と共存する場で，ある伝達的目的をもって概念化もなされる．実際の言語使用が言語システム（文法）を作り出していくとするなら，その「言語使用→文法」という慣習化の過程で働いている作用・因果関係のより詳細な分析が求められる．本論で援用した対話統語論は，認知言語学が文法・意味の在り処とする言語使用者の概念化作用を，対話の相互作用性に結びつけ，補完することができるものと考えられる．

参考文献

Bybee, Joan, Revere Perkins and William Pagliuca (1994) *The Evolution of Grammar: Tense, Aspect, and Modality in the Languages of the World*, University of Chicago Press, Chicago.

De Wit, Astrid and Frank Brisard (2013) "A Cognitive Grammar Account of the Semantics of the English Present Progressive," *Journal of Linguistics* 50, 49–90.

Du Bois, John W. (2014) "Towards A Dialogic Syntax," *Cognitive Linguistics* 25

---

[9] Langacker の認知文法が，時に唯我論的（solipsistic）であると批判されるようであるが，Langacker (2008, 2009) では，グラウンドが話者と聞き手に詳細化され，その二者の相互作用（interaction）における言語使用が最も重要であると論じられている．また意味の在り処は，談話や社会的相互作用であるというスタンス（the interactive alternative）が明らかにされている（2008: 28）．

(3), 359–410.

Enfield, N. J. (2017) "Opening Commentary: Language in Cognition and Culture," *The Cambridge Handbook of Cognitive Linguistics*, ed. by Barbara Dancygier, 14–18, Cambridge University Press, Cambridge.

Hopper, Paul J. (1998) "Emergent Grammar," *The New Psychology of Language: Cognitive and Functional Approaches to Language Structure*, ed. by Michael Tomasello, 155–175, Lawrence Erlbaum Associates, Mahwah.

Huddleston, Rodney and Geoffrey K. Pullum (2002) *The Cambridge Grammar of the English Language*, Cambridge University Press, Cambridge.

Langacker, Ronald W. (1998) "On Subjectification and Grammaticization," *Discourse and Cognition: Bridging the Gap*, ed. by Jean-Pierre Koenig, 71–89, CSLI Publications, Stanford.

Langacker, Ronald W. (1999) *Grammar and Conceptualization*, Mouton de Gruyter, Berlin.

Langacker, Ronald W. (2008) *Cognitive Grammar: A Basic Introduction*, Oxford University Press, Oxford.

Langacker, Ronald W. (2009) *Investigations in Cognitive Grammar*, Mouton de Gruyter, Berlin.

Leech, Geoffrey (2004) *Meaning and the English Verb*, 3rd ed, Peason Education, Harlow.

Nesselhauf, Nadja (2007) "The Spread of the Progressive and its 'Future' Use," *English Language and Linguistics* 11(1), 191–207.

Nesselhauf, Nadja (2012) "Mechanisms of Language Change in A Functional System: the Recent Semantic Evolution of English Future Time Expressions," *Journal of Historical Linguistics* 2(1), 83–132.

Palmer, F. R. (2001) *Mood and Modality*, 2nd ed, Cambridge University Press, Cambridge.

﨑田智子・岡本雅史 (2010)『言語運用のダイナミズム——認知語用論のアプローチ』研究社, 東京.

用例出典

小説

Anne of Green Gables (L. M. Montgomery, Penguin Books)
Harry Potter and the Philosopher's Stone (J. K. Rowling, Bloomsbury)
Reflecting the Sky (S. J. Rozan, St. Martin Minotaur)
The Forgotten Garden (Kate Morton, Washington Square Press)

The Fault In Our Stars (John Green, Gale Cengage Learning)
The Love Story (Erich Seagal, Hodder & Stoughton)
The Princess Diaries (Meg Cabot, HarperCollins Publishers)

TV ドラマ

Scandal, Season 2, Episode 19. ([DVD] United States: Walt Disney Studios Home
    Entertainment)

映画

Tinker Bell and the Great Fairly Rescue (Kalafatic, Helen and Margot Pipkin (Pro-
    ducers). (2010). United States: Walt Disney Studios Home Entertainment)

五文型再考

—認知言語学の観点から—[*1]

長　加奈子

福岡大学

1.　はじめに

　日本の学校文法は，欧米，特にヨーロッパの伝統文法の流れを受け継いでいるが独自の文法項目を発展させている部分もある．その代表的なものが，いわゆる五文型である．英語を母語とする国において，英語を第二言語として学ぶ成人学習者を対象とする文法書である Murphy and Smalzer (2000)や Swan and Walter (2001) では，扱われていない項目である．この「五文型」の起源をたどると，イギリスの言語学者である Onions がまとめた "An Advanced English Syntax" (1904) にたどり着く．その概念を細江 (1917)が日本に紹介し「五文型」として定着した．しかし，英語の文型については，諸説あり，Hornby (1954) は 25 の動詞型を提示し，また Quirk et al. (1985)では，7 つの文型が提唱されている．

　そもそも文型とは，何なのか．安藤 (2005) は，「文型」という時には，文の要素の機能を考えたものと，動詞型を考えたものの 2 種類があるとする．Onions (1904) が前者で，Hornby (1954) は後者である．Onions の流れを組む日本の五文型は，文の要素の機能を考えてパターン化したものである．安井 (1988) は，五文型を「文の述語動詞の型によって決まってくる文の形を，文法的な関係を表す概念，つまり機能範疇に基づいて，五つに分類したものである（安井 (1988: 106)）」とまとめている．五文型は，以下の

---

　*　本研究は，JSPS 科研費 JP15K02686，JP18K00772 の助成を受けたものである．

　[1]　現行の学習指導要領では，「五文型」の記述はなくなり，「文構造」という表記に変わっているが，本稿では中学生，高校生向けの学習参考書において，いまだ広く「五文型」という表記が用いられていることから，「五文型」という用語を使用する．

(1) のように分類される.

(1) 第1文型　主語＋動詞
　　第2文型　主語＋動詞＋補語
　　第3文型　主語＋動詞＋目的語
　　第4文型　主語＋動詞＋間接目的語＋直接目的語
　　第5文型　主語＋動詞＋目的語＋補語

　しかしこのような文の要素の機能をとらえた五文型は，英語学習者にとっては極めて抽象的な概念で，分かりづらい．さらに佐藤・田中（2009）は，五文型を支える「目的語」や「補語」という用語が整合性を持たないと主張している．例えば，第4文型の間接目的語と第5文型の目的語の違いや，目的語において何が「間接」なのかが明らかではなく，また，五文型が英語の実態を表象するものではなく，問題があることを主張している．また，そもそも何の為に五文型を指導するのか，学習者の英語力向上に寄与しているのかという点でも疑問があがっている（Yano（1996））．

　そこで本稿は，五文型を「英語の出来事のとらえ方を教える枠組み」としてとらえ直し，日本における学校英語教育において，五文型を教える意義について考える.

2.　日本語と英語の出来事のとらえ方

　日本語と英語は，使われている文字や語順，文法の制約以上に，出来事のとらえ方が異なることが様々な研究者により指摘されており，古くは佐久間（1941）までさかのぼる．佐久間（1941）は日本語と英語の違いについて，次のように述べている.

(2) （略）日本語ではとかく物事が「おのずから然る」やうに表現しようとする傾を示すのに對して，英語などでは，「何物かゞ然する」やうに，さらには「何物かにさうさせられる」かのやうに表現しようとする傾を見せて（略）.　　　　　　　（佐久間（1941: 214））

この考えは，その後，国広（1974a, b），Kunihiro（1974）や池上（1981, 2006）に引き継がれながら1980年代以降の認知言語学へとつながっていく.

認知言語学は，言語には使用者である我々人間が持つ認知能力が反映されていると考え，我々の身体感覚に起因する能力に基盤を置き，言語の体系的な記述を行っている．つまり言語は，言語使用から切り離された抽象的なルールによって生成される文の集合体ではなく，言語を使用する我々と認知的要因が密接に絡み合い，創発されたものである．そのため，地球上に存在する様々な言語に特有の出来事のとらえ方と言語を切り離すことはできない．さらにこのような出来事に対する認知的なとらえ方の違いが，文法に現れていると考えられる．

このような観点から，外国語学習をとらえなおすと，外国語学習では，単なる語彙や文法ルールだけでなく，学習対象言語特有の事態のとらえ方も学習する必要があると言える．特に日本語と英語のように，大きくかけ離れた言語間では，学習者が身につけるべき出来事のとらえ方も，母語と対象言語で大きくかけ離れていることは容易に想像ができる．そしてそれは，「文法的ではあるが英語としては不自然な表現」として出現することになる．例えば，日本語話者が，英語圏で以下のような場面に遭遇した場合，(3b) や (4b) のような自然な英語ではなく，(3c) や (4c) のような表現になるだろう．

(3) 〔道に迷って尋ねるとき〕
    a. ここはどこですか．
    b. Where am I?〔直訳：私ハドコニイマスカ．〕
    c. Where is here?〔(3a) の直訳〕
(4) 〔財布を取られたことを届け出て〕
    a. 財布を盗まれました．
    b. Someone stole my wallet.〔直訳：誰カガ私ノ財布ヲ盗ミマシタ．〕
    c. My wallet was stolen.〔(4a) の直訳〕

(池上・守屋 (2009: 18))

(3c) も (4c) も文法的な文であるが，英語母語話者は使わない．「表現の好み」という言われ方もするが，ここには英語特有の出来事のとらえ方が現れている．池上・守屋 (2009) はこの出来事のとらえ方を「事態把握」と呼び，「〈発話〉に先立つ〈認知〉の営み（池上・守屋 (2009: 6))」であり，出来事を言語化する際に出来事のどの部分を，また，どのように切り取るのかとい

う出来事の見方であるとする.

池上（1981）は，このような日本語と英語のとらえ方の違いを，〈もの〉と〈こと〉という2つの概念を用いて説明している.「〈もの〉は〈個体〉中心的な見方から生み出されるもの（池上（1981: 257））」であり，我々の存在する外界には，〈もの〉としてとらえられがちな対象物が存在する．その一方,「〈こと〉は〈全体的状況〉中心的な見方から生み出されるもの（池上（1981: 257））」で，春の到来のように〈こと〉としてとらえられがちな状況がある．しかし，〈もの〉としてとらえられがちな対象物を，それを含んだ状況，つまり〈こと〉としてとらえることも可能であるし，逆に〈こと〉としてとらえられがちな状況を，その状況の中から出来事の参与者に焦点を当て，〈もの〉と〈もの〉の関係としてとらえることも可能であるとする．例えば，（5）ではそれぞれの文が表している状況は同じであるが，英語は出来事の中の参与している対象物に焦点を当て，〈もの〉と〈もの〉との関係として表現している．その一方，日本語は，メアリーをあたかも場所のようにとらえ，その場（メアリーという場）に存在する〈こと〉として出来事をとらえている.

(5) a. Mary has three children.
　　 b. メアリーには，子どもが3人いる.

日本語を母語とする英語の初学者は，（5b）の日本語に対して，存在を表す構文である there 構文を使いたがるかもしれない．しかし英語は出来事を〈もの〉と〈もの〉の関係としてとらえる特徴があるため，存在構文ではなく，第3文型を用いて表す.

このような英語と日本語の特徴について，池上（2006）は以下の図を用いて説明している.

表現内容 ＼ 表現形式	〈存在〉	〈所有〉
〈存在〉	この部屋には窓が2つある	This room has two windows.
〈所有〉	私には子どもが2人いる	I have two children.
	〈BE 言語〉	〈HAVE 言語〉

図1　日本語と英語の拡張の違い（池上（2006: 165）図6-1より）

池上（1981, 2006）は，英語は〈HAVE 言語〉であるため，所有表現を存在へと拡張して使うという特徴を持ち，一方，日本語は〈BE 言語〉であるため，存在表現を拡張して所有を表す際に使用する．つまり〈HAVE 言語〉である英語は，〈もの〉と〈もの〉の関係に着目し，〈BE 言語〉である日本語は出来事を〈こと〉としてとらえ表現しており，このような出来事のとらえ方が表出しているのが文法であると言える．そして日本のように学習対象言語との接触が大変貧弱な環境にいる学習者に対しては，出来事のとらえ方の違いというものは明示的に提示する必要があるだろう．

3. 五文型と英語教育学研究

英語教育学研究において，五文型について議論した研究はそれほど多くない．その1つの理由が，五文型が日本という限られた環境で使用される文法項目であることがあげられるだろう．五文型に関する研究で代表的なものは，文型の数に関する議論である．池上（1991）が指摘しているように，五文型は括りが大きすぎ，文法的な振る舞いが異なる動詞が1つの文型に入ってしまう．例えば，第3文型では，受動文にすることができる動詞も，そうでない動詞も同じ文型として分類される．また，Quirk et al.（1985）や安藤（2005）も細かく分類する必要性を説き，それらの主張を受け，谷（2010）は基本五文型に加え，あらたに7つの拡張型を加え，拡張五文型を提案している．

また，学習者の五文型の理解度や指導法に関する研究も見られる．柳川（2016）は，日本で学ぶ大学生がどの程度五文型というものを理解し，判別できるかについて調査している．さらに黒岩（2010）は，五文型の知識と英文理解について相関があるかどうか調査し，五文型の知識を有する学習者の方が和訳課題の得点が高いという，有意な相関を報告している．その一方，Yano（1996）は，文型識別と意味理解の2つのテストを実施した結果，第4文型と第5文型においては，文型理解が必ずしも意味理解につながらないということを報告し，その結果を受け，金谷（2002）は，そもそも五文型を教える必要があるか疑問を呈している．

さらに，言語学の知見を新たに五文型に取り込もうという試みもある．例えば，橋本（2012）は，第4文型と与格構文を，認知言語学の道具立てを用

いて，概念化者を含めた形で図式化することで学習者の理解が深まる可能性があることを示唆している．また，金澤（2003）は，make＋NP1＋NP2という連鎖において，NP2にどのような単語がくるかによって，第4文型となったり第5文型になったりする曖昧さを指摘し，現在の五文型の区分は不十分であることを主張している．同じことは別の動詞でも言える．

(6) a. Call me a taxi.
    b. Call me John.

(6) はどちらも call＋NP1＋NP2 という連鎖である．しかし，(6a) は第4文型に分類されるが，(6b) は第5文型に分類される．これは文型そのものが意味を規定しているのではなく，NP2に入る単語の意味に関して話者が有している百科事典的知識から，動詞の後に連続する2つのNPの関係性を導き出し，どちらの文型で解釈するかの違いであると言えるだろう．Yano（1996）や金谷（2002）が，五文型の知識は学習者の意味解釈に寄与しない，という所以である．このような第4文型と第5文型の持つ曖昧さから，金澤（2003）は第4文型と第5文型という2分割をやめ，Goldberg（1997）の構文文法の枠組みを用いてより詳細に記述した方が良いとする．

　これまでの研究では，そもそもなぜ五文型を学校教育の現場で教え続けるのか，という根本的な疑問は解決出来ていない．池上（1991）や金澤（2003）が指摘するように，より詳細に記述してしまうと，複雑化してしまって，学習者の負担が大きくなるだけである．では，金谷（2002）が言うように，文型は不要なのだろうか．本稿では，五文型を意味理解に寄与するものではなく，英語の出来事のとらえ方をパターン化したものととらえ，日本語を母語とする英語学習者にとって有用であることを主張する．

4. 五文型再考

　Yano（1996），金谷（2002）が指摘するように，五文型は，意味理解に貢献する概念とは言いがたい．むしろ出来事のとらえ方，出来事のどこを取り上げるか，どのように言語化するかの枠組みであると考えられる．本節では，五文型を，英語の出来事のとらえ方を学習者に明示的に提示する枠組みであると位置づけ，学習者に提示する教授法について議論する．

4.1. 第3文型

池上 (1991) が指摘するように，英語は出来事から〈もの〉を取り上げ，〈もの〉と〈もの〉の関係を描写する言語である．そう考えると，主語＋動詞＋目的語から構成される第3文型は，出来事から2つの〈もの〉を取り上げ，それらの関係を表していると言える．つまり，英語の出来事のとらえ方を如実に反映した，プロトタイプと言っても良いだろう．

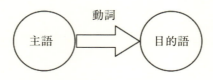

図2　第3文型

行為者である主語から受け手である目的語に対して，エネルギーの流れが存在し，そのエネルギーの流れを動詞で表現していると考えられる．

(7) a. Mary studies English every day.
 b. Mary teaches English at a junior high school.

例えば，(7) は両方とも出来事の中から Mary と English を取り上げている．そしてその2つの〈もの〉の間の関係性を動詞で表現している．

動詞で表現されるエネルギーの流れは，eat や put のような物理的なエネルギーを伴うものから，love や know のように精神的なエネルギーの流れを伴うものまで存在する．池上 (1991) が指摘するような文法的な振る舞いの違いは，エネルギーの流れの性質の違いであり，出来事のとらえ方の違いではない．出来事から2つの参与者を取り出し，その2つの〈もの〉の関係，エネルギーの流れを動詞で表現しているのが第3文型であると言える．

4.2. 第4文型

第4文型は，主語＋動詞＋目的語1＋目的語2と，動詞の後に NP が2つ連続する文型である．第4文型を考える際に，常に問題となるのが第3文型である与格構文である．この2つの構文は，同じ出来事を表すことができる．しかし常に書き換えが可能かというと，そうではない．Langacker (1991) は (8), (9) のような与格交替の非対称性をあげ，第4文型と呼ばれ

る二重目的語構文では，動詞の行為による移動物の到達点，つまり受け手が有生物でなければならないという制約があるとする．

(8) a. I sent Harvey the walrus.
　　b. *I sent Antarctica the walrus.
(9) a. I sent the walrus to Harvey.
　　b. I sent the walrus to Antarctica.

二重目的語構文では，動詞の後に続く2つの名詞句の間に所有関係が存在するというところまでを意味しているため，(8b) の場合は，Antarctica が the walrus を所有できないため，非文法的な文になるとする．

　この非対称性や動詞の後の2つの名詞句の語順の違いに着目し，川瀬 (2004) は，2つの構文では，出来事を言語化する際の話者の認知のあり方，つまり出来事のとらえ方が異なると主張する．2つの構文において間接目的語および直接目的語として言語化される参与者の語順が入れ替わっている点に着目し，2つの構文では概念化者の出来事のとらえ方が異なっていると主張している．つまり，二重目的語構文は「O_1，O_2 として実現される参与者の関係を参照点関係としてとらえ，その関係を引き起こした参与者の方にスコープを拡張し全体ととらえる（川瀬 (2004: 395)）」事態把握を行っており，to 与格構文は「S，O_2 として実現される参与者の関係に注目し，その結果影響を受ける参与者にスコープを広げ，全体をとらえる（川瀬 (2004: 397)）」事態把握を行っていると説明している．

　この観点から，第4文型と第3文型である与格構文を比較してみる．

(10) a. I handed her a book.
　　 b. I handed a book to her.

(10a) は，図3に示すように，出来事の中から "her" と "a book" の間の関係を出来事1としてまずとらえ，そしてその両者の関係を引き起こしている参与者を出来事から引き出し，出来事1とそれを引き起こした参与者という関係で出来事2をとらえていると言える．

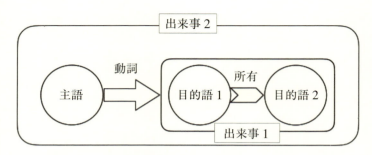

図3　第4文型

一方，(10b) は，図4が示すように，出来事の中から "I" と "a book" を取り出し，2つの〈もの〉の関係を "handed" という動詞で表している．そして，"a book" に "I" からエネルギーを加えられた結果，"a book" は移動し，移動の方向性を前置詞で，そしてその移動先を "her" で表現している．[2] つまりエネルギーの出発点から，エネルギーの流れに沿って言語化が行われるのが与格構文である．

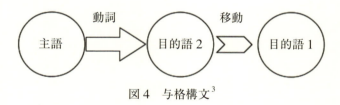

図4　与格構文[3]

与格構文において，目的語1はエネルギーの到達点であるため，(11) のような純粋な移動構文もまったく同じ文型で表すことができる．

(11)　John put a book on the table.

図3および図4で示したように，同一の出来事であっても，出来事の参与者のくくり出し方が異なるため，二重目的語構文と与格構文で目的語1と目的語2の位置が入れ替わるのも，出来事のとらえ方の違いが反映された結果

---

[2] ここで言う「移動」とは (10b) のような物理的な移動だけではなく，I bought a book for her. で表され「所有権」のような非物理的な移動も含んでいる．

[3] 第4文型の目的語に合わせ，図4では，動詞の直後に来る名詞句目的語を「目的語2」と，前置詞の後にくる名詞句を「目的語1」と表している．

であると言える．さらに，とらえ方の違いは，有生性の制約の有無をも生じさせる．第4文型である二重目的語構文には，目的語1と目的語2の所有関係が含意され，目的語1には有生性の制約が発生する．一方，第3文型である与格構文は，目的語1は単に，移動の終着点であるため，有生・無生関係なく用いることが可能であるし，目的語1が目的語2を所有していなくても用いることができるのである．

このように考えると，第4文型は図5が示すように，第3文型の派生形であると言えるだろう．

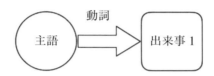

図5　第3文型の派生形としての第4文型

第4文型は目的語1と目的語2の間に生じる所有関係を1つの出来事として大きなかたまりとして取り上げ，別の〈もの〉である主語との関係性を言語化している文型である．

4.3. 第1文型・第2文型

第3文型，第4文型は2つの〈もの〉の関係を表している文型であるが，世の中の出来事には必ずしも2つの〈もの〉が関与しなくても良い出来事もある．出来事の参与者が1つで完結する出来事であったり，参与者そのものの性質や属性，状態変化について描写するような場合である．

(12) a. Everyone laughed loudly.
　　 b. The students kept quiet.
　　 c. My sister is a famous singer.

(12) はすべて主語で表されている〈もの〉について描写しており，主語以外の〈もの〉へのエネルギーの伝達は存在しない．(12c) も主語である "my sister" が表すものと "a famous singer" は同一のものを指している．このように考えると，(12a) が表す第1文型は，図6のように，そして (12b) (12c) が表す第2文型は図7のように示すことができるだろう．

図6　第1文型　　　　　図7　第2文型[4]

4.4. 第5文型

　第5文型も，第4文型と同じようにとらえることが可能である．一般的に，第5文型の補語は，目的語を説明する語句であるとされる．学校現場では，「動詞の後に第2文型が隠れている」という説明がなされる場合もある．

(13)　a.　Mike painted the wall green.
　　　b.　They called the baby John.
　　　c.　The song made us sleepy.

(13)の関係は，すべて図8にまとめることができる．

図8　第5文型

第4文型で，目的語1と目的語2の所有関係を主語が引き起こしたように，第5文型では，目的語と補語の関係を主語が引き起こすと考えることができる．そのため，第5文型は，目的語に新たな名前や役割を付与したり，目的語の状態を変化させたりするような動詞と相性が良いと言うことができる．

---

　[4] 第2文型は，参与者の属性や性質の描写，また状態変化を表しているため，エネルギーの伝達は存在しない．そのため，図7では，矢印を使わずに四角の連続体で表記している．

5. 教育への示唆

　第4節では，出来事のとらえ方と五文型の関係を見てきた．5つの文型はいわゆる「意味」を表しているのではなく，5つの出来事のとらえ方を表していると言える．その為，Yano（1996）や金谷（2002）が指摘するように，意味の理解には直接的な寄与はしないだろう．しかし，英語特有の出来事のとらえ方を身につけずして，英語らしい描写は不可能である．その意味で，五文型を日本語を母語とする英語学習者に教えることは決して意味がないことではないし，無駄ではない．

　学校現場において五文型を導入する際は，文の要素が少ない第1文型から始め，順番に第5文型まで扱うのが一般的である．しかし本研究は第3文型からスタートし，第4文型，第1文型と第2文型，そして最後に第5文型を教えるという順番を提案する．これは英語の出来事のとらえ方のプロトタイプである第3文型を中心に，拡張する方向性に合わせて学習者に提示するというアプローチである．

　英語の出来事のとらえ方は，〈もの〉と〈もの〉の関係性をとらえた第3文型が基本であり，プロトタイプである．そして，第4文型，第5文型は第3文型の2つ目の〈もの〉の部分に別の出来事を組み込んだ，拡張型であると言える．また第1文型と第2文型は，出来事に参与する〈もの〉が1つしか存在しない自己完結型であり，2つの〈もの〉の関係として出来事をとらえる英語の典型的な出来事のとらえ方から外れている．その為，まずプロトタイプである第3文型を教え，次に，第3文型で表される出来事を組み込んだ第4文型と続くのが自然だろう．第5文型は，第2文型を組み込む形で拡張が行われているため，第4文型に続き，自己完結型の出来事である第1文型，第2文型を扱い，最後に，第2文型を組み込み拡張された第5文型に進むのが拡張の方向性に沿った教授順序であると考える．

　五文型を教授する際に，とかく文の要素や文型を正しく指摘することができるかどうかに焦点が当てられがちである．しかし，五文型は出来事をどのように切り取るか，に関わるため，むしろ speaking や writing において，学習者が出来事を正しく切り取れているか，に焦点をあてるべきだろう．

6. おわりに

これまでの五文型に関する議論や学校現場での教育内容の中では，五文型を文の要素の組み合わせのパターンとしてとらえていた．しかし本稿では，五文型を英語の出来事のとらえ方をパターン化したものとして解釈をしなおした．

日本の英語教育に特有の文法事項である五文型は，とかくその有用性について批判を浴びやすかった．しかし出来事のとらえ方が英語とは異なる日本語を母語とする学習者にとって，五文型ほど，英語の出来事のとらえ方を文法に関連づけて示したものはない．おそらく先人達は，直感的にその有用性を感じていたが故に，批判を受けつつも，長い間，日本の英語教育現場に残ってきたものと考えられる．

近年，英語の発信力を重視する世論の高まりを受け，学校教育の現場において，speaking や writing 教育の比重が高まってきている．英語特有の出来事のとらえ方を身につけないままでは，いわゆる「文法的であるが，英語らしくない英語」を産出してしまう．今こそ，五文型が示しているものを，再度，見直す時期だろう．

参考文献

安藤貞雄（2005）『現代英文法講義』開拓社，東京.

Goldberg, Adele E. (1997) "The Relationships between Verbs and Constructions," *Lexical and Syntactical Constructions and the Construction Meaning*, ed. by Marjolijn Verspoor, Kee Dong Lee and Eve Sweetser, 383–398, John Benjamins, Amsterdam.

橋本美喜男（2012）「英語の基本語順の指導に関する一考察——認知言語学の視点から——」『大分大学教育福祉科学部研究紀要』第 34 巻，101–114.

Hornby, Albert S. (1954) *A Guide to Patterns and Usage in English*, Oxford University Press, London.

細江逸記（1917）『最新英文法汎論』文會堂書店，東京.

池上嘉彦（1981）『「する」と「なる」の言語学——言語と文化のタイポロジー』大修館書店，東京.

池上嘉彦（1991）『〈英文法〉を考える——〈文法〉と〈コミュニケーション〉の間』筑摩書房，東京.

池上嘉彦（2006）『英語の感覚・日本語の感覚——“ことばの意味”のしくみ』日本放送出版協会，東京.

池上嘉彦・守屋三千代（編著）（2009）『自然な日本語を教えるために——認知言語学をふまえて』ひつじ書房，東京.

金澤俊吾（2003）「言語学的見地からの英語教育における文法指導に関する一考察」『岩手県立大学宮古短期大学部研究紀要』第 14 巻，90-103.

金谷憲（2002）『英語授業改善のための処方箋——マクロに考えミクロに対処する』大修館書店，東京.

川瀬義清（2004）「事態の認知プロセスと構文——二重目的語構文を例に——」『言葉のからくり』，河上誓作教授退官記念論文集刊行会（編），389-402，英宝社，東京.

国広哲弥（1974a）「人間中心と状況中心——日英語表現構造の比較——」『英語青年』119 (11)，688-690.

国広哲弥（1974b）「日英語表現体系の比較」『言語生活』270 号，46-52.

Kunihiro, Tetsuya (1974) "Culture and System of Expression in Patterns: A Contrast of English and Japanese," *Proceedings of a U.S.-Japan Sociolinguistics Meeting*, ed. by Bates Hoffer, 46-52, Trinity University, San Antonio, TX.

黒岩裕（2010）「フォーマル・スキーマとしての 5 文型と英文理解」『青山學院女子短期大學紀要』第 64 輯，159-168.

Langacker, Ronald W. (1991) *Foundations of Cognitive Grammar*, vol. 2, Stanford University Press, Stanford.

Murphy, Raymond and William R. Smalzer (2000) *Grammar in Use: Intermediate*, 2nd ed., Cambridge University Press, Cambridge.

西嶌俊彦（2016）「文型論と英語教育」『四国大学紀要　人文・社会科学編』第 46 号，97-108.

Onions, Charles T. (1904) *An Advanced English Syntax*, Routledge & Kegan Paul, London.

Quirk, Randolph, Sidney Greenbaum, Geoffrey Leech and Jan Svartvik (1985) *A Comprehensive Grammar of the English Language*, Longman, London.

佐久間鼎（1941）『日本語の特質』育英書院，東京.

佐藤芳明・田中茂範（2009）『レキシカル・グラマーへの招待——新しい教育英文法の可能性——』開拓社，東京.

Swan, Michael and Gatherine Walter (2001) *The Good Grammar Book*, Oxford University Press, Oxford.

谷光生（2010）「五文型と五文型 plus」『宇都宮大学教育学部教育実践総合センター紀要』第 33 号，337-344.

柳川浩三（2016）「大学生は『五文型』を理解しているのか」『関東甲信越英語教育学会誌』第 30 号，15-28.

Yano, Jun (1996) "The Usefulness of the Five Sentence Patterns in Understanding English," *Leo* 25, 43-66, 東京学芸大学大学院英語研究会.

安井稔 (1988)『英語学と英語教育』開拓社, 東京.

Reanalyzing Japanese Sentence-Final Particles *Yo* and *Ne*: In Light of Verhagen's Theory of Intersubjectivity

Chiharu Nakashima
Fukuoka Jo Gakuin University

1. Introduction

In this paper I propose an analysis of Japanese sentence-final particles *Yo* and *Ne* in terms of intersubjective interaction between the dialogue participants, namely, the speaker and the hearer. The use of the two sentence-final particles is one of the most salient features in Japanese spoken dialogues. They appear only in spoken dialogues, and are not found in written texts. In fact, *Yo* and *Ne* are used extremely frequently, and in some cases they are even obligatory for natural utterances. For instance, if someone wants to say, "Fukuoka is a great place" in Japanese, the literal translation is "Fukuoka-wa ii tokoro-da" as in (1a). However, as a conversational utterance, this would sound awkward, and without adding *Yo* or *Ne*, it will sound as if the person were talking to herself (Hirose (2010: 74)). Thus, in order to sound natural as a dialogue participant, we need to add a sentence-final particle either *Yo* or *Ne* as in (1b) or (1c); or use another sentence-final particle "desu" to express formality and make it polite.

(1) a. Fukuoka-wa   ii tokoro-da
       Fukuoka-TOP   great place-be[1]

---

[1] In this paper, I use the following abbreviations: TOP (topic), SFP (sentence-final particle), F (formal), ACC (direct object of transitive verb). In the examples given by other scholars, I follow their original abbreviations: in example (3), QM (question marker), SF (sentence-final particle); in example (4), Q (question marker).

b. Fukuoka-wa   ii tokoro-da   *yo*
    Fukuoka-TOP   great place-be   SFP
c. Fukuoka-wa   ii tokoro-da   *ne*
    Fukuoka-TOP   great place-be   SFP

In general, when the speaker assumes that the hearer is in a different cognitive state from the speaker, *Yo* is added. On the other hand, when the speaker presupposes that the hearer shares the same information with her, *Ne* is added (Hirose (2010: 88)). Therefore, a person talking with his friend who has never been to Fukuoka will add *Yo* as in (1b), because the speaker would presuppose that his friend has no idea about the city. Later, when the friend visits the city and finds the place great, she will add *Ne* at the end of the utterance as in (1c). The general accounts, however, do not always explain the difference in the use of the two sentence-final particles. The following are some examples of the cases where *Ne* is added at the end in spite of the fact that the information is not shared by the hearer.

(2) a. Mrs. Little: Atarashii yofuku-wo   soroe-masho *ne*
                      new wardrobe-ACC   buy-will-F   SFP
         "We'll pick out a whole new wardrobe." (*Stuart Little* (1999))
    b. Mr. Koreeda: Otona mesen-de   totte-masu   *ne*
                       adults eyes-through be filming-F   SFP
         "I'm filming the kids through the eyes of adults."
         (https://www.youtube.com/watch?v=J37rGvgRUG4, 3rd May, 2017)
    c. Mr. Kuryu: Yurusenai-desu   *ne*
                    cannot forgive-F   SFP
         "I cannot forgive."   (*Hero* (2001))

Example (2a) is from the Japanese translation of the script of *Stuart Little*, an American movie. Here, Mrs. Little is suggesting to her son Stuart that they should go shopping for clothes. Naturally, the mother does not presuppose that her son shares the information with her when she utters (2a). In spite of that, she adds *Ne* at the end of her utterance. In addi-

Reanalyzing Japanese Sentence-Final Particles *Yo* and *Ne* 169

tion, by adding *Ne* her suggestion sounds softer and positive politeness such as friendliness is indicated. The indication of positive politeness has been pointed out by Kamio (1992: 66) and Ikeda (1995: 103).

In (2b), Hirokazu Koreeda, a Japanese film director, is being interviewed about his latest movie, *Like Father, Like Son*. Answering the question about how he directed his prize-winning work, he says that the new one is different from the previous drama, *Nobody Knows*, in the sense that he filmed it through the eyes of adults. That is, the film director is giving new information to the interviewer. Nevertheless, he adds *Ne* at the end of his answer, which does not follow the general accounts of the use of *Ne*. Furthermore, by adding *Ne*, the director sounds as if he was commenting on someone else's directing, which results in making his utterance sound more or less objective. Actually, this usage of *Ne* abounds in interview programs.

Example (2c) is from a popular TV drama series. Here, Mr. Kuryu, a public prosecutor, is examining a female suspect, who committed several marriage frauds. Seeing that the suspect has no sense of either regret or guilt, Mr. Kuryu, a hot-blooded guy, tells her that he cannot forgive what she has been doing. Obviously, the proposition "not being able to forgive what the suspect has done" is not shared by the hearer, the suspect. Still, Mr. Kuryu adds *Ne* to his statement. Furthermore, in (2c), by adding optional *Ne*, his utterance has become a strong assertion, sounding determined and unyielding. The aspect of strong assertion has been also pointed out by Kato (2001), Katagiri (2007) and others.

As shown above, not a few cases are found to be anomalous for the general accounts of *Ne*. This leaves two questions. First, why do the speakers choose *Ne* in spite of the fact that they do not presuppose the hearer shares the information? Second, how are the effects such as positive politeness, objectivity or strong assertion made possible by adding *Ne*? To answer these questions, this paper proposes hypotheses based on Verhagen's construal configuration, and based on the hypotheses the paper gives explanations to the use of *Yo* and *Ne*, including the above anomalous cases for the general accounts. Then, pointing out a strategic aspect of the use of *Ne*, the paper examines how the hypotheses can be applicable to explain those effects added by the use of *Ne* in (2a), (2b) and (2c): positive politeness, objectivity and strong assertion. In this paper, therefore, the discussions are focused mainly on the use of *Ne*. In addition, we will not deal with sentence-final intonational patterns since this subject is too complicated to be treated here in detail.

This paper is organized as follows. In section 2, previous studies are briefly examined. Next, in section 3, Verhagen's theory is introduced, based on which the hypotheses of this paper are proposed. In section 4, based on the hypotheses of this paper, an account of the anomalous cases is offered. In section 5, data collected from interview programs and movie scripts are shown; the findings are analyzed based on the hypotheses of the paper.

2. Previous Studies

In this section previous studies are briefly shown and examined.

2.1. Kamio (1994)

In the theory of territory of information, Kamio (1994) explains that *Yo* is used if a piece of information falls within the speaker's territory of information; in contrast, *Ne* is argued to be used if the information falls within the hearer's territory of information. Kamio also points out that positive politeness can be indicated by adding *Ne* in cases such as (3).

(3) S: Kore, ikura   desu ka?
         this how-much is-F   QM
         "How much is this?"
     H: Gohyaku-en   desu ne.
         500   yen   is-F   SF
         Lit. "(It) is 500-yen."   (Kamio (1994: 97))

In (3), although the price is not known to the hearer until it is informed, it is also possible to add *Ne*. Kamio correctly points out that in this type of optional use of *Ne*, politeness, friendliness or an emotional affinity with the hearer is added to the utterance (1992: 66). The problem with

Kamio's explanation, however, is that it does not clearly show either how the theory of territory is related to the optional use of *Ne* or how such an effect of positive politeness is possible.

2.2. Takubo and Kinsui (1997)

Takubo and Kinsui, in the theory of discourse management, propose two elements in a mental discourse domain: I-domain (indirect domain), linked to temporary memory, and D-domain (deictic, direct domain), linked to permanent memory (1997: 742). They argue that *Ne* is added when the speaker is in the process of incorporating an assumption from the I-domain into the D-domain, verifying the assumption to confirm it (754). On the other hand, *Yo* is used to trigger inferences rather than to imply or inform the content of the proposition (756). The following is one of the cases about which the use of *Ne* is explained by the theory.

(4) A: ima   nanji   desu-ka
         now   what time   is Q
         "What time is it now?"
     B: eeto, 3 ji   desu-*ne*
         well 3-o'clock   is-SFP
         "Well, it's 3 o'clock.   (Takubo and Kinsui (1997: 755))

In (4), according to the theory, the speaker B is in the process of verifying the assumption "it is 3 o'clock." In other words, some sort of self-confirmation or mental computation is involved here, and therefore, *Ne* is used. Although the theory seems to be plausible with the case in (4), it cannot give a full account of the cases raised in (2). Furthermore, it might not be difficult for us to find other anomalies with respect to their theory. For example, consider a case in which a student answers the same question as in (4) in the classroom. Obviously, while the student is engaged in mental computation, it would not be suitable for him to answer with *Ne* (Oohama (1996: 276)). The theory of discourse management would not give any explanation to this.

172

2.3. Katagiri (2007)

Katagiri (2007) analyzes the use of *Yo* and *Ne* in terms of their functions in dialogue coordination. He argues that Japanese sentence-final particles indicate the speaker's state of acceptance about information. That is, when *Yo* is added, the proposition is presented as something the speaker has accepted; when *Ne* is added, the proposition is presented as something the speaker has not yet fully accepted. Therefore, in (5a) below, Katagiri claims, the speaker is presenting her own plan as something she is not fully sure about.

(5) a. Ginkou-he ittekimasu *ne*
       bank- to   go   SFP
       "I am going to go to the bank."   (Katagiri (2007: 1315))

   b. Joya-wa arukiyasusa-wo tsukutte kureru kutsu-desu *ne*
      "Joya are shoes that make the walking easier."

Example (5a) is a statement about the speaker's future plan, which should be most evident for the speaker herself. Nevertheless, the speaker presents it as something she has not yet totally decided. She does this in order to sound as if she were asking confirmation of the hearer's acceptance, or to make her statement tentative and polite (Katagiri (2007: 1318)).

Katagiri's argument is highly suggestive in that he considers the function of *Yo* and *Ne* in terms of dialogue coordination. In addition, he incorporates the idea of semantics of presentation.[2] However, his theory of the speaker's state of acceptance about information will not be applicable to such cases as in (5b). Example (5b) is from an advertisement, in which a doctor is commenting on the excellent quality of the shoes, Joya, and recommending them to the readers. If we follow Katagiri's theory, the doctor's comment is presented as something the doctor has not yet fully accepted. However, if the doctor has not yet fully accepted the high quality of the shoes, how can he, as a specialist, recommend them to the

---

[2] Honda (2006) argues that it is essential to consider the "semantics of presentation" when we understand the use of expressions. That is, when the speaker presents the situation to the hearer, s/he takes into account how the hearer would receive the utterance, which effects the way the speaker views the situation and presents to the addressee.

readers?

Much research has been conducted on the issue of the use of *Yo* and *Ne*, and several theories have been proposed in order to explain their usage. None of them, however, seems to give a full account of the cases raised in (2) above. We need a theory that can explain a wider range of cases. To do so, I propose the hypotheses for this paper based on Verhagen's theory of intersubjectivity, and show how they can explain the use of *Yo* and *Ne* including the anomalous cases shown in the introduction.

3. Verhagen's Theory and the Hypotheses of this Paper

In this section, Verhagen's theory of intersubjectivity is introduced, based on which the hypotheses of this paper are proposed.

When human beings learn about the world, they "learn about the world 'through' others, and not only via their personal interaction with the environment (Verhagen (2005: 3))." Thus, in regard to the analysis of linguistic phenomena, Verhagen, emphasizing the importance of humans' ability to take into account other minds in relation to an object of conceptualization and to engage in deep cognitive coordination with others, maintains as follows:

> For a range of linguistic phenomena which are arguably quite basic ... it can be demonstrated that connecting, differentiating, and 'tailoring' the contents of points of view with respect to each other (rather than organizing a connection to the world) is essential for understanding their semantics and, perhaps surprisingly, their syntax.
>
> (Verhagen (2005: 4))

Accordingly, in his construal configuration, he proposes two conceptualizers as the "ground," namely the speaker and the hearer, who take part in conceptualizing the situation. The speaker assumes the hearer's viewpoint, based on which s/he invites the hearer to jointly attend to an object of conceptualization in some specific way and coordinate conceptualization. As a result, through the joint attention and coordination of conceptualization, the participants in a discourse update the common ground between the two and increase the amount of their common knowledge. This is illustrated in Figure 1 as follows.

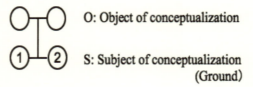

Figure 1　The Construal Configuration and its Basic Elements
(Verhagen (2007: 60))

In Figure 1, the ground consists of conceptualizer 1 (C1), the speaker, and conceptualizer 2 (C2), the hearer. The vertical line between the two conceptualizers and the object of conceptualization indicates "joint attention," and the horizontal line between the two conceptualizers represents "coordination relation."

In this paper, Japanese sentence-final particles, *Yo* and *Ne,* are both regarded as a means of establishing joint attention, updating the common ground between the two interlocutors and increasing the amount of their common knowledge. The two particles, however, differ from each other in respect to how the joint attention is established. Based on these premises and the construal configuration elaborated by Verhagen, the hypotheses of this paper are proposed as follows.

The Hypotheses
Yo:　The speaker invites the hearer to jointly attend to the proposition held by the speaker and to coordinate the hearer's conceptualization accordingly.
Ne:　The speaker presents herself as jointly attending to the proposition held by the hearer and coordinating her own conceptualization in line with that of the hearer.

The construal configurations for *Yo* and *Ne* are depicted as in Figure 2. The bold lines indicate the parts profiled; that is, the elements where focus of attention is put.

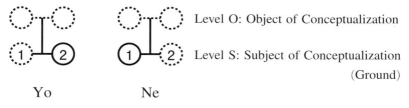

Figure 2   The Construal Configuration of *Yo* and *Ne*

As illustrated in Figure 2 above, in the case of *Yo*, the parts that are profiled are: joint attention towards the proposition at level O, which is indicated by the vertical line between Level O and Level S; coordination of the hearer's conceptualization in line with the speaker, which is shown with a horizontal line between C1 and C2 as well as C2 itself at Level S. On the other hand, in case of *Ne*, the parts that are profiled are: joint attention towards the proposition at Level O, that is, the vertical line between Level O and Level S, coordination of the speaker's conceptualization in line with the hearer, that is, the horizontal line at Level S as well as C1's conceptualization (the circle on the left).

Based on the hypotheses, the general cases shown in the introduction would be explained as follows.

(6) a. Fukuoka-wa ii tokoro-da *yo* (=(1b))
    b. Fukuoka-wa ii tokoro-da *ne* (=(1c))

(6a) is a case where the speaker presupposes that the hearer does not share the idea "Fukuoka is a great place." In order to influence the hearer's viewpoint, the speaker invites the hearer to jointly attend to the proposition "Fukuoka is a great place," her own perspective, and coordinate the hearer's viewpoint in accordance with the speaker's own viewpoint. Thus, the joint attention towards the proposition at Level O, which is indicated as a vertical line; coordination of the conceptualization of the hearer (C2) in line with the speaker (C1), which is indicated as a horizontal line between C1 and C2 as well as C2's conceptualization at the Level S, are profiled. In this way, the use of *Yo* in (6a) is explained based on the hypotheses. In (6b), on the other hand, the speaker assumes that the hearer shares the same idea about the city. In this case, in order to establish joint attention with the hearer, the speaker presents the situation as viewed "following" the hearer's viewpoint. In other words, the speaker presents herself as jointly attending to the proposition that the hearer holds. Thus, the parts that are profiled are: the joint attention towards the proposition at Level O, the coordination of the conceptualization of the speaker (C1) in line with the hearer's conceptualization at Level S. In this way the use of *Ne* in (6b) is explained based on the hypotheses. In this way, our hypotheses are shown to be applicable to the cases that are explained by the general accounts.

In this section, the hypotheses of this paper have been proposed. In the next section, we examine how the hypotheses are valid in explaining the cases that cannot be explained by the general accounts.

4. *Ne* as a Strategy

This section discusses how the hypotheses of the paper are valid in explaining the anomalous cases shown in the introduction. In doing so, the strategic aspect of the use of *Ne* is pointed out and analyzed.

When *Ne* is added, in the general cases, the speaker assumes that the hearer has the same view towards the object of conceptualization. However, as was seen in the introduction, even if there is no such assumption, the speaker does add *Ne*. How can we explain this phenomenon? This paper argues that in such cases the speaker adds *Ne* for some strategic purposes. That is, by adding *Ne*, the speaker expresses the situation as if it were viewed following the hearer's viewpoint. In this way, the speaker can express herself as following the hearer's viewpoint, which results in indicating those effects such as positive politeness, objectivity and strong assertion. Based on this idea, the paper examines the anomalous cases shown in the introduction, while showing the effects achieved by the strategic use of *Ne*.

4.1. Strategy 1: To keep the dialogue in harmony

First, let us examine the case where positive politeness is expressed by adding *Ne*.

(7)   Mrs. Little: Atarashii yofuku-wo soroe-masho *ne*
      "We'll pick out a whole new wardrobe."   (= (2a))

In example (7), while Mrs. Little does not assume that her son knows
about her plan of shopping, she adds *Ne*, which she does for the purpose
of making her utterance friendly or softer. This can be explained by the
hypotheses of this paper. According to our hypotheses, when *Ne* is used,
the speaker presents the situation as viewed following the hearer's view-
point. Here, the speaker, Mrs. Little, takes into account how the hearer,
her son, would receive her utterance, which affects the way she presents
the idea to the addressee. In (7), by adding optional *Ne,* the speaker is
expressing herself as viewing the situation following the hearer's view-
point. In this way, she sounds as if she were taking the view in accor-
dance with the hearer. As a result, her utterance sounds considerate,
friendly and kind to the addressee.

4.2.   Strategy 2: To make a statement sound objective

Next, let us examine (8) below. Again, the speaker, the movie director,
does not suppose that the hearer, the interviewer, shares the information
with him. Yet, he chooses to add *Ne* in order to make his statement sound
more objective.

(8)   Mr. Koreeda: Otona mesen-de totte masu *ne*
      "I'm filming the kids through the eyes of adults."   (= (2b))

Here, by adding *Ne*, Mr. Koreeda is presenting the situation as viewed
from the hearer's perspective. Accordingly, there emerges an implication
that the speaker is not only viewing the situation from his own viewpoint
but also adopting an external point of view, including the interviewer as
well as the audience in general. In other words, by adding *Ne*, he is try-
ing to view himself from a distance, as if he were describing someone
else's way of directing. As a result, his statement sounds more objective.
On the contrary, if he did not add *Ne* at the end of his utterance, his state-
ment would sound like a personal perspective or a mere intention.

There are other cases that are worth looking at as follows.

178

(9) a. Hijyoni okina imi-wo mochi-mashita *ne*
"It meant a lot." (*Asahi Shinbun* (2017))

b. Kyoka dekinai-to iukoto-ni narun-desho *ne*
"It is predicted that (they) won't be able to license them."
(*NHK Evening News* (2017))

Example (9) is an interview with Caroline Kennedy, the former U.S. ambassador to Japan. In the interview, which is translated into Japanese, Ms. Kennedy talked about the former president Obama's visit to Hiroshima. She says that his visiting Hiroshima meant a lot not only to the citizens of Japan but also to Mr. Obama himself. By adding *Ne*, Ms. Kennedy presents herself as viewing the situation following the hearer's viewpoint: that is, the viewpoint of both the interviewer and the readers. In this way, her idea sounds as if it were accepted in general. In fact, if *Ne* had not been added at the end, her comment would have sounded more like her personal idea. The translator successfully made use of the effect achieved by the use of *Ne* here: Ms. Kennedy's statement has become an objective one, and as a result, her message gains power.

Furthermore, (9b) is a comment made by the governor of Osaka on the issue of Moritomo Gakuen. He is saying that if the school does not solve the problem of its industrial waste, the chair of the board of education will not be able to license the school to open. And the governor adds *Ne* at the end of his comment. Here, by adding *Ne*, the governor sounds as if he was talking about someone else's prospect. Clearly, by adding *Ne*, he is trying to show that he does not commit himself to this issue, and to do that, he resorts to the strategic use of *Ne*.

On the other hand, example (10) below is a case that sounds awkward by adding the sentence-final particle *Ne*. As is pointed out in studies, foreign students who study Japanese and want to make themselves sound friendly and polite sometimes overuse *Ne,* resulting in awkwardness (Izuhara (2003: 9), Ikeda (1995: 103)).

(10) ??koko no toki-wa   rekishi-wo   benkyo   shimashita *ne*
high-school time-TOP   history-ACC   study   F -past   SFP
"I studied history when I was a high-school student."

(Izuhara (2003: 9))

Here by adding *Ne*, the speaker sounds as if he were expecting the hearer
to know about his past experience. Actually, one's past experience is very
personal, which is not something that is to be shared by others. That is
the kind of awkwardness we feel when we hear the utterance in (10). On
the other hand, if some famous person or celebrity uttered (10), it would
sound all right. In that case, it will be appropriate for the speaker to pres-
ent his / her past experience as something shared by people in general.

4.3. Strategy 3: To strengthen a negative assertion.

Now, let us examine the other effect of *Ne*, that is, strong assertion, and
see that the hypotheses are applicable to this usage.

In example (11), Mr. Kuryu, a public prosecutor, is examining a sus-
pect, who committed several marriage frauds. He is telling the suspect
that he cannot forgive what she has done, and he adds *Ne* at the end of
his utterance, which strengthens the negative assertion.

(11)   Yurusenai-desu   *ne*
cannot forgive-F SFP
"I cannot forgive."   (= (2c))

Here, by adding the optional *Ne* Mr. Kuryu's statement sounds determined
and unyielding. This can be explained by the hypotheses, too. According
to the hypotheses, when *Ne* is used the speaker presents his view as fol-
lowing the hearer's viewpoint. Consequently, the utterance sounds as if
his judgment were shared by people in general. Or, more precisely, the
utterance sounds as if the speaker's view were not his mere personal judg-
ment. Since it is not a personal one but is shared by others, his judgment
would sound more plausible and therefore persuasive. In this way, the
negative force of the statement "I cannot forgive" is reinforced; as a result,
the statement becomes an unchallengeable one.

180

In this section, I showed how the hypotheses of the paper are valid in explaining the use of *Yo* and *Ne* along with the strategic use of *Ne*.

5. The high frequency of *Ne* in interview programs

In this section, we take a look at the data, which are collected from both interview programs and movie scripts.[3] We analyze how the hypotheses can give an account of the findings.

The general accounts would predict frequent use of *Yo* in interviews since they essentially consist of an information gap between interviewers and interviewees. However, the result is quite the opposite: *Ne* is far more often used than *Yo* in three interviews out of the four.[4] The result is in strong contrast to the movie transcripts, where *Yo* is far more often chosen than *Ne*. This can be explained based on the hypotheses.

First of all, in interview programs, the interviewers and the guests always need to keep a good relationship or maintain rapport with each other. This is quite different from the case of movies, which consist of all sorts of spoken interactions, even including arguments. Furthermore, in interviews the guests sometimes need to make their statements sound plausible or persuasive. For that purpose, the interviewees tend to present their views as following the interviewer's viewpoint. In fact, if we look into the data closely, in many cases the interviewees choose *Ne* in order to have rapport with the interviewers or to make their utterance sound objective. In this way, the hypotheses can validly explain the data.

---

[3] The interviewees are as follows: Hirokazu Koreeda, a movie director, Toko Amemiya, a former news anchor, Tadashi Shinkai, a movie director, and Ken Watanabe, an actor. The movie scripts are from *Screenplay Series*, in which the movie transcripts are translated into Japanese. The movies that I collected the data from are *Juno* (2008), *Erin Brockovich* (2001), *Stuart Little* (2000), and *The Devil Wears Prada* (2011).

[4] In the interview with Ken Watanabe, *Yo* is used more often than *Ne*.

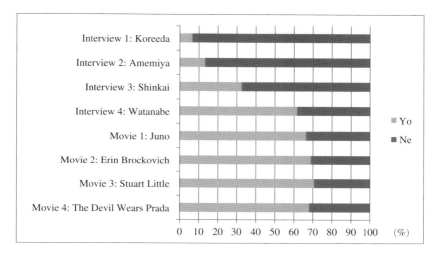

Figure 3   The Frequency of *Yo* and *Ne*: Interview Programs vs. Movies

6. Conclusion

The present paper has analyzed the use of Japanese sentence-final particles, *Yo* and *Ne*, in light of Verhagen's theory of intersubjectivity. The two particles are both regarded as a means of establishing joint attention, updating the common ground between the two interlocutors and increasing the amount of their common knowledge. *Yo* and *Ne*, however, differ from each other in respect to how the joint attention is established. Based on these premises and the construal configuration elaborated by Verhagen, the hypotheses of this paper have been proposed; that is, when *Yo* is used, the speaker invites the hearer to jointly attend to the proposition held by the speaker and to coordinate the hearer's conceptualization accordingly, whereas when *Ne* is used, the speaker presents herself as jointly attending to the proposition held by the hearer and coordinating her own conceptualization in line with the hearer. Then, the paper has demonstrated that the hypotheses are valid in explaining not only the cases that follow the general accounts but also the anomalous cases shown in the introduction. At the same time, the paper has shed light on the strategic aspects of the use of *Ne*; that is, it has shown that the hypotheses elucidate the effects such as positive politeness, objectivity, and strong assertion that were made possible by adding *Ne* at the end of the utterance. Finally, it has been demonstrated that the hypotheses elucidate the high frequency of the use of *Ne* in interview programs.

References

Hirose, Yukio and Yoko Hasegawa (2010) *Nihongo kara Mita Nihonjin* (Japanese People Viewed from their Language), Kaitakusha, Tokyo.

Honda, Akira (2006) "Ninchi Imiron, Komyunikeishon, Kyodochushi: Toraekata (Rikai) no Imiron kara Misekata (Teiji) no Imiron he (Cognitive Semantics, Communication and Joint Attention: From Semantics of Construal to Semantics of Presentation)," *Goyoron Kenkyu* (Studies in Pragmatics) 8, 1-14.

Ikeda, Yutaka (1995) "Shujoshi to Teineisa (Sentence-Final Particles and Politeness)," *Gekkan Gengo* 24(11), 102-103.

Izuhara, Eiko (2003) "Shujoshi 'Yo' 'Yone' 'Ne' Saiko (Reanalyzing Sentence-Final Particles 'Yo', 'Yone' and 'Ne')," *The Journal of Aichi Gakuin University, Humanities & Sciences* 51(2), 1-15.

Kamio, Akio (1992) *Joho no Nawabari Riron* (The Theory of Territory of Information), Taishukan, Tokyo.

Kamio, Akio (1994) "The Theory of Territory of Information: The Case of Japanese," *Journal of Pragmatics* 21, 67-100.

Katagiri, Yasuhiro (1995) "Shujoshi niyoru Taiwa Chosei (Dialogue Coordination by means of Sentence-Final Particles)," *Gekkan Gengo* 24(11), 38-39.

Katagiri, Yasuhiro (2007) "Dialogue Functions of Japanese Sentence-Final Particles 'Yo' and 'Ne'," *Journal of Pragmatics* 39, 1313-1323.

Kato, Shigehiro (2001) "Bunmatsu Joshi 'Ne' 'Yo' no Danwa Kosei Kino (Pragmatic Functions of the Sentence-Final Particles 'Ne' and 'Yo')," *Journal of the Faculty of Humanities, University of Toyama* 35, 31-48.

Nakamura, Yoshihisa (2010) "Hitei to (Kan) Shukansei: Ninchi Bumpo niokeru Hitei (Negation and Intersubjectivity: Negation in Cognitive Grammar)," *Hitei to Gengo Riron* (Negation and Linguistics Theory), ed. by Yasuhiko Kato, Akiko Yoshimura and Ikumi Imani, 424-442, Kaitakusha, Tokyo.

Nakashima, Chiharu (2011) "Why Is *You Don't Know That* Different from *You Don't Know It*?: Reanalyzing Anaphoric Expressions from an Intersubjective View," *Kyushu University Papers in Linguistics* (*Memorial Number for the late*

Professor Emeritus Isaku MATSUDA) 32, 229-248.

Nakashima, Chiharu (2017) "Reanalyzing Japanese Sentence-Final Particles in Light of Verhagen's Theory of Intersubjectivity," paper presented at 14th International Cognitive Linguistic Conference, University of Tartu.

Oohama, Ruiko (1996) "Kanrensei Riron kara Mita Shujoshi 'Yo' 'Ne' no Kino (Functions of Sentence-Final Particles 'Yo' and 'Ne' in the light of Relevance Theory)," *Bulletin of Faculty of the Education, Hiroshima University* No. 2, 45, 273-281.

Takubo, Yukinori and Satoshi Kinsui (1997) "Discourse Management in Terms of Mental Spaces," *Journal of Pragmatics* 28, 741-758.

Verhagen, Arie (2005) *Constructions of Intersubjectivity: Discourse, Syntax, and Cognition*, Oxford University Press, Oxford.

Verhagen, Arie (2007) "Construal and Perspectivization," *The Oxford Handbook of Cognitive Linguistics,* ed. by Dirk Geeraerts and Hubert Cuychens, 48-81, Oxford University Press, Oxford.

Works Cited

Stuart Little (1999), Wick, Douglas (Producer), Minkoff, Rob (Director), Shyamalan, Night and Brooker, Greg (Screenplay), Columbia Pictures, USA.

Hero (2001), TV drama series, Fuji TV, Japan.

Way 構文における「様態」の際立ちをめぐって

中村　英江

神戸女子大学大学院

1.　はじめに

　これまでの Way 構文の意味研究は，構文的アプローチ（Goldberg（1995））や語彙意味論的アプローチ（影山・由本（1997））などが主流で，いずれもこの構文が表す事態の意味構造に関心が集中していた．本論文は，これまでのアプローチとは異なり，情報伝達という観点から Way 構文の性質を探る試みである．具体的には，Way 構文の述語部分（[V one's way OBL]）は主語指示物が参与する事態の描写になっているが，この構文が使用される場合に具体的にどの部分が情報の焦点になりやすいかという点でこの構文が示す特徴を明らかにする試みである．[1] 前提として，Szczesniak（2013）の洞察にしたがい，Way 構文の述部 [V one's way OBL] が伝える情報は，主語指示物の「移動の様態」を表す部分（[V]）と，主語指示物が「どこへ向かって移動したか」を表す部分（[one's way OBL]）の 2 つに大別されると仮定する．

　具体的に示すならば，（1）の場合，形式 [V one's way OBL] の [V] に生起する *dug* が，どのように移動したかを表す「移動の様態」の情報を，[one's way OBL] に生起する *his way* out of the prison が「どこへ向かって移動したか」という情報をそれぞれが担うと考える．

　（1）　Frank *dug his way* out of the prison.　　（Goldberg（1995: 199））

一般的な原則にしたがえば，移動の様態のほうが情報の焦点となる場合は，

---

[1] V は動詞（verb）を，OBL は方向を表す斜格句（oblique）を表す.

刑務所から脱出したことは前提となり，移動の経路や方向が情報の焦点となる場合は，移動の様態が前提となる．しかるべき文脈さえ整えばどちらも同様に可能なのかもしれないが，実際にはより自然なパターンには偏りが見られる．本論文は否定文を作成するというテストを利用してこの問題に迫る．

　本論文の構成は次の通りである．2節では，本研究が参考にした Szczesniak（2013）の考え方を確認し，Way 構文の述語の情報構造の捉え方を明らかにする．次の3節では，本論文で提案する手続きをもとに，情報の焦点（＝際立ち）が [V] と [one's way OBL] のどちらにあるのかを実例を用いて検証した結果を提示し，動詞が様態を表すか否か，また経路が物理的か抽象的か，というパラメータが情報構造に関係していることを確認する．4節では，3節で得られた事実の説明を試みる．5節を結語とする．

2.　本論文の論点

　本論文が依拠する Szczesniak（2013）は，Way 構文の述語部分が「様態」（V）と「結果」を伴う移動（one's way OBL）の2つに分かれるという．Szczesniak（2013）は，「様態」（manner）と「結果」（result）の相補性（Rappaport Hovav and Levin（2010））の観点から Way 構文を捉え，Way 構文に生起する動詞 [V] が manner に対応し，移動経路 [one's way OBL] が result／path with goal に対応していると特徴づけたうえで，この構文は，「語彙単位（lexical units）で manner と result／path with goal を同時にコード化できないという問題をうまく回避するための1つの解決策である」（p. 173）と説明している．さらに Szczesniak（2013: 176）では，英語では「様態」の情報に注意が向きやすく，移動事象において特権的な地位を与えられていると指摘している．このことは，「様態」が他の情報よりも際立ちを与えられ，情報の焦点になりやすいという構造になっている可能性を示唆している．

　とりわけ Szczesniak（2013）は，様態動詞が生起する Way 構文に着目し，上記の特徴について言及しているが，本論文においては，[V] が「様態」の情報を含まない "make one's way" の情報の優位性についても見る．この場合，Way 構文の動詞が「様態（付随的活動）」"manner (incidental activities)" の情報を含まないもの（*make* など）の場合は際立つべき「様態」の情

報がないため，移動そのものを表す motion が際立つことが予測できる．そこで本論文においては，Way 構文の述語部分を構成する意味情報として，様態（manner）と経路（path）と移動（motion）の 3 つを想定する．

また Szczesniak（2013）に関してもう 1 つ特筆すべきことは，[one's way OBL] について，経路が抽象的（abstract）であれば着点も抽象的（abstract）であり，経路が物理的（physical）であれば着点も物理的（physical）でなければならないという制約の存在を指摘したことである．これは，制約そのものはもちろんのこと，Way 構文の分析に，経路や着点が物理的な場合と抽象的な場合の区別を持ち込んだことが意義深く，後に明らかになるとおり，本研究にとってもこの区別は重要な意味を持つ．

以下 3 節では，これらの点を踏まえて実施した検証の手順および結果を提示する．

3. 検証と分析

本節では，Way 構文の [V] と [one's way OBL] のどちらがより際立つ情報として認識されるかを確認する．そのための手続きとして，Way 構文を否定文にすることを提案する．文の中のある情報が否定の対象となるということは，その情報が焦点となり（＝際立ちを与えられ），その他の情報が前提である（＝背景化している）ことを意味する．この性質を利用し，様々なパターンの Way 構文を設定し，それぞれにおいてより際立つ情報を調べる．

もし，2 節で述べたように「様態」が特に注意を引く（＝際立つ）情報であるならば，Way 構文の動詞が「様態」を表す時（以下，[V]（manner）），その manner の情報が際立つため優先的に否定の焦点となり，[one's way OBL] が担う移動経路の情報（以下，[one's way OBL]（path））は背景化し否定の焦点とはならないことが予想される．

3.1. 検証の方法—インフォーマント調査—

まず，[V] と [one's way OBL] の表す意味内容に関して二値的パラメータを 1 つずつ設定し，表 1 のように合計 4 パターンの Way 構文を想定した．[V] については，「様態」の情報を含むかそうでないか（*make* など）を表す [±manner] というパラメータを設定した．また本論文における様態動詞は，

Szczesniak（2013）に倣い，Goldberg（1995）のいう動詞 *belch* のような
「動詞が移動に付随して生じる行為または様態」"manner（様態）"を表すも
のと，動詞 *dig* のような「動詞が移動の手段を示す」"means（手段）"に相
当する動詞の区別はせず，両者をまとめて広義の様態動詞として扱った．
[one's way OBL] については，Szczesniak（2013）が用いた物理的／抽象
的という区別を取り入れ，抽象的かそうでないか，というパラメータ（[±
abstract]）を設定した．

	[V]（±manner）	[one's way OBL]（±abstract）
タイプ①	[−manner]	[−abstract]
タイプ②	[+manner]	[−abstract]
タイプ③	[−manner]	[+abstract]
タイプ④	[+manner]	[+abstract]

表1　Way 構文の4つのタイプ

タイプ①：　She *made her way* to her desk.　　　　　（COCA（2012））
タイプ②：　Frank *dug his way* out of the prison.（Goldberg（1995））
タイプ③：　He *made his way* to a Tony nomination.

（COCA（1998）；一部改変）

タイプ④：　He *danced his way* to a Golden Globe for his brilliant
　　　　　　performance in "Chicago," …　　　　　（COCA（2014））

この4つのパターンに該当する *COCA* の実例を手作業で抽出し，それを参
考に，Way 構文の4つのパターンの否定文を作成した．次に，各テスト文
について，[V] の情報が否定されている場合と，[one's way OBL] の情報
が否定されている場合のそれぞれに適する文脈を設定したうえでインフォー
マントに提示し，どちらのほうがより自然な用法と見做せるかを回答しても
らった．

　以下，3.2. 節ではタイプ①とタイプ②の結果を，3.3. 節ではタイプ③とタ
イプ④の結果を見ていく．

3.2.　タイプ①とタイプ②の検証とその結果

　本節ではタイプ①とタイプ②の検証結果を提示する．タイプ①は，[V] の

188

部分に動詞 *make* が生起するタイプであり，動詞 *make* はどのように移動したかを表す「様態」を含まないため，[V](manner) と [one's way OBL](path) の間に際立ちの差は生じないことが予想できる．一方，タイプ②においては，本節の冒頭でも述べたとおり，英語では様態（manner）の情報は注意を引きつける（Szczesniak (2013)）ため，[V](manner) が情報の際立ちとなりやすいと考えられる．

3.2.1. タイプ①

まずはタイプ①の検証結果を見る．(2) と (3) が元の事例であり，(2') と (3') が否定のテスト文である．

(2) She *made her way* to her desk.   (COCA (2012))

(2') a. A: Did she *make her way* to her desk?

   B: No, she *didn't make her way* to her desk, but she went to the fountain.

  b. The telephone rang, but she *didn't make her way* to her desk.

(3) She *made her way* toward the front of the church.

                (COCA (2012))

(3') a. A: Did she *make her way* toward the front of the church?

   B: No, the groom stood in front of the church, but she *didn't make her way* there. Actually she went somewhere else.

  b. A: Did she *make her way* toward the front of the church?

   B: No, the groom stood in front of the church, but she *didn't make her way* there. Actually, she just stood still.

このタイプは，[one's way OBL](path) が否定される場合（= (2'a), (3'a)）も，様態を含まない [V]（以下，[V](motion)）が否定される場合（= (2'b), (3'b)）も同様に容認できるという結果となった．このようにタイプ①は，移動は前提とし移動先が否定の対象となる場合と，移動そのものが否定される場合のどちらも同程度に可能であり，両者の間に特に差は見られなかった．

3.2.2. タイプ②

次にタイプ②の例文 (4), (5) の検証結果を見る．(4) と (5) が元の事例

であり，(4′) と (5′) が否定のテスト文である．

(4) Frank *dug his way* out of the prison.   (Goldberg (1995))

(4′) a. A: Finally, did Frank *dig his way* out of the prison?
    B: No, Frank *didn't dig his way* out of the prison, rather he jumped over the fences.

  b. A: Finally, did Frank *dig his way* out of the prison?
    B: ?No, Frank *didn't dig his way* out of the prison. No, not prison. It was a police station.

(5) He *hiccupped his way* out of this room.

(Goldberg (1995); 一部改変)

(5′) a. A: Did he *hiccup his way* out of this room?
    B: No, he *didn't hiccup his way* out of this room, he *sneezed [coughed] his way* out of this room.

  b. A: Did he *hiccup his way* out of this room?
    B: ?No, he *didn't hiccup his way* into this room. No, not this room. It was that room.

(4′a) と (5′a) の B の返答は，[V](manner) が否定される場合を想定したものであり，(4′b) と (5′b) の B の返答は，[one's way OBL](path) が否定される場合を想定したものである．(4′a) と (5′a) は自然だが，(4′b) と (5′b) では不自然となる．このことからタイプ②は，情報の焦点が [V](manner) に偏っていることがわかる．

3.2.3.　まとめ―タイプ①とタイプ②の差異

　これらの検証から，タイプ①とタイプ②では情報の際立ち方に違いがあることがわかった．つまり，タイプ①は [V](motion) と [one's way OBL](path) のどちらも際立つ可能性があるが，タイプ②は [V](manner) のほうに際立ちが偏っている．この結果は，2 節で述べた Szczesniak (2013) の「英語は様態が特に注意を引く特徴がある」という指摘とも合致する．

3.3.　タイプ③とタイプ④の検証とその結果

　本節ではタイプ③とタイプ④の検証結果を提示する．このタイプは，

[one's way OBL] が表す経路が抽象的な場合であり，以下に示すような事例を指す．

(6) He *made his way* to a Tony nomination.

(COCA（1998）；一部改変)

(7) Josephine Baker *made her way* through Paris in the 1920s.

(COCA（1998）；一部改変)

(8) He *danced his way* to a Golden Globe for his brilliant perfor-mance in "Chicago," …   (COCA（2014）)

(9) Julie Andrews *has been singing her way* into our hearts.

(COCA（1995）)

上記の事例（6）-（9）において，主語の動作主の移動経路は，物理的に存在する経路の移動ではない．つまり（6）の場合，動作主が「トニー賞を手に入れた」という事象を表しており，動作主が「トニー賞」へ向かう物理的な経路を移動しているわけではない．本節ではこのようなタイプを扱い，否定文のテストを用いて情報の際立ちについて検証をしていく．

3.3.1. タイプ③

例文（10）と（11）を参照されたい．（10）と（11）が元の事例であり，（10′）と（11′）が否定のテスト文である．

(10) He *made his way* to a Tony nomination.   (= (6))

(10′) a. A: Did he *make his way* to a Tony nomination?

　　　　　B: He *didn't make his way* to a Tony nomination, but he got the Golden Globe.

　　　 b. A: Did he *make his way* to a Tony nomination?

　　　　　B: ?He *didn't make his way* to a Tony nomination. Actually, he *didn't make his way* anywhere.

(11) Josephine Baker *made her way* through Paris in the 1920s.

(= (7))

(11′) a. A: Did Josephine Baker *make her way* through Paris in the 1920s?

Way 構文における「様態」の際立ちをめぐって   191

B: No, Josephine Baker *didn't make her way* through Paris
in the 1920s, <u>but she *did make her way* through London</u>.

b. A: Did Josephine Baker *make her way* through Paris in the
1920s?

B: ?No, Josephine Baker *didn't make her way* through Paris in
the 1920s. Actually, she *didn't make her way* through
anywhere in the 1920s.

（10′a）と（11′a）は，[one's way OBL]（path）を否定している場合であり，
（10′b）と（11′b）は，[V]（motion）を否定している場合である．

つまりタイプ③は，動詞 *make* が移動の「様態」の情報を含まないため
[one's way OBL]（path）が焦点になることがわかる．このタイプは，様態
の情報を欠くためタイプ①と似ているが，タイプ①には，（10′b）や（11′b）
のように [V]（motion）そのものを否定する場合が見られたが，タイプ③に
は，そのような可能性は想起されることなく，否定の焦点はもっぱら [one's
way OBL]（path）であった．

3.3.2. タイプ④

これまでのタイプ①，タイプ②，タイプ③の検証において，「様態」
（manner）が際立ちの点で [one's way OBL]（path）に勝るということが確
認でき（タイプ②），動詞が「様態」の情報を担わない場合に，動詞は否定の
焦点から外れ，[one's way OBL]（path）が焦点となり否定される場合（タイ
プ①とタイプ③）と，[V]（motion）そのものが否定され，移動そのものをし
なかった場合（タイプ①）があることを見た．「様態の情報に注意が向きや
すい（Szczesniak（2013））」という観点に立てば，次に検証するタイプ④
（[one's way OBL] が抽象的である場合）もタイプ②と同様に，動詞の表す
「様態」（manner）の情報が否定の焦点となりそうであるが，実際にはタイ
プ④はタイプ②とまったく異なる振舞いをする．以下，このことを例文（12）
と（13）で確かめる．（12）と（13）は元の事例であり，（12′）と（13′）は否
定のテスト文である．

(12) He *danced his way* to a Golden Globe for his brilliant perfor-
mance in "Chicago," …   （＝(8)）

(12′) a. A: Finally, did he *dance his way* to a Golden Globe?

   B: No, he *didn't dance his way* to a Golden Globe for his brilliant performance in "Chicago," but he did get the Emmy Award.

 b. A: Finally, did he *dance his way* to a Golden Globe?

   B: ?No, he *didn't dance his way* to a Golden Globe for his brilliant performance in "Chicago," rather he *sang his way* to a Golden Globe.

(13) Julie Andrews *has been singing her way* into our hearts. (= (9))

(13′) a. A: Has Julie Andrews *been singing her way* into our hearts?

   B: She *has not been singing her way* into our hearts, but she *has been singing her way* into Japanese hearts.

 b. A: Has Julie Andrews *been singing her way* into our hearts?

   ?B: She *has not been singing her way* into our hearts, instead she *has been dancing [skipping] her way* into our hearts.

(12′a) と (13′a) は，[one's way OBL](path) を否定している場合であり，(12′b) と (13′b) は，[V](manner) を否定している場合である．つまり，(12′a) と (13′a) は，否定の焦点は [one's way OBL](path) にあることがわかり，一方，様態動詞を否定するような (12′b)，(13′b) は，(12′a)，(13′a) ほどの容認性が認められなかった．このことからタイプ④は，[one's way OBL](path) が際立つ情報となることがわかる．

3.3.3. まとめ―タイプ③とタイプ④の特徴

 タイプ③とタイプ④を比較すると，どちらも [one's way OBL](path) に際立った情報価値がある点が共通している．興味深いことに，この結果が3.2 節でみたタイプ①とタイプ②とは平行していない．タイプ③は，[V](motion) が否定の対象にならないという点においてはタイプ①と異なるが，動詞 *make* は「様態」を含まないため，[one's way OBL](path) が際立つということは十分に理解できる．しかしタイプ④は，タイプ②と同様に [V] が様態動詞であるにも関わらずタイプ②とは異なる振舞いを見せる．たとえ [one's way OBL] が抽象的であろうとも，[V] に「様態」の情報が含まれて

いる場合は，[V](manner) が際立ちを見せてもよさそうであるが，実際にはそうはならず否定の焦点になるのは [one's way OBL](path) のほうである．

3.4. 検証結果のまとめ

Way 構文の構造である [V] と [one's way OBL] のどちらの情報がより際立ちを与えられるかという観点に基づき，その傾向を捉えるために Way 構文を否定文にすることで検証を行った．その結果をまとめたものが次の表2である．

	動詞 [V]	[one's way OBL]	際立ち
タイプ①	*make*	物理的（physical）	[V](motion) または [one's way OBL](path)
タイプ②	manner verb	物理的（physical）	[V](manner)
タイプ③	*make*	抽象的（abstract）	[one's way OBL](path)
タイプ④	manner verb	抽象的（abstract）	[one's way OBL](path)

表 2　結果

まず，タイプ①とタイプ③は，いずれも動詞 *make* が「様態」の情報を含まないため，[one's way OBL](path) が際立った情報価値を担うという結果は容易に想定できることであり，否定の Way 構文での検証においても事実であることが明らかになった．タイプ①においては，移動そのものを否定する [V](motion) が際立つ情報価値を担うということも明らかになった．しかしタイプ②とタイプ④の場合は，動詞がいずれも様態動詞であるにも関わらず，否定の Way 構文での検証を行うと，際立った情報価値を担う部分が異なった．表2にあるとおり，タイプ②は [V](manner) が際立ち，タイプ④は [one's way OBL](path) が際立つ．このことは，情報の際立ちが生起する動詞の意味構造だけではなく，[one's way OBL] が表す経路の性質とも関わっていることを意味している．つまり様態動詞が生起する場合，タイプ②のように [one's way OBL] が物理的な場合は，[V](manner) が際立ち，タイプ④のように [one's way OBL] が抽象的な場合は，[one's way OBL](path) が際立つことがわかった．

ではなぜこのような振舞いを見せるのだろうか. 次の4節ではこの問題に対する答えを探る.

4. タイプ④において [one's way OBL](path) が際立つ動機づけ

タイプ④において,「どのように移動したか」という情報が様態動詞によって明示されているため, 一見するとタイプ②と同様に,「様態」が際立ちを与えられてもよさそうである. しかし Way 構文を否定文にしてみると, [one's way OBL] が否定の焦点になっていることがわかり, [one's way OBL] が際立ちをもつ情報 (= より伝達したい内容) であるといえる.

このタイプは, [one's way OBL](path) が抽象的な経路であるため, 主語は様態動詞が表す「様態」を伴って, 物理的な経路をたどって移動しているわけではない. 一見すると,「踊りながらゴールデングローブ賞を獲得した」や「歌って人の心に感動を与えた」という事態は,「踊ること」は「賞の獲得」に,「歌うこと」は「感動を与えること」に結びついているように思われる. しかし実際のパフォーマンス活動としての「踊ること」や「歌うこと」の連続的な繰り返しが, 物理的な経路 ([one's way OBL](path)) を生み出すものではない. つまり様態動詞が表す「様態」の累積 (summary) は, 必然的に [one's way OBL] へ結びつくわけはないため, そこに実体は伴わない抽象的な経路が見出されているという事実こそが情報価値を持ち, 際立ちが与えられやすくなると考えられる. このことから,「様態」の情報の価値は, どのような「様態」でもってその抽象的な経路を辿り目標地点へたどりついたかということを示す情報の一部分でしかないため, 現実世界ではどこへ向かって移動したのかという情報を担う [one's way OBL] に際立った情報価値が生じる. これに対し, [V](manner) が表すのは, 実は物理的な経路を移動するときに伴う様態ではなく, パフォーマンスとしてのダンスや歌であるため, タイプ②のような場合とは違い, 注意を引かない.

上記の論点を明確にするために例文 (14) を取り上げておきたい. この文は実は例文 (8) と (12) に同じであるが, タイプ②の捉え方もできる. その場合, 否定文でのテストをしたとき, 自然な文脈は (14′) のようなものとなる. (14) が元の事例であり, (14′) は否定のテスト文である.

(14) He *danced his way* to a Golden Globe for his brilliant performance in "Chicago." (= (8), (12))

(14′) He *didn't dance his way* to a Golden Globe for his brilliant performance in "Chicago." Actually he *skipped his way* to a Golden Globe.

このように，例文（14）を「授賞式の場面」と捉え，「実際に賞をレッドカーペットの上を歩いてもらいに行く」と解釈するのであれば，例文（14′）からわかるように，タイプ②と同様に，様態（manner）が優先的に否定の焦点となる．つまり，動詞 *dance* は実際の移動に伴う「様態」として解釈されることになる．動詞 dance を実際の活動と考えると，自分の目の前に敷かれてあるレッドカーペットの上を「踊り（＝移動の様態）」ながら「経路を進んでいると表彰状やトロフィーなどがもらえる場所」へたどり着いた，という「様態」（manner）と経路（path）の2つの情報が分かちがたく結びついていると捉えられる．たどるべき経路が物理的に存在しているため，そこを移動していることそのものに特に情報価値はない一方で，その移動の様態はかなり特異である．こうして「様態」の情報のほうが際立つ情報となる．

　これに対し，[one's way OBL]（path）が抽象的である場合は，「様態」を表す動作を連続的に行うその先に物理的な [one's way OBL] が存在するわけではない．「ダンスを踊る（＝manner）」という動作が実際に敷かれた経路上で展開されるわけではなく，見えない経路が心的走査（mental scanning）されるだけであり，「様態」（manner）と経路（path）のあいだに客観的な因果関係は存在しない．したがって本来そこにあるはずのない経路と着点を見出すこの解釈（construal）こそが際立ち，[one's way OBL]（path）に情報価値が与えられると考えられる．

5. 結語

　本論文は，Way 構文の述語部分 [V one's way OBL] を [V]（motion／manner）と [one's way OBL]（path）の情報に分け，どちらの情報がより際立ちやすいかを検証してきた．事象構造の観点からの研究では，Way 構文の概念的な意味構造は多義性を示すことが指摘されてきたが（Goldberg (1995)，

Israel（1996）），本研究は，Way 構文には情報の焦点の分布という点でもいくらかのバリエーションがある可能性を示した.

　Way 構文がもつ [V]（motion/manner）と [one's way OBL]（path）の情報は，生起する動詞が，「様態」の情報が明示的でない *make* と「様態」の情報が明示的である様態動詞とを比較することで，確かに「様態」が情報の焦点になりやすい．しかし，それは [one's way OBL] が物理的なものの場合に限られる．[one's way OBL] が抽象的な場合は，この関係が逆転し，[one's way OBL] のほうが情報の焦点となる．このように考えられるのは，[one's way OBL] が物理的である場合は，何らかの「様態」を伴って実際に存在する経路を移動していると必然的に着点へたどり着くために，どのように移動したのかという「様態」が焦点となりやすくなるためである．一方，[one's way OBL] が抽象的である場合は，実際に「踊る」（*dance*）や「歌う」（*sing*）などの活動は行うだろうが，物理的な [one's way OBL] が存在しないため，特定の解釈（construal）によって [one's way OBL]（path）が創り出される必要がある．そのため [one's way OBL] が情報の焦点となりやすくなる.

　このように，本論文の調査の結果は，Way 構文の [V] と [one's way OBL] がもつ情報の際立ち方が，[V] に生起する動詞が様態の情報を含むか否かと，[one's way OBL] が物理的か抽象的かという 2 つのパラメータの値に応じて変動することを示唆している．しかしこれは，Way 構文の談話的機能の解明という最終的な目標に向けた最初のステップにすぎない．今後は，本論文が導き出した結論の妥当性をさらに検証するために，より広い範囲の文脈を考慮しながら Way 構文の実例を分析していくことが必要である.

参考文献

Davies, Mark. (2008-) *The Corpus of Contemporary American English（COCA）: 560 million words, 1990-present.* Available online at https://corpus.byu.edu/coca/.

Goldberg, Adele E. (1995) *Constructions: A Construction Grammar Approach to Argument Structure,* University of Chicago Press, Chicago. ［河上誓作・早瀬尚子・谷口一美・堀田優子（訳）（2001）『構文文法論』研究社，東京.］

Israel, Michael (1996) "The *Way* Constructions Grow," *Conceptual Structure, Dis-*

course and Language, ed. by Adele E. Goldberg, 217-230, CSLI Publications, Stanford.

Jackendoff, Ray (1990) *Semantic Structures*, MIT Press, Cambridge, MA.

Jespersen, Otto (1949) *A Modern English Grammar on Historical Principles, Part 3, Syntax,* Munksgaard, Copenhagen.

Levin, Beth (1993) *English Verb Classes and Alternations: A Preliminary Investigation*, University of Chicago Press, Chicago.

Rappaport Hovav, Malka and Beth Levin (2010) "Reflections on Manner/Result Complementarity," *Lexical Semantics, Syntax, and Event Structure*, ed. by Malka Rappaport Hovav, Edit Doron and Ivy Sichel, 21-38, Oxford University Press, New York.

Szczesniak, Konard (2013) "You Can't Cry Your Way to Candy: Motion Events and Paths in the X's Way Construction," *Cognitive Linguistics* 24, 159-194.

安藤貞雄 (2005)『現代英文法講義』開拓社，東京.

江川泰一郎 (1991)『英文法解説─改訂三版─』研究社，東京.

影山太郎 (2001)『日英対照　動詞の意味と構文』大修館書店，東京.

影山太郎・由本陽子 (1997)『語形成と概念構造』研究社，東京.

結果構文における複合述語形成とその内部構造

迫　由紀子
九州大学（非常勤）

1.　はじめに

　一般的に，本来的結果構文と派生的結果構文は，結果述語が成立する仕組みの違いによって区別されている．前者は述語動詞の含意する結果を表すわけであるから，動詞の意味から予測される範囲内で結果述語が選ばれることになる．つまり，本来的結果述語は動詞によって選択され，その生起は動詞に依存すると考えられている．一方，派生的結果構文における結果述語は，動詞の意味に結果を継ぎ足す働きをすると考えられており，動詞の意味とは独立して結果状態を表すので，結果述語と動詞との意味関係は比較的自由で，必ずしも動詞によって制限されるとは言えない．これに関して，小野（2007）は，2つのタイプの結果構文に現れる結果述語において，述語形容詞のスケール構造に基づいたタイプの違いがみられることを指摘している．

(1)　形容詞のスケール構造
　　ア．開放スケール構造
　　　　（文脈上得られる相対的な基準で決まる形容詞）
　　　　{very / *half / *completely} sick, silly, sore, thin
　　イ．閉鎖スケール構造
　　　　（最大値と最小値を持つスケールという絶対的基準で決まる形容詞）
　　　　{very / ?half / ?completely} dry, full, flat, clean, smooth, open
　　ウ．ゼロスケール（非段階的）構造
　　　　（非段階的でスケール構造を持たない形容詞）
　　a.　{??very / ?half / ??completely} dead

b. {??very / *half / *completely} hoarse

c. {??very / *half / ?completely} broken　　(小野 (2007: 73-74))

小野は，(1) のような，結果述語形容詞のタイプ分けを基に，本来的結果構文と派生的結果構文に現れる結果述語のタイプを調べた結果，(2)-(3) の例において，一見どちらの構文にも生起する結果述語のタイプに制限がなさそうに思われるが，実は派生的結果構文のほうには，本来的結果構文にはない現象が見いだされることを指摘している．これは，(4)-(5) において，開放スケールの形容詞が結果述語として用いられた場合には，閉鎖スケール形容詞の特性を持つようになるという，有界性制約 (boundedness constraint) における形容詞のスケールシフトと呼ばれる現象である．つまり，一次述語では開放スケールの形容詞が，結果構文の二次述語として用いられた場合には，閉鎖スケールのタイプにシフトするとみることができると述べている．

(2)　本来的結果構文
　　a.　She wrenched the stick tight.　　　　開放スケール形容詞
　　b.　The door broke open.　　　　　　　　閉鎖スケール形容詞
　　c.　You killed it stone-dead.　　　　　　　ゼロスケール形容詞

(3)　派生的結果構文
　　a.　Well, I laughed myself sick.　　　　　開放スケール形容詞
　　b.　The gardener watered the tulip flat.　　閉鎖スケール形容詞
　　c.　Harry shot Sam dead.　　　　　　　　ゼロスケール形容詞

(4) a.　Charley laughed himself {completely / *very} silly.

　　b.　The joggers ran the pavement {completely / *very} thin.

(5) a.　?He talked himself a little hoarse.

　　b.　?He ate himself a little sick.　　　　(Goldberg (1995: 196))

　しかしさらに興味深い指摘は，(6) の例のように，こうした形容詞のスケールシフトが派生的結果構文に固有のものであって，本来的結果構文にはそれが起こらないという点である．

(6) a.　Jack painted the house very bright.

　　b.　Phyllis dyed the dress a very pale shade of blue.

　　c.　I had brushed my hair very smooth.

つまり，本来的結果構文では，結果述語形容詞のスケール構造に制限がないのに対し，派生的結果構文では，結果述語形容詞が閉鎖スケールに制限されるのである．これは，一見動詞に強く制限されているはずの本来的結果述語には制限がかからず，動詞の制限から比較的自由であるはずの派生的結果述語のほうにより強い制限がかかっているように思われる．

　この一見矛盾する現象に関して，小野は，複合事象としての達成事象には，原因事象と結果事象の関係になる CAUSE タイプと，着点を含む移動表現である PATH タイプという異なる 2 つの事象構造のタイプがあると説明している．つまり，CAUSE タイプの達成事象は，原因事象が先行し，次に結果事象が起こるという事象の因果関係が，動詞の語彙的な意味に内在するのに対し，PATH タイプは，両者を原因・結果の関係とみなさず，同時展開的（coextensive）に進行すると解釈される．したがって，本来的結果構文は CAUSE タイプの複合事象であり，動詞が語彙的な意味として結果状態を含意しているので，構文全体の事象構造は，動詞の事象構造をそのまま反映した単一のイベントと解釈されるのに対し，派生的結果構文においては，動詞は非完結的であるので，結果事象の完結性は，移動事象における着点句と同じように，動詞と結果述語が合成的に形成する．よって，結果述語が構文の完結性を限定する要素となると主張している．

　しかしながら，同じ結果構文でありながら，これら異なる 2 つの事象構造のタイプはどのようなメカニズムで生成されるのか．逆に言えば，異なる概念構造がどのように同じ統語構造を持つのか．そもそも動詞に選択されている結果述語と，動詞に選択されない付加詞である形容詞が，どうやって同じ表層構造上の項として実現することができるのであろうか．[1]

　よって，本稿では，まず，結果構文の派生における事態構造の特質について明らかにし，次にそれが構文の統語構造においてどのような機能をもつのか，また構文の文法的容認性にどのように寄与しているかについて考察する．

---

[1] 鈴木（2007）は，小野のいう CAUSE タイプの結果構文は，結果含意の状態変化動詞を基に「変成」の事象描写にかかわる点で，見せかけの結果句であるとし，一方，結果状態を含意しない活動動詞を基盤として狭義の状態変化を表す，他動詞ベースの結果構文のほうを真の結果構文と考えている．つまり，見せかけの結果句は，事象構造に新たな結果状態の描写を導入しているというよりは，動詞に内在的に含意されている結果に関して，そこに至る行為の様態をより詳しく特定していると考えている．

2. RESULT 関数としての複合述語形成

　鈴木（2007）は，結果構文において有界性制約が存在する理由を，複合述語形成（complex predicate formation）に求め，概念的には，本来非時間的（atemporal）であることにより，事象的自立性を持たない形容詞が，時間事象軸によって，自立的な解釈を持つ動詞に統合されるプロセスであると考えている．つまり，形容詞が時間事象軸において述語として機能するには，動詞の事象解釈に統合される必要があり，それを保証する 1 つの方策が複合述語形成であると提案している．これによって，形容詞の指示する状態は時間事象軸上の 1 点に位置づけられると同時に，動詞が描写する活動行為の終結点（culmination point）を決定する．活動行為の終結点を決定するのに最もふさわしいのは，そこで変化の上限に至るという解釈を可能にする実質的な閉鎖スケール形容詞ということになる．つまり，結果構文に見られる有界性制約は，複合述語形成において，動詞事象の終結点を作り出すための解釈上の要請の反映であると述べている．

　ここで，さらに鈴木は，make 使役構文が，結果構文にとってある種の雛形として機能するという Goldberg and Jackendoff（2004）に代表されるような構文意味論的考え方は，直感的な説得力はあるものの，一方で，典型的な結果構文とはいくつかの体系的相違があると主張している．まず，結果構文に見られる結果句としての形容詞の選択は有界性制約によって規制されるのに対し，(7) に見るように，make 使役構文には有界性制約が適用しない．

(7) a.　He made the pizza (a little) warm.
　　b.　She made me (a little / very) happy.
　　c.　His talk always makes me (a little / very) sleepy.

（鈴木（2007: 125））

また，(8)–(9) の例のように，make 使役構文では，純粋な形容詞のほかに，動詞の形容詞的受身形も可能だが結果構文では一般に許されない．

(8) a.　We made the grass flattened.
　　b.　She made the door opened.
(9) a.　She cooked the toast dry / *burnt / *overdone.

b. The gardener watered the tulips flat / *flattened.

c. She kicked the door open / *opened.

(鈴木 (2007: 126))

これについて，鈴木は，有界性制約の直接の反映というよりも，形容詞的受身形に内在する動詞の様態指定が複合述語形成に基づく事象解釈において，主動詞の様態指定と齟齬をきたすことによるのではないかと述べている．逆に言えば，純粋な使役を表す軽動詞 (causative light verb) の make には，独自の様態指定がないので，いかなる動詞的要素（固有の様態指定を持つプロセス）とも組み合わせることができると説明している．

また，結果構文と make 使役構文のさらなる違いとして，結果構文では，形容詞的受身形から派生して形容詞用法が確立した形容詞であっても，意味的に対応する PP 結果句を代用することによって，避けられる傾向が強いのに対して，make 使役構文では問題なく使用できるという事例として，(10) を挙げている．

(10) a. I made myself {exhausted / *to exhaustion}.

b. I {laughed / talked / swam} myself {?exhausted / to exhaustion}.

c. You made me {embarrassed / *to embarrassment} (by scolding me on a crowded bus).

d. You scolded me {*embarrassed / to embarrassment} (on a crowded bus). (鈴木 (2007: 128))

鈴木は，これらの観察結果から，make 使役構文を単に結果構文の雛形として考える分析では，make 使役構文のほぼ無制限といってよい生産性に対して，結果構文に用いられる形容詞がなぜこれほどまでに限定的であるかを十分に説明することができないと述べている．つまり，結果構文が，複合述語形成を基盤とする有界性制約によって，結果句のタイプを厳しく制限されているのに対して，make 使役構文は，有界性制約を免れることができるので，結果として多様な結果句の生起を許すのであって，複合述語形成は結果構文だけにかかわり，make 使役構文にはかかわっていないと考えられると主張している．

とすれば，結果述語のアスペクトは，CAUSE 側の動詞の統語的，意味的

条件の直接的反映ではなく，RESULT 側の複合述語形成によって決まると考えたほうが，結果構文の創造性を捉えるには妥当ではないか．つまり，小野のいう PATH タイプの事象構造こそが結果構文のデフォルトの事象構造と考えれば，結果状態を語彙的に含意する本来的結果構文は，経験的典型ではあっても，事象構造的には逆に，その「特殊な」パターンと規定できる．

これに関連して，Randall (2010) は，(11) の例において，他動詞型結果構文であっても，自動詞型結果構文であっても，動詞の語彙的なアスペクトと結果述語の語彙的なアスペクトは，複合事象としての構文の概念的 PATH として整合していなければならないが，(12) のように，脱動詞形容詞に後続する名詞句 (postverbal NP) には，動詞の語彙的なアスペクトとの整合性の条件はないと述べている．

(11)　Transitive resultatives:

　　　a.　The chef cooked the food [black / *blackened / *charred].

　　　b.　The gardener watered the tulips [flat / soggy / *flattened / *wilting].

　　　Intransitive resultatives:

　　　a.　The joggers ran themselves [sweaty / *sweating / *exhausted].

　　　b.　The chef cooked the kitchen walls [black / *blackened].

(12)　a.　the flattened / wilting tulips

　　　b.　the blackened kitchen walls　　　　　　　　(Randall (2010: 146))

Randall の観察から，結果構文における動詞と結果述語の関係と，動詞と postverbal NP との関係は，非対称的な関係があるのではないかという推測ができる．特に，動詞の後ろの名詞句は他動詞の項であり，通常，形容詞などの付加詞の入る結果述語よりも動詞との関係は緊密であるとみなされている．にもかかわらず，付加詞であるはずの形容詞が，動詞の表すイベントとのアスペクチュアルな整合性を緊密に求められ，逆に postverbal NP は動詞との関係が希薄化している．果たして結果構文において，postverbal NP は動詞の項なのだろうか．むしろ，付加詞とみなされてきた結果述語のほうが構文における文法的地位がより項に近いのではないだろうか．

さらに，これに関して，鈴木 (2007) は，自身が収集した (13) のデータを挙げて，結果構文に現れる形容詞は，種類としては少ないが，組み合わさ

れる動詞はそれなりに多様であり，限定された形容詞に対して組み合わされる動詞の多様性によって，構文としての半生産性が保証されているといってよいのではないかという見解を述べている．

(13) a.　flat: hammer / stomp / water / knock / slap / iron / press
　　 b.　clean: wipe / polish / rub / scrape / scrub / shave / wash
　　 c.　dry: wring / wipe / spin / squeeze / suck / towel
　　 d.　awake: shake / hit / slap / jerk / touch / shove / push / elbow
　　 e.　dead: shoot / cut / strike
　　 f.　straight: comb / blow-dry / stretch
　　 g.　silent: beat / slap / stun / surprise / shock
　　 h.　smooth: comb / rub / polish / sand / wash / grind / shave / stir
　　 i.　sober: slap / scare / strike / hit
　　 j.　unconscious: knock / beat
　　 k.　rotten: spoil / treat / ridicule / flatter 　　　　(鈴木 (2007: 118))

また，鈴木は，ある種の構文的生産性を持つパターンとして，「動詞行為によって，目的語を PP 内の NP であらわされる場所から除去する（あるいはその場所へ移動させる）」という解釈（抽象的な場所移動）の結果構文表現があるが，これは他動詞の本来の目的語をいわば PP 内に降格させ，新たな目的語を導入する英語では生産的な仕組みであるとして，(14) のような例を挙げている．

(14) a.　… yawning and rubbing the sleep out of her eyes.

(David Lodge, *Small World*)

　　 b.　Messenger kissed these questions from her lips.

(David Lodge, *Thinks …*)

　　 c.　"When the pain rises, what will you do?"　"Catch it. Bite it into Bobby's belt."　　　　(Stephen King, *Hearts in Atlantis*)

　　 d.　The woman had the hiccups and wanted a drink of water to get rid of them.　The owner frightened them [= the hiccups] out of her.

(http://www.doe.state.in.us/ipla/hda/2001–1217.html)

鈴木によると，これらの表現はやはり有界性の PP に限定されており，派生的結果構文の一種と考えられるが，動詞本来の目的語が降格され，創造的表現が生み出される生産的な文法の仕組みとして興味深い．鈴木は，文脈への依存度は確かに高いが，動詞本来の語彙特性がこのように容易に改変されうるという事実は，英語における結果構文の産出が強い構造依存の基盤を持っていることを示唆していると指摘している．

このように，Randall や鈴木による観察結果は，結果構文においては，動詞と目的語が形成する CAUSE 側の述語関係よりも，postverbal NP と結果句が形成する RESULT 側の述語関係が，結果構文の特質を表しているだけでなく，生産性，派生のメカニズムを解明するカギとなることを示唆していると考えられる．つまり，動詞の語彙的意味から結果句が制限されるのでなく，逆に結果句側から動詞を選択するシステムがあることを示唆している．

しかし，そうであるならば，複合述語形成を行う主要部はどういうものであるのか．RESULT 側には，動詞のように項に意味役割を付与する語彙的主要部はない．たとえ，動詞から選択されない結果述語といえども，動詞と全く無関係に項構造に参与できるとは考えにくい．動詞の事象構造と結果句の事象構造が，構文の統語構造において，どのように対応するのであろうか．

よって，次節では，RESULT 側における複合述語形成の内部構造とはどのようなものであるか，それが構文の統語構造にどう対応するのか，また，動詞に選択されない結果述語の文法的容認性について，さらに考察を進める．

3. 複合述語形成の内部構造に見るハイブリッド性

3.1. 影山 (2007) における語彙意味論的 VP シェル構造

影山 (2007) は，結果述語と postverbal NP は，小節 (small clause (SC)) の構造をなし，その中で主従関係を結ぶと主張しており，(15)–(16) において，3 名のインフォーマントによる分裂文 (cleft) テストで，各タイプの結果述語の性質を検証している．

まず，本来的結果構文における結果述語である．このタイプは分裂文に置くことが基本的に可能である．

(15) a. They painted their house dark green. →

It was dark green that they painted their house.

b. He smashed the plate into a million pieces. →

　(?)It was into a million pieces that he smashed the plate.

c. He polished his shoes to a high gloss. →

　It was to a high gloss that he polished his shoes.

（影山 (2007: 55)）

影山は，その理由として，動詞が SC 全体を語彙的に選択している（意味役割をあたえている）からであると考えており，目的語と結果述語を含めた SC が主動詞によって語彙的に選択されていれば，結果述語の抜き出しが可能であり，語彙的に選択されていない場合は，抜き出しが不可能であると主張している．

　一方，(16) のように，動詞によって語彙的に選択されない結果述語を持つ派生的結果構文における結果述語は，若干のインフォーマントの揺れはあるものの，基本的に移動できないと影山は述べている．

(16) a. He wiped the dirt from his face. →

　　It was from his face that he wiped the dirt.

b. He wiped the panels completely dry. →

　　?It was completely dry that he wiped the panels.

c. She shook her husband awake.[2] →

　　??It was wide awake that she shook her husband.

d. The babysitter sang the baby to sleep. →

　　??It was to sleep that the babysitter sang the baby.

e. The dog barked the neighbors awake. →

　　*It was awake that the dog barked the neighbors.

f. The girl cried herself to sleep. →

　　*It was to sleep that the girl cried herself.

---

[2] 例文の対応関係からすると，本来 wide awake となるべきところかもしれないが，原典のまま awake としておく．

g. They drank the pub dry. →
   *It was dry that they drank the pub.　　　(影山 (2007: 55))

　これらの観察から，影山は，結果述語の抽出可能性は，結果述語の予測可能性という辞書的な性質に由来すると考えている．結論として，影山は，小野と同様，本来的結果構文は，主動詞の概念構造がダイレクトに反映された単一の event であるが，派生的結果構文は，2つの events（活動ないし過程と変化結果）が合成されたものであるという見解を示している．

　よって，影山は，結果述語が，統語構造において，どのように位置づけられるかという問題に対する解答として，(17) のような動詞と結果述語の主従関係を，(18) のような VP シェル構造として提案している．

(17) a. paint the house white
　　 b. wipe the table clean
　　 c. bark the neighbors awake

(18)

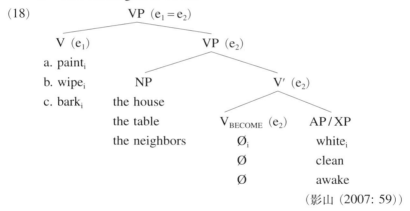

(影山 (2007: 59))

　影山は，まず，概念構造と統語構造を対応させるために，主従関係の主要部として，V_{BECOME} という機能範疇を仮定する．同一指標がつけられた $\emptyset_i$ と $white_i$ は，動詞によって語彙的に選択されているということである．故に，white は主動詞によって語彙的に統率されているから，意味的に整合する限り，自由に移動できる．これと対照的に，派生的結果構文の場合は，動詞 bark の語彙情報には，変化の意味も結果状態の意味も示されていない．したがって動詞は Ø にも awake にも同一指標を与えることがない．その結

果，awake は主動詞によって語彙的に統率されず，摘出は全く不可能となると説明している.

つまり，影山の VP シェル構造の考え方に基づけば，本来的結果述語は，もともと動詞の概念構造 (Lexical Conceptual Structure (LCS)) に含まれるのに対して，派生的結果述語は，主動詞の LCS に含まれず，事象合成 (event composition) によって生み出される. よって，結果述語が明示されると Ø (e_2) が活性化されて，文全体として変化の意味が生じると述べている. このように，主動詞によって予測できない述語が，どのようにして統語構造に現れるかという問題に対して，主従関係の主要部として，RESULT 側に，「変化」を表す V_{BECOME} (e_2) という機能範疇をパラメータとして設定するという提案は興味深い. また，語彙範疇と機能範疇という 2 つの統語範疇を設定することで，temporal な動詞と atemporal な形容詞とが，同じ統語構造に参与できる.

しかし，影山の考え方によれば，e_2 はあくまで主動詞 (e_1) の統率下にあり，そうであれば，逆に，主動詞がすべて e_1 の位置に生成されるのは説明的妥当性において無理があるのではないだろうか. 事実，自動詞ベースの結果構文は結果状態を含意しない動詞であるので，そもそも CAUSE の概念構造も，結果句が叙述する対象である目的語も，持っていないはずである.

さらに，(19) のように，「動詞の表す行為による変化」を表すと思われる結果述語が容認されない言語現象について，これまでも数々の研究者が例を挙げている. こうした例において，結果述語は，動詞の語彙的特性から予測できないものであるから，単に「変化」という意味的特性だけでは，容認性の条件としては不十分であることは明らかである. 当然 e_2 の内部構造によって，構造的に文法的容認性のチェックを受けねばならないはずである.

(19) a. *He fell (down) dead.　　　　　　　(Simpson (1983: 147))

b. *Sharon brought Willa breathless.　(Goldberg (1991: 371))

c. *During the spring thaw, the boulders rolled the hillside bare.

(Levin and Rappaport Hovav (1995: 39))

d. *The rice slowly cooked the pot black.　　　　　　(ibid.)

e. *John fell his knees sore.

f. *The ice froze itself solid.

g. *Graham Bell invented the telephone useful.

(Horita (1995: 162))

h. *Harry destroyed/demolished the car into bits.

(Jackendoff (1990: 117))

　また，本稿の主張からいえば，前述の影山の分裂文のテストにおいて着目すべきは，例文（16）のうち，He wiped the dirt from his face の分裂文はインフォーマントが3名とも受け入れたという点である．影山は，wipe という動詞は，布などをあてて擦る物体の表面を目的語にとる場合（wipe the table）が基本で，この文の適格性からすると「wipe＋汚れ＋from/off/out」という構文が基本文型として辞書化されていると考えることができると説明しているが，第2節において言及した鈴木（2007）の指摘のように，wipe に限らず，特に「〜から〜を除去する」といった解釈の結果構文において，動詞本来の目的語が PP に降格されるといった創造的表現は，比較的生産性の高い構文であり，wipe 特有の idiosyncratic な構文として別個に辞書情報化するのは疑問が残る．つまり，影山の動詞中心の考え方は，結果構文の生産性をとらえる上でやや制限が強すぎ，その都度下位規則を付加しなければならないのは非効率であると考える．

3.2.　Kaga (2005) における意味役割理論に基づく VP シェル構造

　これに関して，Kaga（2005）は，（20）のモデルのように，RESULT 側の機能範疇が意味役割（thematic role）の割り振りという機能を持つことを提案しており，それにより（19）の例の非文性に関しても説明できると主張している．

(20)

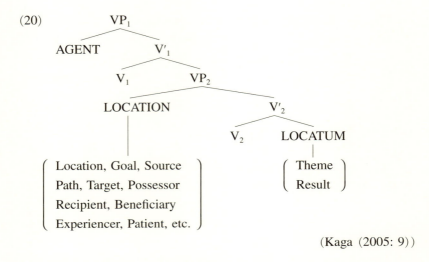

(Kaga (2005: 9))

(20) の Kaga (2005) の意味役割理論に基づく VP シェル構造において重要なのは，状態変化の主体者となる被動者（patient）が「場所」の役割を持つとみなされ，一方，結果状態を表す結果要素が「存在者」の役割を持つと分析される点である．このように，文法項に対応するマクロな意味役割として，動作主（AGENT），場所（LOCATION），存在者（LOCUTUM）が常に VP₁ の指定部，VP₂ の指定部，VP₂ の補部に 1 対 1 で対応する．

(21) a. John froze the ice cream solid.
 b. [VP1 John [V'1 V₁ [VP2 the ice cream [V'2 froze (V₂) solid]]]]
(22) a. The joggers ran the pavement thin.
 b. [VP1 the joggers [V'1 ran [VP2 the pavement [V'2 e (V₂) thin]]]]
(23) a. The tourists walked their feet sore.
 b. [VP1 the tourists [V'1 walked [VP2 their feet [V'2 e (V₂) sore]]]]
(24) a. Dora shouted herself hoarse.
 b. [VP1 Dora [V'1 V₁ [VP2 shouted [V'2 herself [V'2 e (V₂) hoarse]]]]
(25) a. John ate the cupboard empty.
 b. [VP1 John [V'1 ate [VP2 the cupboard [V'2 e (V₂) empty]]]]

(Kaga (2005: 79))

よって，(21a, b) を例にとると，freeze は状態変化動詞であるので，V₂

の位置に基底生成され，場所（LOCATION）としての被動者（patient）the ice cream と存在者 LOCUTUM としての結果（result）solid を選択する．Kaga は，このように本来的結果構文が形成されるのは，動詞が V_2 の位置に基底生成され，場所要素と存在者要素の両方が選択されている場合であると述べている．

　これに対して，派生的結果構文である (22)–(25) の例のうち，(22a, b) を例にとると，動詞 run は動作主 AGENT を主語にとる非能格動詞であるので，V_1 の位置に基底生成される．そうすると，V_2 の位置には何も存在していないかというとそうではなく，動詞句の主要部にあたる位置であるので，音声形式は与えられないものの，動詞としての実体を待つ機能範疇 e_v があると Kaga は考えている．よって，語彙範疇である動詞の代わりに状態変化の主体である the pavement が「場所」の要素として，また，結果の特性を表す thin が「存在者」の要素として位置づけられるのである．(23)–(25) も同様に，動詞に後続する要素は動詞が直接統語するのではなく，動詞としての実態を持つ機能範疇 e_v によって，their feet, herself, the cupboard は「場所」，sore, hoarse, empty は「存在者」の意味役割が与えられると考えられるので，それぞれの統語的位置を認可される．

　一方，(26)–(33) が非文となるのは，基底構造を見てわかるように，この3つの事象項（event argument）が，統語項に1対1対応していないからであり，それは，本来的結果構文の意味役割と同じ内部構造を持っていないと解釈されるからである．例えば，(26) の文は，意味的には「彼は落下して（その結果）死んだ」と解釈できそうであるが，動詞 fall は非対格動詞であり，その主語 he は意味役割的には移動物（theme）であり，dead は結果状態（result）の意味役割を持ち，「存在者」（LOCUTUM）項が重複する．また，(30) の例は，「コメをゆっくり調理してたら，鍋が真っ黒になった」という因果関係があるはずだが，状態変化動詞 cook にとって，the rice も the pot もともに，意味役割的には状態変化の対象（patient）であるので，「場所」（LOCATION）項が重複し，容認されないと言える．

(26)　a. *He fell (down) dead. (= (19a))
　　　b. [$_{VP1}$ [$_{V1}$ [$_{VP2}$ down [$_{V'2}$ fell (V_2) he, dead]]]]

(27) a. *Sharon brought Willa breathless. (= (19b))

  b. [$_{VP1}$ Sharon [$_{V'1}$ V$_1$ [$_{VP2}$ (somewhere) [$_{V'2}$ brought (V$_2$) Willa, breathless]]]]

(28) a. *During the spring thaw, the boulders rolled the hillside bare. (= (19c))

  b. [$_{VP1}$ [$_{V1}$ [$_{VP2}$ the hillside [$_{V'2}$ rolled (V$_2$) the boulders, bare]]]]

(29) a. *John fell his knees sore. (= (19d))

  b. [$_{VP1}$ [$_{V1}$ [$_{VP2}$ his knees [$_{V'2}$ fell (V$_2$) John, sore]]]]

(30) a. *The rice slowly cooked the pot black. (= (19e))

  b. [$_{VP1}$ [$_{V1}$ [$_{VP2}$ the rice, the pot [$_{V'2}$ cooked (V$_2$) black]]]]

(31) a. *The ice froze itself solid. (= (19f))

  b. [$_{VP1}$ [$_{V1}$ [$_{VP2}$ the ice, itself [$_{V'2}$ froze (V$_2$) solid]]]]

(32) a. *Graham Bell invented the telephone useful. (= (19g))

  b. [$_{VP1}$ Bell [$_{V'1}$ V$_1$ [$_{VP2}$ [$_{V'2}$ invented (V$_2$) the telephone, useful]]]]

(33) a. *Harry destroyed the car into bits. (= (19h))

  b. [$_{VP1}$ Harry [$_{V'1}$ V$_1$ [$_{VP2}$ [$_{V'2}$ destroyed (V$_2$) the car, into bits]]]]

(Kaga (2005: 96))

さらに，本稿の主張を裏付ける言語事実として，(15) の例において指摘した，他動詞の本来の目的語を PP 内に降格させ，新たな目的語を導入する現象についても，従来のように，目的語であろうと，小節であろうと，動詞から語彙的に選択されていると考える限り，動詞本来の語彙特性がこのように容易に改変されうるという創造的な表現に関して，妥当な説明ができない．したがって，派生構文の生産性，創造性をより的確にとらえるためには，小節が主動詞によって，「語彙的」に選択されているのではなく，(34)-(38) において，Kaga のモデルを援用して提案した基底構造のように，RE-SULT head である機能範疇によって，「意味役割的」に選択されているとしたほうが，結果構文の項構造のハイブリッド性をより自然に，かつ包括的にとらえられる．

(34) a. … yawning and rubbing the sleep out of her eyes. (= (15a))

  b. [$_{VP1}$ [$_{V'1}$ yawning and rubbing [$_{VP2}$ out of her eyes [$_{V'2}$ e (V$_2$) the sleep]]]]

(35) a. Messenger kissed these questions from her lips. (= (15b))

b. [$_{VP1}$ Messenger [$_{V'1}$ kissed [$_{VP2}$ from her lips [$_{V'2}$ e (V$_2$) these questions]]]]

(36) a. "When the pain rises, what will you do?" "Catch it. Bite it into Bobby's belt." (= (15c))

b. [$_{VP1}$ [$_{V'1}$ Bite [$_{VP2}$ into Bobby's belt [$_{V'2}$ e (V$_2$) it [= the pain]]]]]

(37) a. The woman had the hiccups and wanted a drink of water to get rid of them. The owner frightened them [= the hiccups] out of her. (= (15d))

b. [$_{VP1}$ The owner [$_{V'1}$ frightened [$_{VP2}$ out of her [$_{V'2}$ e (V$_2$) the hiccups]]]]

例えば，(34) は通常，yawn / rub her eyes とは言えるが，the sleep を目的語には取れない．しかし，「あくびをしたり，（目を）こすることによって，目から眠気を追い出した」という，複合述語形成における意味役割構造に対応する事象項を持てば，文法的に容認される．同様に，(36)，(37) においても，bite the pain や frighten the hiccups は非文法的であるが，「ベルトを噛んで痛みをこらえる」，「脅かしてしゃっくりを止める」という意味役割関係が認知できれば，文脈の助けが若干必要ではあるものの，動詞の語彙的特性を変更するような創造的な構文が容認できると言える．

つまり，「意味役割」には，動詞本来の語彙的意味を改変するような，意味的，語用論的，認知的条件も影響を与える．ゆえに，機能範疇 e$_v$ によって複合述語が形成できれば，RESULT head 側から逆行的に動詞を選択できる．それは，すなわち，「結果があれば，それを生み出す原因があるはず」という推論から構文が構築できるという派生構文の創造性を基盤とした事態構造の可能性を示す．

4. おわりに

以上，本稿では，結果構文の生産性の特徴づけとして，まず，第 2 節で「複合述語形成」による非対称的，立体的な複合事象の形成を検証した．次の第 3 節では，その内部構造の主要部として，意味役割理論に基づく機能

範疇を認め，動詞の語彙的主要部と機能的主要部というハイブリッドな統語構造を考えることで，派生構文の創造的な言語表現の文法的容認性についてもより理論的に，かつ，包括的に説明できることを示した．

Kaga の VP シェル構造は，影山の提案する動詞の語彙的特性からのトップダウンな VP シェル構造と異なり，RESULT 側の複合述語形成が，ボトムアップで上位構造と対応することで，動詞の語彙的特性から予測できない結果述語が統語構造へ組み入れられるメカニズムを，より自然に説明できる．つまり，文法項に対応するマクロな意味役割としての，動作主 (AGENT)，場所 (LOCATION)，存在者 (LOCUTUM) は，動詞の項 (lexical argument) ではなく，RESULT head の事象項 (event argument) であり，(19a–h) のような，影山の理論に依拠すれば意味的に結果構文の事態構造を持ちそうな非文に関しても，「意味役割」による項構造という，より構造的な規制によってその文法的非容認性を予測できるといえる．

派生的結果構文における結果述語は，ただ単純に，動詞の意味に結果を継ぎ足す働きをするのでなく，より非対称的で立体的であり，構造的に統語構造に組み入れられる．ただし，結果状態を語彙的に含む状態変化動詞は，経験世界の因果関係に基づく結果構文の典型であり，V_2 の位置に語彙的主要部によって，生成される．よって，小野が指摘した，本来的結果構文の結果述語のスケール構造のタイプがシフトしないという主張に関しても，動詞の語彙的主要部と機能範疇の主要部がオーバーラップしていると考えることで説明ができる．ゆえに，本来的結果構文が単一のイベントのように見えるのである．

つまり，同じ構文に CAUSE タイプと PATH タイプの 2 つの異なる事態構造を認めるのではなく，本来的結果構文の動詞は，複合述語形成に相当する「状態変化」の事態構造を語彙的に持っており，派生的結果構文はその事態構造を認知的モデルとして，同じ事態構造を構造的に複製しているのである．よって，V_2 の位置には，2 つのハイブリッドな主要部が，同じ意味役割構造を持ってオーバーラップしているので，従来の主動詞の LCS に基づく理論では説明できない創造的な言語表現が構造的に生じているのである．

参考文献

Goldberg, Adele (1991) "It Can't Go Down the Chimney Up: Paths and the English Resultative," *BLS* 17, 368-378.

Goldberg, Adele (1995) *Constructions: A Construction Grammar Approach to Argument Structure*, University of Chicago Press, Chicago.

Goldberg, Adele and Ray Jackendoff (2004) "The English Resultative as a Family of Constructions," *Language* 80(3), 532-568.

Horita, Yuko (1995) "A Cognitive Study of Resultative Constructions in English," *English Linguistics* 12, 147-172.

Jackendoff, Ray (1990) *Semantic Structures*, MIT Press, Cambridge, MA.

Kaga, Nobuhiro (2005) *Thematic Structure: A Theory of Argument Linking and Comparative Syntax*, Kaitakusha, Tokyo.

加賀信弘 (2007)「結果構文と類型論的パラメータ」『結果構文研究の新視点』, 小野尚之 (編), 177-215, ひつじ書房, 東京.

影山太郎 (2007)「英語結果述語の意味分類と統語構造」『結果構文研究の新視点』, 小野尚之 (編), 33-65, ひつじ書房, 東京.

Levin, Beth and Malka Rappaport Hovav (1995) *Unaccusativity: At the Syntax-Lexical Semantics Interface*, MIT Press, Cambridge, MA.

Randall, Janet H (2010) *Linking*, Springer, NY.

鈴木亨 (2007)「結果構文における有界性制約を再考する」『結果構文研究の新視点』, 小野尚之 (編), 103-141, ひつじ書房, 東京.

近現代英文法に見られる「状態」概念[*]

樋口　万里子

九州工業大学

1.　はじめに

　進行形の V-ing 形に love などいわゆる「状態動詞」の使用を制限する規則は，今日厳然と我々の意識に刻み込まれている．Vendler（1967: 99）も，I am loving は意味をなさないと言う．だが不可解なことに，この規則に肝心要の「状態」概念の輪郭は曖昧さを免れない．しかも「状態動詞」の進行形使用は今も昔も実際には特に稀ではない．[1] そういった例はもっぱら誤用または例外として処理され（e.g. Leech et al.（2009）），例えば（1）の進行形については，**動き**や**有界性**を伴い「非状態」を表すと説明されてきた．しかし 1 行目と 2 行目の want がいずれも「状態」を表す場合の文の容認性が歴然と異なるかどうかについては，釈然としないものが残る．

(1)　He's always **want**ing to learn new things.　He's passionate about farming and **wants** to expand his knowledge.

同進行形はまた，誇張を表す別種の進行形，あるいは方言とされることも多い．だが，この特殊進行形の範疇輪郭も存在理由も，誇張表現であれば何故進行形が「状態」を許容するのかも不問に付されたままである（cf. 樋口（2017: 2-3））．またこの類いは，方言と言うには余りに広汎に遍在する．

　こういった中で本稿が目を向けるのは，18 世紀英文法最高権威 Lowth

---

* 本研究は JSPS 科研費 17K02813 の助成を受けたものである．

[1] 顔をしかめる向きもあるが，昨今は教養高き英米人のメール等にも実際に現れる．だが数十年前は嘲笑の対象になっていたと言われている（Drinka (p.c.)）．

（1762: 56）や辞書編纂者の文典 Webster（1784: 23-26）を始めとする近代後期英文法の大半（18 世紀では 63%，19 世紀では 84%）で，I am loving が進行形の範例として君臨することである.[2] 閲覧可能な 18 世紀英文典中進行形に触れる 100 冊余の中で，制限規則に言及するのは僅か 3 冊，19 世紀前半でも数冊に過ぎない.[3] 20 世紀中盤でも禁則は総意に至ってはいない.[4]

　また小説や書簡等でも，「分詞語幹動詞の表象が状態と解釈できる進行形（以降，状態進行形）」の出現率は，近現代を通じ無視すべき程低くはない.[5] Bando（2004: 48）に依れば，1811-1818 年の間に書かれた Jane Austen の 6 作品平均では全進行形中 21.4% に上る．拙論調査でも，同時代の庶民の手紙を極力忠実に編纂した書簡集，*The Clift Family Correspondence 1792-1846* でほぼ同率であった.

　進行形と相容れない動詞が表す事態については，認知文法の枠組みなどで概念輪郭の掘り下げが進んだが，それでも捉え難い部分は残る．例えば Langacker（1991: 208）は，「I'm liking it の like は『有界事態で状態ではない』」とする．だが I'm liking it には有界性を意識しない場合もある．その際の like の表象を「非状態」とする根拠は不明瞭である．英語習得初期段階で導入される「進行形で使えない動詞」の範疇輪郭が，進行形の正誤判定に耐える明確さを欠くことは，教育や学習の弊害となるだけでなく，進行形

---

[2] 18 世紀分は活版印刷導入以来 1800 年迄の英文典リスト Alston（1974）で Eighteenth Century Collections Online に収録があるものを中心に調査した．19 世紀分は Anderwald（2016: 178）のデータを勘案したもの．Appendix 参照.

[3] 近代言語哲学書や定番ラテン文典でも amo の訳出に I am loving がある.

[4] 例えば 20 世紀の Poldauf（1948: 292），Myers（1952: 176-177），Visser（1973: 1924）は，進行形に使われている例として状態進行形を挙げる.

[5] Granath and Wherrity（2013）も love の進行形を COHA（1800 年以降の米国コーパス）で多くは小説などから 132 例検出している．拙論サンプル調査でも以下を含め，特に稀とは言えない.

  (i) a. Two years ago, **three men were loving her**, as they called it.

                                    （Elizabeth Barrett-Browning, 1846, from Arnaud（2003: 16））

     b. ... it is useless for me to say he is not, or that **I am loving a shadow**.

                                          （Lew Wallace, *The Fair God*（1873））

     c. "**We're simply loving it** here", Stella said.

                                          （Compton MacKenzie, *Sinister Street*（1914））

     d. The French doll **she was loving** wore an exquisite powered wig and its idiot glass eyes sought solace in Miriam's.   （Truman Capote, *Miriam*（1953））

現象を司る一貫性のある原理を解明する道筋を暗くしているようにも思える.[6]

これまで筆者は，下の2つの図の楕円枠を事象を捉える知覚時間範囲であるとすると，単純形が図1のように範囲が広角であるのに対し，進行形は図2のように同じ事象を範囲を狭めて捉える点に存在意義があるとすれば，「状態」概念を巡る進行形の様々な事実に最も自然な説明がつく可能性を論じてきた．

図1　　　　　　　　　図2

例えば「状態進行形」に多く一過性を感じるのは，進行形構文の側に事態の一局面を切り取る機能があるから，主観性を示唆することがあるのは眼前の状況を接写するからであり，状態進行形が方言に多いのは規範に束縛されない自然体の状況にあるからだと思われる．本稿は，その論拠の1つとして，進行形と切り離せないアスペクト概念としての「状態」を，その来し方や成り立ちといった側面から，近代英文典の言及に照らし炙り出す試みである．次節で英文典における進行形を概観し，3節でそこに浮上する「状態」概念を洗う．4節で「状態」概念と関連概念との関係整理を試み，「状態」を進行形と両立する概念として精緻化する一助としたい．

2.　近現代英文法研究における状態進行形

進行形の起源については諸説あるが，いずれにせよ18世紀中盤までは進行形に「状態」と相容れない要素はない．歴史を遡ると進行形の源流候補として be + {in/at/on → a/an → φ} + V-ing といった構文がある．古英語の V-ing 形は，現在のゲルマン諸語の V-ing 形と同様純粋に名詞である．近代英文典にもこれを裏付ける記述やこの構文の V-ing を名詞とする説明が多い．He's at work と He's working や I'm in love with it と I'm loving it との意味的近似性はその名残と言えよう．名詞であれば語幹動詞の表象は

---

[6] Kranich (2010: 72) は進行形の核機能の同定を困難と言うが，それも「状態」概念輪郭の不透明性が深く関わっていると思われる．

当然「状態」の場合もある．もう1つの源流とされる古英語の拡充形
（beon / wesan + V-ende）の V にも，「状態」と解釈可能な例が多い（鈴木
(p.c.)）．

　中英語の代表的6文献を調査した Killie（2014: 371）は，拡充形の後継
構文 be + V-ende 形の 46% が焦点化機能を持ち，42% は「状態」を表すと
言う．Visser（1973: 1968–1988）は進行形を拒むとされてきた動詞を 150
並べ，それらが使われている状態進行形を，中英語の（2）のような例を含
め数多く挙げる．[7]

> (2)　　, when **thou ert lufand** Jhesu Criste.
>
> 　　　　（Rich. Rolle.（c.1343））（, when you are loving Jesus Christ.）

　17世紀末の Miege（1688: 67, 70）から 18 世紀を通じ大半の文法書で，
現在進行形は単純現在形の同義異形である．[8] 近代初期までは進行形の意味
は，特に襟を正した場では，ゲルマン諸語と同様単純形が担っていたので当
然である．What do you read? は What are you reading? も意味し，両者に
は使用の場以外の相違はなく，状態進行形を制限する道理も気配もない．

　18世紀中盤以降両形を識別する書が現れるが，上述したように大半が I
am loving を範例に使う．Lowth や Webster は，「単純形は過去・現在・未
来に漠と広がる事態自体を，進行形はそれを『特定時に限定して』捉える」
と説き，それぞれを Indefinite / Definite と呼ぶ．Bayly（1772: 32），Alex-
ander（1780: 77），Blanch（1799: 63），Osgood（1827: 63），Sweet（1892:
103），Kruisinga（1915: 30）に見られる進行形記述も同趣旨で，制限には
繋がらない．

　英文法史上初めて I am loving とその類いを糾弾したのは Pickbourn と
思われる．[9] だが彼も「現在進行形は動詞の意味を definite に現在に限定す

---

[7] V-ing には，中英語期まで地方によって V-ende / ande など様々な異形があったが，
1500 年頃 V-ing にほぼ統合された．

[8] Lane（1705: 47）・Anon.（1712: 83）・Saxon（1737: 56）・D. Turner（1741: 20, 21）・
J. Ward（1758: 98）・Shaw（1778: 347）・Bicknell（1790: 43）・Alexander（1792: 17）等．
A. Fisher（1753: 82）・Buchanan（1762: 125）・W. Ward（1765: 196）等は，進行形を単
純形の a beautiful variation，あるいはもう1つの形と言う．Murray の *EG* でも基本的に
は同様の扱いで，進行形には初版から終始特段名称がない．

[9] しかも糾弾は，時に著者名と参照頁付きで，4回も（pp. 27, 81–83）繰り返される．

る（1789: 26）」と記し，この点では Lowth や Webster と同一見解である．Pickbourn は，ここに Brittain (1788: 100) や Coote (1788: 88) の記述を援用し「すでに継続中で未だ完結していない事態を表す」と加えるが，それは進行形だけの特性ではない．Webster (1784: 24) が漠と広がる事象の例示に用いる単純形の I love や He writes well が表す属性も，現在持続的に成立している．[10] この観点から見る限り，単純形と進行形は，事象を捉える範囲に広狭の差はあれ，いずれも「状態」と両立し得る．Pickbourn の記述は「状態進行形」を排除できないのである．

Pickbourn は序で言及する際は I was loving を咎めていない．本文議論でも非難に合理的論拠は見当たらない．英語の名誉のために I loved と区別したい一心だったようにも見える．Pickbourn の禁則を継承し I am loving を誤りとする文典でも，根拠となり得る進行形の意味機能が示されることはなかった．[11]

3.　進行形と不整合とされてきた「状態」概念の系譜

OED を紐解くと，文法用語としての stative はヘブライ語文法用語として 1874 年に初出する．18 世紀末の Murray の *English Grammar*（以降 *EG*）第 5 版 (1799: 51) は，live などが表す「状態 (state) は neuter なる動詞分類（18 世紀文典で広範に見られる）の下位範疇」とし，かつ「neuter は進行形でも頻出する」とする (ibid.: 82)．[12] state は，Onions (1904: 113) などにも見られるように 20 世紀に入っても進行形の表象の 1 つである．

Pickbourn が進行形で決して使わないと何度も繰り返すのは「continued energy, or affections of the mind を表す動詞」だが，この continued energy

---

[10] Newbery (1745: 84), Joel (1770: 24), Raine (1776: 25), Ash (1799: 46) も，単純現在形・現在進行形両者の表象を「終わっていない事態」とする．

[11] Langacker (1991: 208, 210; 2008: 156) は，進行形に状態が生じないのは，進行形が動きを状態化する構文であり，すでに状態である事態をさらに状態化するのは無意味だからとする．と言っても，言語の余剰性を無視しているわけでもない (cf. 2008: 156)．重複現象は，フランス語の ne...pas や，自然な英語には 19 世紀まで存在した二重否定や二重比較級など，まま見られる．規範文法にはそういった余剰表現を極めて厳格に規制する傾向がある．

[12] 実際 216 頁に挙げた *Clift Family Correspondence 1792-1846* でも頻度はかなり高い．

が何を何処まで指すかは判然とせず，使わない理由の言及もない．Pickbourn は例に love, fear, hate, approve, know を挙げるが，いずれも当時から進行形で使われてきた事実がある．19 世紀中盤の Brown (1851: 360) は，進行形が許容しないのは「単純形で継続的事象を表す動詞」と言うが，ほぼすべての動詞は単純現在形では継続的属性を表す (e.g. He reads)．真の punctual を除くすべての事象の生起には，He lived であれ He hit it であれ時間幅が伴い，通常その展開は何らかの継続エネルギーによる．継続のあり方が問題な訳だが，「状態」を同質的に継続する事象と捉え始めたのは Comrie (1976: 49) 以降のようである．

H. E. Palmer (1924: 149) は，禁則を「感情・知覚を表す動詞は，決して，またはほとんど進行形で使われない」と緩和し，「動詞自体というより動詞の意味が問題になる」という説明を加えるが，その「意味」や理由は依然として不透明である．Hornby (1954: 116-119) は want や feel など同形で使用不能とする動詞を 42 例並べるが，別頁では，特段の説明もなく完了進行形の例に I've been **want**ing to see you about several important matters などを挙げ，She's **feel**ing better today と She feels better today とには確たる違いはないとも言う．Millington-Ward (1957: 131-137) は，進行形を拒む動詞が表す概念を「知覚・信念・愛情・願望」と記す．すなわちこれらを包摂する概念としての「状態」という用語が一般化したのは，Quirk et al. (1972: 39) 以降のようだが，輪郭は曖昧である．

「進行形で使えないとされている動詞は実は使えるが英語に熟達するまで避けるべき」と記す Close (1968: 26) からは，使用原理の説明に苦慮していることが窺える．これは，文法記述にあるまじき文言として Visser (1973: 1970) の逆鱗を買ってもいる．この「実は使える」場合の一部が，冒頭で述べた「V が動性や有界性を醸し出すか，誇張を表す別種または方言」などと分析されてきた．だがそれでも説明困難な例は枚挙に暇がない．

「状態」はこのように輪郭が茫洋たる概念である．にもかかわらず厳然と進行形の正誤判断材料となってきた．その背景を読み解くにあたり，本稿が注目するのは，規範文法の一面であり，進行形制限の人為性である．というのも，上述の *EG* が，1795 年の初版から 1798 年の第 4 版までは一貫して love の進行形を範例として用いているのに，翌 1799 年の第 5 版で突如豹変しその類いを禁じているからである．当該言及は 11 頁に亘る love の活用

羅列の半程にあるが，そこだけ唐突に動詞が teach になっている．54才の Murray の言語直観が 180 度覆るというのは極めて不自然である．[13]

豹変以前で禁則に言及する残存文献は，提唱者本人の Pickbourn (1789) と Knowles (1796) の 2 冊のみである．前者が出たのは豹変の 10 年前だが，Murray が *EG* 第 4 版まで I am loving を範例に使ったのは，大御所 Lowth の名声が Pickbourn を遙かに上回っていたからだけでなく，同文が進行形例示の定番だったこともあるだろう．*EG* はその記述の多くを Lowth に依拠し，一般見解や先行書の文言そのままを巧みに継ぎ合わせた編纂書である．豹変の引き金としては，Pickbourn の禁則を模した Knowles の文典が考えられる．Knowles (1793) の Liverpool・第 4 版は，当時の有名書評雑誌 *Monthly Review* 15 (1794: 350–351) で Lowth を凌ぐ書と評されている．その版は 1796 年に再度 London でも，*EG* を出した出版社でそのまま同じ第 4 版として刊行された．出版側の要請や書評等に敏感に反応し生涯 *EG* を加筆修正し続けた Murray が，その書評を見逃したはずはない．元々 Murray は Pickbourn に一目置いていた．初版，1801，1802 年第 7, 8 版を除き，York で生前発行された *EG* の全 40 版で，動詞については Pickbourn を参照と記載する．[14] 第 5 版執筆時に改めて Pickbourn を再確認した可能性は高い．と言うのも，これ以降の版で（第 5 版では 52 頁）現在分詞の項に，それまでにはなかった「現在分詞は *imperfect* action, or action begun and not ended: as, "I am writing a letter." を表す」という，Pickbourn に準ずる説明が加わっているからである．[15]

さらに豹変は，Murray の禁則への感度も示すように思える．道徳と不可分の「正しい英語」が立身に直結した近代，文法書はそれを授けるためにあった．禁則に敏感な読者が誹られる可能性を極力排し正しい文法を伝授するのは，神の僕たる彼の使命であり執筆目的だった．[16] Murray 自身は文法

---

[13] *EG* の初版からの爆発的売れ行きに社会的責任を感じてか，互いに整合性のない多種多様な見解に悩みつつも，Murray は彼なりの折り合いをつけ，最先端の知見も採り入れながら，没年 1826 年 40 版までの改訂版のほとんどで，実に様々な規模の複雑な加筆修正を続けている．アステリスク位置変更（1800 年 York 第 6 版）といった微細なものから抜本的なものまである．

[14] 筆者調査は 66 版まで確認．Jones (1996: 77) は 1891 年 69 版まであると言う．

[15] 当時，進行形は現在分詞の項目で言及するのが一般的だった．

[16] 同時期教師として文法書を書いた Rothwell (1797: 139) は生徒が誤り是正練習を求め

の専門家ではない．自らの直観がどうであれ，改めて目にした動詞研究第一人者 Pickbourn の強い主張と使命感が豹変に一因した可能性は低くない．

豹変が起きたのは *EG* でだけではない．米国であまねく読まれた Bullions 1845 年版 38 および 52 頁では I am loving は範例だが，題名を多少変えただけの 1853 版 92 頁では「単純形で継続を表す動詞は進行形を認可しない．I am loving には（適切だとしても）I love 以上の意味はない」と動詞を write に換えている．同様に Kerl も，1859 年版では 155 頁前後の 7 頁に亘り love の進行形を並べる．ところが同一表題の 1861 年版ではそれをすべて削除し，「love は進行形では使えない」と 24 頁脚注に記す．[17] これらの変化の背後には Pickbourn を継承し Bullions の love 進行形を名指し頁付きで 2 回も酷評する文法書批判大著 Brown（1851）が感じられる．[18]

進行形記述 20 頁余りの 8 割を新聞や小説からの実例が占める 20 世紀の Kruisinga（1915）は，Sweet（1892: 103-105）に倣い 32 頁で I am seeing を筆頭例に進行形を Definite Tense と呼び，36 頁で次の（3a）（3b）などを例に「現在進行形は継続中の動作や**状態**」を表すと記す．[19]

(3) a. He **is hearing** lectures on political economy.

　　b. We are often told that it is the Press which makes war. The statement has frequently been refuted, but never was there a more vivid refutation than we **are seeing** to-day.

一方 Kruisinga（1931）第 5 版では，名称が the progressive となると共に，上述の Palmer（1924: 149）の禁則が動詞例ごと導入され，I am seeing な

て止まないと記す（cf. Michael（1987: 328））．Knowles の極めて簡素な 35 頁足らずの初版には，禁則は影も形もないが，賞賛された第 4 版の禁則事項数は，Sunby et al.（1991）を基にした Tieken-Boon van Ostade（2011: 255）の表でも 1762 年から 1800 年までの文典中で突出している．

[17] ただし，その 20 頁でも依然として進行形は continuance of the act or state を表すとしており，Kerl も love を state の 1 つとはしていないのかもしれない．であればなおさら矛盾を抱えたままの記述が展開されていても不思議ではない．

[18] Butler も 1846 年版の進行形の項 93 頁にはない禁則を，同題名 1880 年版 91 頁では詳細に入れており，文言も Brown のものと酷似しており，影響を示唆する．

[19] 単純現在形についても同様に an action or state occurring at the time that the speaker thinks of as present（33 頁），the action or state as taking place at a point of time（38 頁）を表すなどとし，両形式共に表象に state を含む．

どの姿も消えている．しかし反面その 348 頁には進行形の表象対象として state が残り，Palmer の禁則に反する Sweet から引いた例文も多々同居する（e.g. he would **be wanting to** push on to Italy (Sweet (1904: 93)；You won't **be having to** go down to the shop much longer (ibid.: 348)；We**'re** simply **loving it** (ibid.: 348))．28 頁に及ぶ彼の進行形記述は反例の宝庫とも言える．Kruisinga も規範や諸処の見解と実例との狭間にあったように思われる．

Pickbourn の執筆動機や Murray や Kerl 等の豹変，Kruisinga の苦悶，そして「状態進行形」が実在してきた事実が物語るのは，禁則の出自の不自然さである．だが，Pickbourn は気概溢れる精鋭であり，彼の時制記述は今日の文法書にも受け継がれている．そして Murray は，19 世紀の誰もが知る，途轍もない文法の巨人である．Jones (1996: 78) は，英米人の潜在意識にある文法規範は Murray に依るところが大きいことを示唆する．[20] Murray が進行形に適しないとするのは「general habit or affections of the mind を表す動詞」だが，それが瞭然とした輪郭を欠いたまま規範意識に根を張り，今日「状態」と称されるようになったのかもしれない．

4. 「状態」概念とその関連概念

今日「状態進行形」の，特に書き言葉での頻度が低いのは事実である．そ

---

[20] 規範文法の実際の言語使用への影響については，証明するのは困難であるため，先行研究は懐疑的だ．しかし影響がないことも証明できない．*EG* は，1800 年以降英語圏のみならず世界で無数に出版され，増版・訳本・海賊版・完全コピーや模倣書数も数え切れない．Alston (1976: 92-96) の書誌目録において他を圧倒する密度の 5 頁に亘る記載もその片鱗に過ぎない．特に 19 世紀前半，学校指定教科書としての採用率や販売部数で圧倒的シェアを誇る（cf. Lyman (1921)）．19 世紀小説でも Murray は文法書の代名詞である．*EG* は現在も各国大学図書館に多数存在し，東京大学図書館所蔵 1875 年第 66 版 1907 年 72 刷の内表紙には，1923 年の震災見舞に英国より贈られたと記されている．近代，一般家庭では蔵書は聖書と文法書の 2 冊ということも多かった（cf. Ostler (2015: 7)）．情報源が限られた環境での刷込は深い．Murray は関連書（*English Exercises*）の序を「原則は繰り返し説き聞かせ植え付けることが大切だ」と説く文で始める．普段よく使っている進行形に関する規則が教育現場で繰り返されれば，状態進行形の頻度が減るのは自然だろう．すなわち，状態進行形使用が，規範を意識すべき状況では高く，意識する必要がない時は珍しくない事実は，規範文法と無関係ではないように思われる．

こには規範文法の影も見え隠れするものの，進行形の機能も一因しているようである．本節では，進行形と馴染まないとされてきた事態としての「状態」概念への理解を，その関連概念との関係整理を試みることで深めてみたい．

4.1. 物事の規則性 (Habituality) と「状態」

Pickbourn (1789: 27) が進行形を拒む動詞表象の1つとする a continued energy を，Murray は general habits と換言する（第5版以降）．[21] He drinks などが表す習慣とは，行動自体ではなく反復により身についた行動パターンで，気づいた時には既に存在しており，その存在の始点や終点は通常意識しない (cf. Duhigg (2014))．すなわち非有界である．I'm happy が「状態」であれば，こういった習慣も「状態」の一種と見ることができる．習慣表現には Onions (1904: 113) が言う通り，進行形 (4b) ではなく単純形 (4a) を用いることは多い．

(4) a. I live at Oxford in winter.
 b. I am living at Oxford in winter.
 c. I am living at Oxford in winter these years.

しかし Onions は決して (4b) を誤りとしているのではなく，109頁で進行形は habit も表すと述べる．例えば (4c) は十分自然である．Langacker (1996: 289) も (5) のような generic & habitual の進行形を取り上げ議論している．

(5) Cats are being born with extra toes these days.

ここで重要なのは，(5) で「複数回生じている現象の共通性・一般性」の表現に進行形が用いられている理由は，these days によって一時的で有界と認識されるからではないことである．(4b) や (5) の表す事態がどのくらい

---

[21] Pickbourn (1789: 26) が進行形は an individual action を表すと言うのを Murray (1799: 82) は particular acts に適すと換言する．これは，単純形／進行形の対照を構造／現象で捉える Goldsmith and Woisetschlaeger (1982) の趣旨とも平行である．しかし Pickbourn の考察には，I live here など単純形の「具体的個別現象」を表す用法が欠けている．そこを Murray (1795: 41) は，Coote (1788: 88) の例文 He is an able man などで補っている．

続くかは，I am happy で表される状態がいつまで続くか判らないのと同じ
程度に判らない．すなわち (4b) や (5) の表象は，長続きしない，終わりを
感じる（有界）事態である必要はない．He's drinking these days も，彼が
これから一生飲み続けることもあり得る場合もある．事態の停止や再開が認
識可能だから使えるというわけでもない．(4b) より (4c) のほうが座りが
いいのは，限定範囲の明文化に由るものだろう．Murray が習慣が進行形と
馴染まないとするのは，彼の念頭に上ったものが He drinks が生来の体質
を表す場合など，「最近の体質」といった形に限定することが困難な場合だっ
たからかもしれない．現象を司る原理や規則性・習慣など，物事の生起パ
ターンも Webster 等の言う indefinite に広がる「状態」と見ることができる．

4.2. 「状態」と非有界性 (Atelicity)

現代の Comrie (1976: 5) や Langacker (1991: 26) にしろ 18 世紀の
Coote (1788: 88) や Brittain (1788: 100)，Pickbourn (1789: 27) にしろ
皆，進行形を未完結な事態，すなわち V-ing の V の表象の内側または途中
に視点を置いて事態を描く構文とする点では一致している．この「未完結」
または「途中」なる概念が V-ing の V に「完結」や「終わる変化」を前提と
することが多いため，進行形には telicity や有界性がつきまとうのかもしれ
ない．I love もまだ終わっていない事象を表すとは言え，確かに love には，
build のように終点に向かうイメージはない．しかし，Smith (1991: 30) が
natural ending point と呼ぶ完結点は，彼女が示すように I'm running など
の activity にもない．したがって，完結点を欠くのは「状態」だけの特性で
はない．

Langacker (1991: 208, 2008: 151) は，「状態」を「変化が伴わない事態」
と定義し，変化には，有界性認識など有から無への変化も含まれ，「通常『状
態』を表す like も I'm liking it の場合は有界で『非状態』」とする．物事は
すべて無常でありいつかは終焉を迎えるので，この有界性認知は概念化者が
事象を捉える範囲での問題である．だが筆者が実際に知覚した (6a) や (6b)
等に，描く事象の範囲での有界性解釈が不可欠かどうかは甚だ疑問である．[22]

---

[22] (6a) を How do you like it? と等価と言っているわけではない．

近現代英文法に見られる「状態」概念　　227

(6)　a.　How **are you liking it**?

　　b.　**Are you wanting** to lose weight?

(6a) の発話者には「聴者が it に早晩飽きるだろう」といった含意があるは
ずはなかった．(6b) は Web メッセージだが，減量願望には終わりがつき
ものという意味で使われている訳ではないだろう．また，(7) のような大学
の基本姿勢を示すはずの学生募集要項の場合，want の表象を有界と見る
のは無理があるのではないだろうか．

(7)　**We are wanting people** who show respect for others, respect for
　　New Zealand's cultural and social values, and respect for other
　　people's views.

　　(New Zealand Graduate School of Education, google: April 16,
　　2017)

大学の方針に一過性を漂わせるのは奇妙である．もちろん，I'm liking it に
は一過性を彷彿とさせることも多々あり，確かに love や know の表象には
終わりを制御・意識し得ない場合も多い．しかし，He loved it の表象にも
すでに終わっている場合も今継続中の場合もある．I feel better と I'm feel-
ing better はどちらも，概念化スコープ内で事象自体の完結点が存在せず，
未完結で非有界の「状態」と言えるのである．その場合 Webster 等が言うよ
うに，前者はそれを相対的により広域で捉え，後者は単に視野を狭めて捉え
それ以外にはコミットしない表現と考えることが可能だ．進行形のほうに一
過性をより感じるのは，進行形が「状態」を拒むからではなく，同構文の側
が視野を限定するためだと考え得るのである．「状態」を進行形を試金石に
して捉える必要はない．

4.3.　「状態」と同質性
　Brown (1851: 360) には，「進行形で使えない事態は生起し始めると同時
に完結している」という興味深い言及もある．これは，Langacker (1987:
254) の言う「状態」の contractibility や，Comrie (1976: 49) の「生起して
いる間のどの一点を取っても同質的な事象」という表現と同趣旨と見ること
ができる．つまり「状態」とは開始点であれ終了時点であれ，どの瞬間・時

間帯を取っても表象の全体像がある事態と言っているのである．Langacker が同質性において「状態」と平行と指摘する名詞における mass (e.g. milk) にも，やはりどの点においても表象の全体がある．同質的事態は安定的で，そこには終わることを含めた変化や動きも意識されることはない．事象の生起を司る原理や規則性の有効性も同様である．事象はすべていずれは終わるにせよ，終わりは意識の外にある．とすれば「状態」は事象をイメージする範囲における同質的事態と定義可能ではなかろうか．広角で捉えようと知覚範囲を極限まで絞ろうと同質的状態の途中は同質的状態である．Lowth 等の先賢に倣い進行形の機能を視野範囲を絞ることに見れば，進行形と状態は十分両立し得る．だからこそ 18 世紀文法は I am loving を進行形の代表例として扱うのではないだろうか．当時の文法書は Latin 文典を鋳型にしていたので，英語では実際にはない I am loving を用いたと言う見解もある (Wischer (2003: 165))．だが上述したように実例は存在する．直観と齟齬のある表現を当代屈指の識者達がこぞって範例とするというのも腑に落ちない．本来「状態」には，進行形と相容れない要素はなかったし，本当のところは今でもないようにも思われる．

5. 進行形の「視界限定機能」と「状態」

Lowth, Webster, Pickbourn も Langacker (1991: 26) も異口同音に，進行形機能に「事象を見る範囲を confine する」面を指摘する．単純現在形の表象には，It's 5 o'clock など具体的個別事象で短時間のものから Iron erodes など形而上的・無限的なものまで様々あるが，いずれも終わりが無関係である．それを 18 世紀の文法家達は成立期間が vague で indefinite と捉え，進行形の存在意義は事態を限定し definite に捉える機能にあると表現する．[23]

18 世紀の進行形観に立ち戻る更なる利点は，使われ方が余りにも多岐に亘るため把握が困難を極めると Kranich (2010: 72) が諦観している，進行形現象を包摂する核機能を見定め得ることにある．例えば限定性は，Visser の進行形定義にある焦点化や，Myers (1952: 177) および大江 (1982: 77)

---

[23] CG 流に言えば，単純形／進行形の対照は profile の広／狭ということになる．

の指摘する進行形の近接性や集中性と脈を通ずる．[24] それは同時に Hübler (1998) から Anderwald (2016) まで，先行研究が別種としてきた「状態動詞が可能な誇張進行形」の特徴である迫真力にも繋がる．意識を現況に集中し焦点を当てれば，認知対象はより鮮烈となり得る．それは進行形の核心機能による一面であり，その場合を別扱いする必要はない．また，I hope you could help me より I am hoping you could ... のほうが，より柔らかい依頼となるのは，状況の把握範囲が限定され，そこ以外にコミットしない分だけ依頼の粘着度が緩和されるからであろう．視野の広狭は，必要に応じて調節する相対的なものである．

　そう考えると It's being 5 o'clock の奇妙さも同様に説明可能だ．すでに一瞬のような事象をさらに限定して見る意味は，普通はないからである．He's {coughing / reaching the top} など一瞬の事象を，通常反復行動や到達点直前の事象として解釈するのは，進行形構文は，主眼を置く限定した視野の背後に V-ing の V が担う時間的に広がった事態の存在を前提とするからであろう．

　また写真 (8) のような時の経過による変化も有界性も無縁の，十分同質的で，一時的とも動的とも感情的とも言えない状況を描く例文 (9) を，無理に「非状態」と解釈したり，別立てしたりする必要もない．

(8)

(9) Columns are supporting a porch roof.

同じ静止画を言語化しても，進行形は一瞥で捉えた状況表現に向き，単純形は無変化状況を捉える時間範囲がより広く，設計図説明などにより適する．

　「状態進行形」の使用頻度が低く，実際には使われていても何らかの例外処理を受けるようになったのは，教育により長く培われた規範意識が働くからかもしれない．標準英語は確かに意義深いが，本稿で見てきた規則の場

---

[24] Myers (1952: 177) は immediate であれば They are knowing も使うと言う．

合，かなり人為的なものである可能性は高い．「状態進行形」は本来的には
英語に備わっているものであるため，文章の達人が自らの言語直観に照らし
描きたいイメージに最適の表現として，おそらくは無意識に選び出すことが
あり，(10) のように顔を覗かせることがあるのではないかと思われる．

(10)　He had to remember that this man, helpless, an object on the op-
　　　erating table, **was knowing** the meaning of loneliness: ultimate
　　　loneliness, not too far from the loneliness of dying.
　　　(Snow, C. P. *In Their Wisdom* (1977) Penguin, p. 17, bold is mine)

(10) の that- 節内自体の表象は，手術台に横たわる眼前の患者の意識であ
り非有界である．進行形で執刀医がそこにふと一瞬思いを馳せていることを
描いている．手術に専心する側は，患者の心中を長く意識してはいられな
い．ここで進行形が使われているのは，その一瞬という時間の細隙を通して
見た「状態」に焦点を当てるのに最適だからであろう．

　I am loving を標準英語からおおむね排除し得たのは，大は小を兼ね I
love が「たった今ある気持ち」も表現可能であるため，それで事足りること
も一因したと考えられる．特に書き言葉では大きな支障はない．刹那の気持
ちを文字化しても相手がそれを受け取るまでに時を要した近代，I am lov-
ing を使う必然性はほぼ皆無であっただろう．規範文法は基本的に書き言葉
を律するために存在した．I am loving は実際に使われ続けていたからこそ，
文法書では身近で平易な範例として頻用されも禁じられもしたようにも思わ
れる．

6.　おわりに

　以上本稿では，「状態」とは，一般性や規則性を包摂し，認識の範囲にお
いて終焉などを含む変化もなく純粋に同質的で，かつ進行形と十分両立する
事象であると論じてきた．I'm liking it にしばしば有界性が感じられるのは
進行形が「状態」を拒絶するからではなく，進行形が今を切り取るからであ
る．視野狭窄でも近視眼的でも広角でも，「状態」は均質である．こう考え
ると，近代英文法の多くで進行形の範例に I am loving が用いられ，現在も
実際には巷で使われている事実を最も無理なく説明でき，一時的であれ状態

には違いないはずの事態を非状態として「状態」を玉虫色化したり，別種を無理に立てたり，例外として葬ったりする必要もない．I love と I am loving は共に「愛する気持ち」に関わるが，Webster（1784: 24）の言う通り，前者はそれを過去から未来へ漠と広がる心情として眺め，後者は今の実感として捉えるのである．進行形が単に事態の途中状況を限定的に切り取り焦点化する構文であれば，現在形と進行形の相違は事態を捉える時間的視野の相対的な広・狭にある．また，視野を絞るべき時に進行形が選択されると考えれば，これまで文法論者の目に留まってきた多岐に亘る進行形現象に包括的説明が可能ではなかろうかと考える．

参考文献

Alston, R. C. (1974) *A Bibliography of the English Language from the Invention of Printing to the Year 1800*, Janus Press, Ilkley.

Anderwald, Lieselotte (2016) *Language Between Description and Prescription: Verbs and Verb Categories in Nineteenth-Century Grammars of English*, Oxford University Press, Oxford.

Arnaud, René (2003) *Letter-writers of the Romantic Age and the Modernization of English: A Quantitative Historical Survey of the Progressive*. Accessed at http://www.univ-pau.fr/ANGLAIS/ressources/rarnaud/index.html

Austin, Frances, ed. (1991) *The Clift Family Correspondence 1792-1846*, Cectal, Sheffield.

Bando, Yoko (2004) *The Progressive in Jane Austen's Works*, MA. dissertation, Hyogo University of Teacher Education.

Comrie, Bernard (1976) *Aspect*, Cambridge University Press, Cambridge.

Duhigg, Charles (2014) *The Power of Habit*, Random House, New York.

Goldsmith, John and Erich Woisetschlaeger (1982) "The Logic of the English Progressive," *Linguistic Inquiry* 13(1), 79–89.

Granath, Solveig and Michael Wherrity (2013) "*I'm loving you—and knowing it too:* Aspect and So-called Stative Verbs," *Rhesis—International Journal of Linguistics, Philology, and Literature, Linguistics and Philology* 4(1), 6–22.

樋口万里子 (2017)「素顔の進行形と「状態」との関係を巡る小論」『九州工業大学教養教育院紀要』1 号，29–41.

Hübler, Alex (1998) *The Expressivity of Grammar: Grammatical Devices Expressing Emotion across Time,* De Gruyter, Berlin.

Jones, Bernard (1996) "The Reception of Lindley Murray's *English Grammar*,"

Two Hundred Years of Lindley Murray, ed. by Ingrid Tieken-Boon van Ostade, 63–80, Nodus Publikationen, Münster.

Killie, Kristin (2014) "The Development of the English BE + V-ende / V-ing Periphrasis: From Emphatic to Progressive Marker?" *English Language and Linguistics* 18(3), 361–386.

Kranich, Svenja (2010) *The Progressive in Modern English: A Corpus-Based Study of Grammaticalization and Related Changes*, Rodopi, Amsterdam.

Langacker, Ronald W. (1987) *Foundations of Cognitive Grammar*, vol. 1, Stanford University Press, Stanford.

Langacker, Ronald W. (1991) *Foundations of Cognitive Grammar*, vol. 2, Stanford University Press, Stanford.

Langacker, Ronald W. (1996) "A Contraint on Progressive Generics," *Conceptual Structure, Discourse and Language*, ed. by Adele E. Goldberg, 289–302, CSLI Publications, Stanford.

Langacker, Ronald W. (2008) *Cognitive Grammar: A Basic Introduction*, Oxford University Press, Oxford.

Leech, Geoffrey et al. (2009) *Change in Contemporary English: A Grammatical Study*, Cambridge University Press, Cambridge.

Lyman, Rollo La Verne (1921) *English Grammar in American Schools Before 1850*, Doctoral dissertation, The University of Chicago Libraries.

Michael, Ian (1987) *The Teaching of English from the Sixteenth Century to 1870*, Cambridge University Press, Cambridge.

大江三郎 (1892)『動詞 (I)』研究社, 東京.

Ostler, Rosemarie (2015) *Founding Grammars*, St. Martin's Press, New York.

Smith, Carlota S. (1991) *The Parameter of Aspect*, Kluwer, Boston and London.

Sunby, Bertil, Anne Kari Bjørge and Kari E. Haugland (1991) *A Dictionary of English Normative Grammar 1700–1800*, John Benjamins, Amsterdam / Philadelphia.

鈴木萌未 (2017)「古英語期における進行相の表現形式」英語史研究会第 27 回大会発表論文.

Tieken-Boon van Ostade, Ingrid (2011) *The Bishop's Grammar*, Oxfored University Press, Oxford.

Vendler, Zeno (1967) *Linguistics in Philosophy*, Cornell University Press, Ithaca.

Visser, Fredericus Theodorus (1973) *A Historical Syntax of the English Language Part 3*, Boston and Köln Brill, Leiden.

Wischer, Ilse (2003) "The Treatment of Aspect Distinctions in Eighteenth-and Nineteenth-Century Grammars of English," *Insights into Late Modern English*, ed. by Marina Dossena and Charles Jones, 151–174, Peter Lang, Bern.

近現代英文法に見られる「状態」概念　　　　　　233

Appendix: Grammars Modern Grammars Chronologically Ordered
(*印付きは *I am loving* を範例として当該頁で、#印は *I am loving* を *I love* の同意異形として掲載。)

The 17ᵗ Century

Miege, Guy (1688) *The English Grammar*, Printed by Redmayne, for the Author, London.

The 18ᵗ Century

#Lane, A. (1705) *A Key to the Art of Letters*, Ralph Smith and William Hawes, London.

#Turner, William (1710) *A Short Grammar for the English Tongue*, F. Downing, London.

#Anon. (1712) *A Grammar of the English Tongue with Notes, Giving the Grounds and Reason of Grammar in General*, 2ᵈ ed., Printed for John Brightland, London.

*Jones, Hugh (1724: 35-36) *An Accidence to the English Tongue*, John Clarke, London.

*Collyer, John (1735: 57, 62) *The General Principles of Grammar*, Tho. Collyer, Nottingham.

#Saxon, Samuel (1737) *The English Schollar's Assstant: or The Rudiments of the English Tongue*, Brown, Hazard, Marshall, Blackman, Pote, Elliot, Reading.

*Stirling, John (1740: 13) *A Short View of English Grammar, In a Method Intirely New*, T. Atley, London.

#Turner, Daniel (1741) *An Abstract of English to the Grammar and Rhetoric*, George Risk, Dublin.

*Corbet, James (1743: 68) *An Introduction to the English Grammar*, John Robertson et al., Glasgow.

Newbery, John (1745) *An Easy Introduction to the English Language*, Printed for the Author, London.

#Fisher, Anne (1753) *A New Grammar with Exercises of Bad English*, Printed for the Author, London.

#Ward, John (1758) *Four Essays upon the English Language*, (Publisher unknown), London.

Priestley, Joseph (1761) *The Rudiments of English Grammar*, R. Griffiths, London. (*I am hearing* is used as a model)

*Lowth, Robert (1762: 56) *A Short Introduction to English Grammar*, Millar and Dodsley, London.

Buchanan, James (1762) *The British Grammar*, A. Millar, London.

*Edwards, Samuel (1765: 55) *An Abstract of English Grammar*, Printed for the Author, Dublin.

*Elphinston, James (1765) *The Principles of the English Language Digested*, P. Vaillant, L Hawes, W. Clarke, and R. Collins, J. Dodsley, London.

Ward, William (1765) *An Essay on Grammar*, Robert Horsfield, London.

*Burn, John (1766: 45) *A Practical Grammar of the English Language*, Printed by Archibald M'Lean, Junior, Glasgow.

*Fleming, Caleb (1766: 48- 49) *Grammatical Observations on the English Language*, J. Robson, London.

*Ash, John (1768: 20) *The Easiest Introduction to Dr. Lowth's English Grammar*, a new ed., improved, E. and C. Dilly, London.

Joel, Thomas (1770) *An Easy Introduction to the English Grammar*, W. Andrews, Chichester,.

*Fenning, D. (1771: 59) *A New Grammar of the English Language*, S. Crowder, London.

*Crocker, Abraham (1772: 18) *A Practical Introduction to English Grammar and Rhetoric*, C. Ronbinson, Sherborne.

Bayly, Anselm (1772) *Plain and Complete Grammar of the English Language*, J. Ridley, London.

*Raine, Matthew (1771: 27) *English Rudiments, or An Easy Introduction to English Grammar*, John Sadler, Darlington.

*Wood, James (1777: 27, 49) *Grammatical Institutions*, Vesey and Whitefield, Newcastle Upon Tyne.

*Ward, H. (1777: 54) *A Short but Clear Systme of English Grammar with Exercises of Bad English*, (No Info of Publisher),Whitehaven.

#Shaw, John (1778) *A Methodical English Grammar*, Richardson and Urquart, London.

*Alexander, Adam (1780: 77) *The Principles of Latin and English Grammar*, James Dickson, and William Creech, Edinburgh.

*Story, Joshua (1783:25-1793: 26) *An Introduction to English Grammar*, T. Longman and T. Evans, Newcastle Upon Tyne.

*Beattie, James (1783) *Dissertations Moral and Critical*, V. Strahan and T. Cadell, London.

*Webster, Noah (1784: 24-26) *A Grammatical Institute of the English language,* Hudson and Goodwin, Hartford.

*Harrison, Ralph (1784: 47, 94) *Institutes of English Grammar,* J. Johnson, London.

*Fell, John (1784: 41–45) *An Essay towards an English Grammar*, C. Dilly, London.

*Mennye, J. (1785: 5) *An English Grammar*, S. Loudon and R. Hodge, New York.

*Ussher, George Neville (1786) *The Elements of English Grammar*, R. Raikesr, Glocester.

*Brittain, Lewis (1788) *Rudiments of English Grammar*, L. J. Urban, Louvain.

Coote, Charles (1788) *Elements of the Grammar of the English Language*, C. Dilly, London.

Pickbourn, James (1789) *A Dissertation on the English Verb*, J. Davis, London.

#Bicknell, Alex (1790: 46) *The Grammatical Wreath*, R. Baldwin and J. Debrett, London.

*Bingham, Caleb (1790: 17) *The Young Lady's Accidence*, Thomas and Andrews, Boston.

*Anon. (1791) *Outlines of English Grammar. For the Use of Children*, J. & T. Holl, Worcester.

*Alexander, Caleb (1792) *A Grammatical System of the English Language*, Samuel Hall, Boston.

*Haywood, James (1793: 44) *A Short Grammatical Introduction to the English Tongue*, J. Gales, Sheffield.

*Hornsay, John (1793: 38-40) *A Short English Grammar in Two Parts*, Wilson, Spence, and Mawman, York.

*Anon. (1794: 34) *A Short English Grammar Designed Principally for Children*, C. Dilly, London.

*Miller, Alexander (1795: 48) *A Concise Grammar of the English Language*, T. and J. Swords, New-York.

*Postlethwaite, Richard (1795) *The Grammatical Art Improved,* J. Parsons, London.

*Murray, Lindley (1795) *English Grammar,* Wilson, Spence, and Mawman, York.

*Murray, Lindley (1796) *English Grammar,* 2ᵈ ed., Wilson, Spence, and Mawman, York.

Knowles, John (1796) *The Principles of English Grammar,* Printed for the Author, London.

*Murray, Lindley (1797) *English Grammar,* 3ᵈ ed., Wilson, Spence, and Mawman, York.

*Murray, Lindley (1798) *English Grammar,* 4ᵈ ed., Wilson, Spence, and Mawman, York.

Murray, Lindley (1799) *English Grammar,* 5ᵈ ed., Wilson, Spence, and Mawman, York.

*Edwards, Mrs. M. C. (1796: 14) *A Short Compendium of English Grammar*, P. Norbury, Brentford.

*Blanch, Mercy (1799) *A Short Introduction to English Grammar*, Law and F. Jollier, London.

*J. G. (1799: 44) *An Easy Introduction to the English Language*, 2ᵈ ed. revised and corrected, T. Hurst, Bristle.

*Fenning, Daniel (1800) *A New Grammar of the English Language*, J. S. Hollis Romsey.

*Ash, John (1799: 46) *Grammatical Institutes; or An Easy Introduction to Dr. Lowth's English Grammar*, 9ᵗ ed., P. Wogan, Dublin.

*Harrison, Ralph (1800) *Rudiments of English Grammar*, a new ed., James Wilson, Wilmington.

*Wright, Thomas (1800: 14) *An English Grammar,* (No further information).

Murray, Lindley (1800) *English Grammar, 6ᵗ* ed., Wilson, Spence, and Mawman, York.

The 19ᵗ Century

*Adam, Alexander (1803: 91) *Latin and English Grammar*, Thomas & E. T. Andrews, Boston.

*Lennie, William (1810: 39) *The Principles of English Grammar*, John Lovell, Montreal.

*Guy, Joseph (1816) *English School Grammar*, Simpkin, London.

Home, Henry (1818) *The Art of Thinking*, W. B. Gilley, New York.

Hope, A. (1818) *Compendious Grammar of the English Language*. Printed for the Author, Glassgow.

*Webster, Noah (1822) *A Philosophical and Practical Grammar,* Howe & Spalding, New Haven.

Osgood, Austin Hubbard (1827) *Elements of English Grammar*, Cushing & Jewtt, Baltimore. (I am fearing, etc.)

*Cooper, Jacob Goldsmith (1828: 70-74) *An Abridgement of Murray's English Grammar*, Judah Dobson, Philadelphia.

Webster, Noah (1831) *An Improved Grammar*, Hezekiah Howe, New Haven.

*Gould, Benjamin A. (1832: 93) *Adam's Latin Grammar with Some Improvements*, Carter, Hendee, Boston.

Pinnock, William (1830) *A Comprehensive Grammar of the English Language*, Poole and Edwards, London.

Cobbet, William (1832) *A Grammar of English Language,* Scholars' Facsimiles & Reprints (1983), Delmar.

Kirkham (1833) *English Grammar*, M'elrath Bangs & Herbert, New York.

*Farnum, Caleb (1842) *Practical Grammar,* B. Cranston, Providence.

*Hallock, Edward J. (1842: 103, 104) *A Grammar of the English Language*, Newman & Ivison, New York.

*Hendrick, J. L. (1844: 38) *A Grammatical Manual*, Syracuse, New York.

*Swett, Josiah (1844: 58) *Swett's Grammar: An English Grammar*, J. Swett, Windsor Vt.

Butler, Noble (1845) *A Practical Grammar of the English Language*, John P. Morton, Louisville.

*Bullions, Peter (1845: 38, 52) *The Principles of English Grammar*, 11ᵗ ed., Pratt, Woodford & Co., New York.

*Frazee, Bradford (1845: 66-70) *An Improved Grammar of the English Language*, Sorin and Ball, Philadelphia.

*Hart, John Seely (1845: 88) *A Grammar of the English Language*, J.H. Bulter, Philadelphia.

Butler, Noble (1846) *A Practical Grammar of the English Language*, John P. Morton, Louisville.

*Chandler, Joseph R. (1847: 85) *A New Grammar of the English Language*, H. S. Applegate, Cincinatti.

*Green, Samuel. S. (1848: 85) *Analysis of Sentences*, Thomas Cowperthwait & Co., Philadelphia.

*Weld, Allen H. (1849: 100) *Weld's English Grammar*, Sanborn & Carter, Portland.

*Hallock, Edward J. (1849: 115, 116) *A Grammar of the English Language*, 2ᵗ ed., Mark H. Newman, New York.

*Pinneo, T. S. (1850) *A Primary Grammar*, Clark, Austin, Maynard & Co., New York.

*Thring, Edward (1851: 35) *The Elements of Grammar Taught in English*, Macmillan & Co., Cambridge.

Brown, Goold (1851) *The Grammar of English Grammars,* Samuel S. & William Wood, New York.

*Fowler, William Chancy (1851) *English Grammar*, Harper & Brothers, New York.

Bullions, Peter (1853) *An Analytical and Practical Grammar of the English Language*, 21ᵗ ed., Pratt, Woodford & Co., New York.

*Dawnay, William Henry (1857: 74) *An Elementary English Grammar*, Longman, Brown, Green, Longmans, and Roberts, London.

*Kerl, Simon (1859: 155) *A Comprehensive Grammar,* J. P. Lippincott, Philadelphia.

Kerl, Simon (1861) *A Comprehensive Grammar,* Ivison, Phinney, and Blakeman, New York.

*Vickroy, Thomas Rhys (1868: 52) *The Principles of English Grammar,* Chicago: Edward Speakman.

*Clark, Stephen W. (1870: 122) *The Normal Grammar: Analytic and Synthetic*, A. S. Barnes, New York.

Reed, Alonzo & Brainerd Kellogg (1880) *Higher lessons in English*, Clark & Maynard, New York.

Butler, Noble (1880) *A Practical Grammar of the English Language*, John P. Morton, Louisville.

Sweet, Henry (1892) *A New English Grammar Logical and Historical*, Clarendon Press, Oxford. (I am seeing)

The 20th Century

Sweet, Henry (1904) *Elementarbuch des Gesprochenen Englisch*, Clarendon Press, Oxford.

Onions, C. T. (1904) *An Advanced English Syntax*, Swan Sonnenchein, London.

Murray, Lindley (1907) *English Grammar*, Longmans, 65ᵗ ed. 77ᵗ impression., Green, and Co., London.

Kruisinga, Etsko (1915) *A Handbook of Present-Day English: Volume II English Accidence and Syntax*, 2ᵗ ed., Kemink and Zoon, Utrecht.

Palmer, H. E. (1924) *A Grammar of Spoken English, on a Strictly Phonetic Basis*, W. Heffer & Sons, Cambridge.

Kruisinga, Etsko (1931) *A Handbook of Present-Day English: Part II English Accidence and Syntax*, 5th ed., P. Noordhoff, Groningen.

*Poldauf, Ivan (1948) *On the History of Some Problems of English Grammar before 1800*, Nakladem Filosoficke Fakulty University Karlovy, V Praze.

*Myers, Louis McCorry (1952) *American English: A Twentieth-century Grammar*, Prentice-Hall, New York.

Hornby, Albert Sydney (1954) *A Guide to Patterns and Usage in English*, Oxford University Press, London.

Millington-Ward (1957) *Peculiarities in English: A Study for Intermediate and Advanced Students and a Reference Book for Teachers*, Longman & Green, London.

Close, R. A. (1968) *The New English Grammar*, George Allen and Unwin, London.

Quirk, Randolph, Sidney Greenbaum, Geoffrey Leech and Jan Svartvik (1972) *A Grammar of Contemporary English*, Longman, London.

Leech, Geoffrey N. (2004) *Meaning and the English Verb*, Longman, London.

Soars, J et al. (2009) *American Headway Workbook 2*, Oxford U. P., Oxford.

<Latin Grammars>

Edwards, T. W. C. (1826) *The Eton Latin Grammar*, W. Simpkin and R. Marchall, London.

Bennet, Charles E. (1895) *A Latin Grammar,* Allyn and Bacon, Boston.

Harkness, Albert (1898) *A Complete Latin Grammar*, American Book Company, New York.

動作主性と動作性による心理動詞受動文のグラデーション
──認知言語学の観点に基づいたコーパス調査より──[*]

冬野　美晴
九州大学

1.　はじめに

　文部科学省によるグローバル人材育成推進事業が実施され，日本人の英語力の向上が急務とされている昨今，日本人英語学習者が英語の文法項目で最も苦手とするものの1つは「受動文」であるという報告があり，また日本人英語学習者が受動文を習得する際には英語と母語の事態認知の違いによる影響が見られるという指摘がある（川瀬（2013））．本稿は，受動文という広範囲に及ぶ現象の中から，日本人英語学習者にとって混乱が生じやすい現象の1つである，いわゆる「心理動詞過去分詞の形容詞的用法」を取り上げ，認知言語学の観点から英語教育へ有益な示唆を得ることを目的とする．

　surprised などの心理動詞の過去分詞形は，be 動詞と共に受動文の形で用いられることがある．その際，心理動詞の過去分詞は形容詞なのか，それとも受動文の一部としての動詞過去分詞なのかという問題は，先行研究において活発な議論の的となってきた．日本の学校英語教育において，心理動詞過去分詞を用いた受動文（以下「心理動詞受動文」）は形容詞的なイディオムとして特定の過去分詞と前置詞がセットで導入され，主な組み合わせが暗記指導されることが多い（例："be surprised at: 〜に驚く"）．しかし，英語母語話者によるオーセンティックな用法では，過去分詞やそれに続く前置詞などの後続要素の組み合わせは話者のコンテキストの解釈に応じて変わることが

---

　[*] 本稿は，2014 年 3 月 7 〜 9 日に開催された Second Asia Pacific Corpus Linguistics Conference（於香港理工大学）で口頭発表した内容に加筆・修正したものである．発表の席上で貴重な御意見をいただいた方々に深く感謝申し上げる．

観察されており，通常の受動文同様に後続要素として前置詞 by を取ることも多い（Fuyuno (2013)，冬野・川瀬 (2013)）．実際に British National Corpus (BNC) で surprised の受動文用法を調べると，過去分詞の後に共起する前置詞としては at と by はほぼ同程度の頻度である（表 1）．

前置詞の種類	頻度
surprised + by	438
surprised + at	402

表 1   surprised に後続共起する by と at の頻度—BNC より

つまり，英語母語話者の用法上は，動詞の種類が心理動詞であっても，by と共に受動文として用いることは一般的であり，共起する前置詞が by か at かという問題は，動詞の種類によって自動的に決定されるようなものではないといえる．これに関連して，Iwata (1993) は心理動詞の受動文の性質を論じる中で，心理動詞受動文に発生する by 句は一般的な受動文の by 句と同様のメカニズムから生じるものであることを指摘している．日本の学校英語教育において，「be 動詞＋動詞過去分詞」という形式は同じでありながら，一般動詞の受動文と心理動詞の受動文が異なる文法用法であるかのような説明がしばしばなされることは混乱を招きやすいと思われ，言語学的観点からも，その説明の適切さには疑問が残る．

認知言語学の観点による先行研究では，受動文にはさまざまなタイプのものがあるが，どのタイプの受動文であっても，形式が受動文である限り共通の受動文スキーマから具体化されるものと主張されている．たとえば，さまざまな言語学的枠組みにおける先行研究で，受動文は動作受動文と状態受動文の 2 つのタイプに大別されてきたが，受動文スキーマからの具体化という面では，二種類の受動文は本質的に同じものであるといえる（cf. Croft (1991)）．どちらの種類の受動文が用いられるかは概念化者による事態の解釈や他動性（transitivity）の解釈によって決まるものであり，両者の間にはっきりとした線が引ける性質の問題ではなく，動作的か状態的かという二極のスケールのどこに位置するかという「程度」の問題であるといえる（冬野 (2010, 2011)）．

以上に基づき，本稿の立場は，学校文法で主語の感情を表す形容詞的表現

とされている心理動詞の受動態も受動文の一種であり，一般動詞の受動文と本質的に同じと考えるものである．一般動詞の受動文と同様に心理動詞受動文もすべて受動文であるとすれば，その中に比較的動作性の高いものや状態性の高いものなどのさまざまなタイプがあり，それらは受動文のカテゴリーのどこかに入るものと考えられる．また，受動文に関する先行研究において，受動文は動作主性（agentivity）の度合いに応じてグラデーション（passive gradient）が観察されるという指摘がある（Quirk et al.（1985））．そこで本研究では，認知言語学の観点から，コーパスデータを用いて心理動詞受動文の中にもグラデーションが観察されることを明らかにし，日本人英語学習者にとって有益な示唆を得ることを目的とする．

2. 受動文に関する先行研究

　受動文に関しては，さまざまな観点から多彩な分析が行われており，Bolinger（1975），Davison（1980），Sinha（1974），Siewierska（1984）など枚挙に暇がない．その中から，本節では認知言語学的枠組みの中で受動文の性質を議論した冬野（2010）と Croft（1991）を取り上げ概観する．

　冬野（2010）は，前置詞つき受動文という受動文の中でも特殊な性質のものを分析する中で，受動文全体の本質的特徴を議論している．冬野（2010）によれば，受動文は本質的に主語の状態を叙述する構文であり，動詞過去分詞のスキーマを考えればそれが明らかになるとされる．次の図 1 で冬野（2010）による過去分詞のスキーマを示す．図 1 では，太線の長方形が語幹動詞の表すプロセスの最終状態とそれがプロファイルされていることを示している．ただし，細い線の長方形が左側，つまり時間軸上で前方にあるように，語幹動詞が表すプロセス全体が，最終的な状態が認識されプロファイルされるためのベースとなって働いている（これについては詳細を後述する）．また，時間軸が太くなっていないことが表しているように，過去分詞自体は時制をもたない．語幹動詞が表すプロセスの最終状態という，非時間的関係を表すためである．その代わりに，be 動詞など，文の中で一緒に用いられる動詞が時制をプロファイルする．それによって，過去分詞が示す非時間的関係が，談話のグラウンド（参与者や発話の時間，場所など）に属する特定のものであるという指定を受ける．

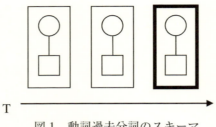

図1　動詞過去分詞のスキーマ

受動文において，過去分詞に be 動詞が結びつくと，次のようになると考えられる（図2）．図1の動詞過去分詞のスキーマと比較した場合，語幹動詞が表すプロセスの最終状態に加え，受動文の theme である TR も active zone となっている．

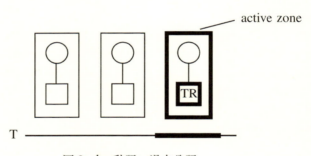

図2　be 動詞+過去分詞

前述の通り，先行研究において受動文には大別して2つのタイプがあることが指摘されてきた．たとえば，Croft (1991) は例として次の (1) のような受動文のペアを挙げている．

(1) a.　The door was closed by John.
    b.　The door was closed when I saw it.

(1a, b) を比較すると，(1a) はプロセスがあったことにフォーカスが置かれている典型的な動作受動文であるのに対し，(1b) のほうでは過去分詞が動詞の動作によってもたらされた結果状態のみをフォーカスしている．(1a, b) のような二種類の受動文は，一般的に「動作受動文（prosess passive）(1a タイプ）」「状態受動文（stative passive）(1b タイプ）」と呼ばれている．

認知言語学の観点による分析では，過去分詞のスキーマおよびベースとプロファイルなどの概念を取り入れることによって，これら2つのタイプの受動文が，どちらも図1のスキーマを共通して持つ用法であると捉えることができる．つまり，受動文にはさまざまなタイプの用法があるが，すべてのタイプに共通するスキーマがあり，タイプの違いは概念化者によるプロファイルの違いを反映しているといえる．

　また，Croft（1991）は，動詞と形容詞の2つのカテゴリーが隣接しているという主張の中で，状態受動文のふるまいは形容詞の機能に近いことを指摘している．確かに，次のような例文を見ると過去分詞と形容詞の機能や性質は近いといえる．次の例（2）では，形容詞 dirty と過去分詞 opened が並列して共起しており，両者の性質の近さを示している．

　(2)　The box was dirty and opened.

　さらに，形容詞の本質的特徴と過去分詞の本質的特徴を比較すると，形容詞は状態を，過去分詞は語幹動詞が表す動作による結果状態をプロファイルするものであり，どちらも何らかの状態をプロファイルするという部分が共通している．

　ただし，受動文（be 動詞＋過去分詞）においては過去分詞の語幹動詞が表すプロセス全体がベースとなっているため，そのことが形容詞叙述文とは意味の違いを生み出すと考えられる．それを検証するために，まず，「be 動詞＋形容詞」を用いた（3a）と，「be 動詞＋過去分詞」の受動文である（3b）を比較する．（3a）の形容詞の文では，単に「そのとき clean であった」という状態のみを指しているが，（3b）の受動文では「掃除をされたため clean であった」という意味が出てくる．

　(3)　a.　The room was clean.
　　　　b.　The room was cleaned.　　　　　　　　　　（冬野（2010: 49））

　これは，受動文で過去分詞を用いると動詞が表すプロセスがベースとなって認識されるため，それが解釈に反映された結果を反映していると捉えられる．つまり，cleaned などの過去分詞が示すのは人為的な行為の結果状態であり，clean などの形容詞が示すのは結果という意味を含意しない単なる状態の叙述である．以上で見たように，たとえ用法や機能が似ているとして

も，過去分詞と形容詞は本質的なベースに違いがある．

このように，用例の分析から過去分詞と形容詞は本質的に成り立ちが異なるものであることと，また受動文には「フォーカス（プロファイル）がどこにあるか」という点に基づいて動作受動文や状態受動文などのさまざまなタイプがあることが指摘されてきた．動作的か状態的かが顕著に現れる部分の1つとして，共起前置詞の種類がある．by は動作主（agent）を表す前置詞として知られており，受動文に by が用いられるときは，受動文が動作受動文の場合が多いとされる．

(4) a.　The door was opened by John.

　　b.　The door is being opened by John.　　(cf. Croft (1991: 250))

(5) a.　The door is opened.

　　b.　*The door is opened by John.

(4) (5) はそれぞれ動作受動文と状態受動文の例である．(4a, b) の動作受動文においては，動作主である John がプロファイルされ，動作主と語幹動詞の動作と the door の他動性がフォーカスされている．しかし，(5a, b) の状態受動文においては，open という動作によるドアの結果状態のみがプロファイルされており，動作主が共起すると不自然である．このように，受動文が動作受動文である場合は by が共起しやすくなる．

以上のように，動詞過去分詞のスキーマと受動文のスキーマはすべての受動文の用法に共通するものであり，さまざまなタイプの受動文がスキーマから具体化されるという現象は，一般動詞に限られる必然性がなく，心理動詞受動文についても同様に観察できることが予測される．

また，具体化されたさまざまな受動文について，動作主性の強弱によるグラデーションが観察されるという指摘がある．Quirk et al. (1985) や Collins (1996) は，get 受動文や have 受動文など多数のバリエーションを含む受動文にこのグラデーションが見られることを指摘し，たとえば Quirk et al. (1985) は以下の (6)-(14) の受動文が動作主性と他動性のグラデーションを示すとしている．

(6)　This violin was made by my father.

(7)　This conclusion is hardly justified by the results.

(8) Coal has been replaced by oil.

(9) This difficulty can be avoided in several ways.

----

(10) We are encouraged to go on with the project.

(11) Leonard was interested in linguistics.

(12) The building is already demolished.

(13) The modern world is getting (becoming) more highly industrialized and mechanized.

(14) My uncle was / got / seemed tired.

Quirk et al. (1985) によると，上記のうち (6)-(9) の 4 例だけが中心的な受動文であり，明確な動作主性と他動性を示している．例文 (10) は動作的な側面と状態的側面を含む mixed-passive とされている．get 受動文の性質を論じた Carter and McCarthy (1999) はこのようなグラデーションについて，get 受動文の用例においても同様なグラデーションが観察されると指摘しており，動作主性のグラデーションは，受動文のさまざまなタイプに普及した概念であると考えられる．そこで本稿では心理動詞受動文にも受動文のグラデーションが存在することを仮説としコーパスデータを用いて検証する．特に，個々の具体的な用例ごとのグラデーションではなく，心理動詞過去分詞の種類ごとの傾向を明らかにすることで，学習者の参照情報となるような心理動詞受動文の性質を議論する．

3. データと調査方法

3.1. データ

データは BNC と Corpus of Contemporary American English (COCA) の 2 つのコーパスを用いて収集した．双方ともにすべてのサブコーパスを対象とし，合計語数は約 50 億語である．調査対象の心理動詞過去分詞は表 2 に挙げる 18 種である．これらはすべて文部科学省の検定英語教科書で用いられている過去分詞であることから調査対象とした．

amazed	pleased
confused	relieved
delighted	satisfied
disappointed	scared
embarrassed	shocked
excited	surprised
frightened	tired
impressed	upset
interested	worried

表2　調査対象の心理動詞過去分詞 18 種

3.2.　調査方法

　前述の通り，受動文のグラデーション（passive gradient）についてはさまざまな先行研究で論じられている（Quirk et.al. (1985), Collins (1996), Carter and McCarthy (1999)）．Quirk et al. (1985) では，心理動詞受動文はコンテキストに応じて純粋な受動文とも形容詞的表現とも解釈できる mixed-passive であるとされている．この捉え方は既に日本の教育にも導入されており，日本人向けの代表的な英和辞書の1つである新英和大辞典第6版（研究社）には surprised は形容詞の定義が掲載され，受動文用法の解説も併せて掲載されている．しかし，受動文のグラデーションに関して，まだ充分に解明されていない部分がある．たとえば動作主性（agentivity）をどのように定量的に評価すれば，純粋な受動文らしさの度合いを掴むことができるか，という点もその1つである．この点を検証できれば，心理動詞受動文の性質をより明解に論じることが可能となり，日本の学校英語教育において指導しやすくなると考えられる．

　そこで，コーパスデータを調査するにあたり，まず受動文らしさのパラメータを考察する．プロトタイプ的な受動文においては，動作主性（agentivity）や動作性（actionness）が高いと考えられてきた．これに対し，心理動詞過去分詞がより形容詞に近い機能で用いられる場合は動作主性や動作性が低いと考えられる．

　動詞過去分詞の機能について2節で概観したが，形容詞の機能は時間的側面によって特徴づけられると言え，主語の一時的な状態を表現するか

(例：Her hand was cold.)，継続的な状態を表現するかという違いがある (例：The water of this river is always cold.). 後者の場合，be 動詞の時制は現在形となりやすい．よって，ある心理動詞過去分詞の受動文用法に現在形の be 動詞が多く用いられている場合，より形容詞的な用法で用いられやすい心理動詞過去分詞と考えることができ，反対に過去形の be 動詞の共起が多い過去分詞は動作性が高いと考えることができる (cf. Baker (2003), Croft (1991)). さらに，動作主性に関して，プロトタイプ的な受動文用法として用いられやすい心理動詞過去分詞においては，受動文に動作主を表す by 句が後続する割合が高いと考えられる (cf. Langacker (1990), Rice (1987)).

以上の仮説に基づき，BNC と COCA を用いて，まず be 動詞と前置詞が各心理動詞過去分詞と共起する頻度を調査する．得られたそれぞれの頻度を基に過去形 be 動詞と前置詞 by が占める割合を算出し，過去形 be 動詞の共起割合と by 前置詞句の共起割合を相関分析することで，2 つのパラメータの相関関係を検証する．過去形 be 動詞の共起割合が動作性を，by 前置詞句の共起が動作主性を示すと考えられるため，これらの二要因は正の相関を示すことが予測され，双方の割合が高いほどプロトタイプ的な受動文として用いられやすい過去分詞であると考えられる．

はじめに，BNC と COCA を用いて調査対象である 18 種の心理動詞過去分詞の L1-L4 に出現する be 動詞の頻度とその時制を調査した．その結果を基に，すべての be 動詞に過去形 be 動詞が占める割合を求めた．be 動詞の出現する箇所を L1-L4 とした理由は，be 動詞と心理動詞過去分詞の間にしばしば副詞句が用いられることを考慮したためである（図 3 参照）．次に，R1-R2 に出現するすべての前置詞と，それに占める by の割合を調査した．

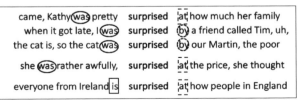

図 3　コーパス調査のイメージ

以下の表3に粗頻度データとパーセンテージデータを示す．これらを基に相関分析を行った．次節で結果の詳細を論じる．

過去分詞	be 動詞合計	過去形be 動詞頻度	過去形be 動詞割合	前置詞合計	by 頻度	by 割合
amazed	3456	1927	55.8%	677	194	28.7%
confused	3976	1495	37.6%	3641	830	22.8%
delighted	3983	1881	47.2%	1957	373	19.1%
disappointed	5742	3157	55.0%	2980	657	22.0%
embarrassed	3282	1712	52.2%	787	436	55.4%
excited	7623	3197	41.9%	2798	591	21.1%
frightened	3389	1801	53.1%	2640	645	24.4%
impressed	6177	4183	67.7%	6100	2832	46.4%
interested	24366	8730	35.8%	29058	47	0.2%
pleased	8769	4137	47.2%	4469	490	11.0%
relieved	3174	2129	67.1%	1577	371	23.5%
satisfied	6345	2427	38.3%	5236	380	7.3%
scared	16044	4038	25.2%	4459	273	6.1%
shocked	6021	4261	70.8%	2670	1362	51.0%
surprised	16448	10294	62.6%	6845	3317	48.5%
tired	11974	4494	37.5%	9609	83	0.9%
upset	7415	3635	49.0%	5351	959	17.9%
worried	15559	5226	33.6%	14154	290	2.0%

表3　粗頻度データとパーセンテージデータ

4.　結果

各心理動詞過去分詞について得られたデータより，過去形 be 動詞と by 前置詞句の共起割合を用いて相関分析と無相関検定を行った．その結果，強い正の相関と有意性が確認された（r=0.785, p < 0.01）．図4に散布図を示す．

動作主性と動作性による心理動詞受動文のグラデーション 245

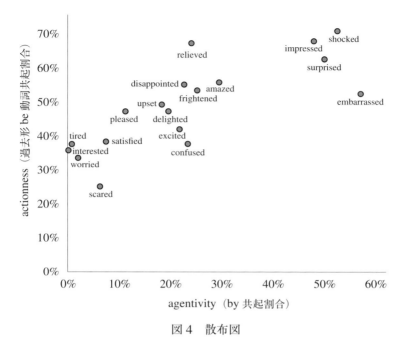

図4　散布図

　各心理動詞過去分詞と過去形 be 動詞の共起割合は動作性（actionness）を，by 前置詞句との共起割合は動作主性（agentivity）を示すという仮説のもと，これらのパラメータはどちらもその過去分詞のプロトタイプ的な受動文としての用いられやすさ（pure-passiveness）を示すと考えられる．相関分析の結果より，両者の間には強い正の相関があることが明らかになり，表3および図4のデータを見ると，過去分詞によってどちらかが共起しやすい傾向のものがあることがわかる．たとえば，表3では，interested, tired, worried は by 前置詞句との共起割合も過去形 be 動詞との共起割合も低いことから，より形容詞的に用いられやすいとわかる．一方，impressed, embarrassed, shocked, surprised などはプロトタイプ的な受動文として用いられやすいことがわかる．

　以上の結果の要因として，worried や tired などは比較的継続性のある感情や状態を表すことが挙げられる．それに対し，高い動作性を示している過去分詞である shocked などは感情の発生が明確かつ瞬間的であることが多い

(例：I was shocked by her sudden scream.）．さらに，satisfied や pleased のようにポジティブな感情を示すものは，プロトタイプ的な受動文の特徴である他動性を維持しにくいと考えられる．shocked などの被害感情に比べると，ポジティブな感情は内発的に起こりうる可能性がより高いと考えられるためである（例：I'm very pleased to see your family）．プロトタイプ的な受動文用法と周辺的な用法は1つの心理動詞過去分詞の中に両立できないものではなく，割合の高低によるグラデーションがあると捉えることで，表3および図4の18種の過去分詞の中で受動文らしさの高低がグラデーションをなしているといえる（図5）．

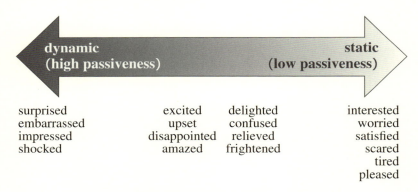

図5　心理動詞受動文における passive-gradient

ここまでコーパス調査による検証結果を見てきた．英語教育への応用可能性という観点から，これらの結果は日本人英語学習者への指導へ有益な情報となりうる．まず，本調査の結果を参照情報として用いることが考えられる．たとえば，ソートした表を用いながら，各過去分詞の典型的な用法がどのようなものであるか（プロトタイプ的受動文として用いられやすいのか，形容詞的に用いられやすいのか），それは何故か，そして両者にどのような違いがあるかを具体的な数値と共に示すことが可能になる．また，学習者へ直接提示することがなくとも，教員が心理動詞受動文の例文や問題を作成する際に参照することで，よりオーセンティックな用法に近いものを作成できるようになるといえる．

さらに，コーパスデータから，1種類の過去分詞であってもプロトタイプ

的な受動文用法とより形容詞的な用法があることをオーセンティックな実例を基に示すことで，話者の解釈によりどちらも使えることを示すことができる．このような方法により，過去分詞と前置詞句のセットを和訳とともに暗記する方法ではなく，よりコンテキストに応じた使い分けを指導し，学習者のプロダクティブなスキルの養成を促すことが可能となる．

　また，指導内容や指導時間を教員が調整できる環境があるとすれば，学習者のディスカッションの材料として用いることも考えられる．Fuyuno (2014) は，心理動詞受動文に後続する前置詞の使い分けに関して，コンテキストの違いが把握しやすいショートアニメーションを用いて学生同士でディスカッションさせる指導法を提案している．心理動詞受動文のプロトタイプ的な受動文用法より周辺的な用法に関しても，感情の継続性や他動性の解釈などの使い分けの違いをわかりやすく描いた動画教材を提示することで，学習者がレセプティブなスキルだけではなく自ら発信する際の適切な使い分けを身につけることが期待できる．

5.　おわりに

　本稿では，BNC と COCA のデータを用いて心理動詞受動文の動作主性と動作性を調査した．調査結果から，少なくとも複数の種類の心理動詞受動文に関して，過去形 be 動詞や前置詞 by の共起割合の明確な傾向が観察され，純粋な受動文として用いられやすい心理動詞と形容詞的表現に用いられやすい心理動詞が明らかになった．これらの情報は，使い分けが難しい心理動詞受動文を指導する上で情報整理の手がかりとなると考えられ，日本人英語学習者にとって有益な情報になると期待される．認知言語学の観点による仮説を対象に，コーパスデータを用いてオーセンティックなエビデンスに基づく検証を行うことで，今後もさまざまな文法項目の特性がより明らかになっていくと期待される．

参考文献

Baker, Mark C. (2003) *Lexical Categories: Verbs, Nouns and Adjectives*, Cambridge University Press, Cambridge.

BNC. *The British National Corpus*, version 2 (BNC World), (2001), 小学館コーパスネットワーク提供, https://scn.jkn21.com/BNC2/.

Bolinger, Dwight (1975) "On the Passive in English," *The First LACUS Forum* 1, 57-80.

Carter, Ronald and Michael McCarthy (1999) "The English *Get*-passive in Spoken Discourse: Description and Implications for an Interpersonal Grammar," *English Language and Linguistics* 3, 41-58.

Collins, Peter C. (1996) "*Get*-passives in English," *World Englishes* 15(1), 43-56.

Croft, William (1991) *Syntactic Categories and Grammatical Relations: The Cognitive Organization of Information*, University of Chicago Press, Chicago.

Davies, Mark (2008-) *The Corpus of Contemporary American English: 450 million words, 1990-present*, http://corpus.byu.edu/coca/.

Davison, Alice (1980) "Peculiar Passives," *Language* 56, 42-66.

冬野美晴 (2010)『前置詞つき受動文の研究——認知言語学的観点から——』修士論文, 西南学院大学大学院文学研究科.

冬野美晴 (2011)「英語の前置詞つき受動文——transitivity の拡張と概念構造を中心に——」『日本認知言語学会論文集』第 11 号, 470-476.

Fuyuno, Miharu (2013) "The Usage of Psychological Passives in Spoken and Written English: A Corpus-based Analysis and Implications for English Language Teaching," *Procedia — Social and Behavioral Sciences* 95, 184-194.

冬野美晴・川瀬義清 (2013)「心理動詞受動文における前置詞の使い分けに関するコーパス調査——英語母語話者の用法から見えてくるもの——」『外国語教育メディア学会九州沖縄紀要』第 13 号, 71-83.

Fuyuno, Miharu (2014) "Rote Learning in English Education for Japanese Students: Towards More Context-oriented Multimedia Material," *The Journal of Design* 20, 1-8.

Iwata, Seizi (1993) "Three Types of Passives for Psych-verbs," *English Linguistics* 10, 160-183.

川瀬義清 (2013)「日本人英語学習者の受動文の使用に見られる母語の影響」『日本人英語学習者の概念構造の解明に向けた研究：学習者コーパスから見えてくるもの』統計数理研究所共同研究レポート第 289 号, 15-26.

Langacker, Ronald W. (1990) *Concept, Image, and Symbol: The Cognitive Basis of Grammar*, Mouton de Gruyter, Berlin.

動作主性と動作性による心理動詞受動文のグラデーション 249

Quirk, Randolph, Sidney Greenbaum, Geoffrey N. Leech and Jan Svartvik (1985) *A Comprehensive Grammar of the English Language*, Longman, London.

Rice, Sally A. (1987) *Towards a Cognitive Model of Transitivity*, Doctoral dissertation, University of California, San Diego.

Siewierska, Anna (1984) *The Passive: A Comparative Linguistic Analysis*, Croom Helm, London.

Sinha, Anjani K. (1974) "How Passives Are Passives?" *CLS* 10, 631–643.

際立ちと領域が読解プロセスに与える影響
―日本人英語学習者の事例研究から―

細川　博文

福岡女学院大学

1.　はじめに

　読解についてはこれまで言語学や心理学の分野で多くの研究が行われてきた．本研究は言語の認知的研究で顕著な成果をあげている認知文法（cognitive grammar）の枠組みを手がかりに読みのプロセスを考察する．認知文法は言語能力を一般認知能力の一部として扱い，言語固有の自律的モジュールを設定しない（Langacker（1987, 1991））．したがって一般的なものの捉え方が言語にも応用されると仮定する．たとえば，ある領域（domain）から際立ち（saliency）の高いものを捉える（プロファイル）行為は人間の基本的認知能力であるが，読解においてその能力がどのように働いているのであろうか．Langacker（2008: 483）は言語のフラクタル性（部分と全体の自己相似性）について言及しその1例にプロファイルをあげた．もしテキスト理解という高次の情報処理にプロファイルという基本的な認知操作が関与しているとするならば，それは有限の原理で無限の現象を説明しようとする一般的な科学原理と共通性を持つことになる．本研究はその可能性を読解に探るものである．

2.　テキスト理解

　ここでは本研究に関わる過去の読解モデルから現在メンタル・モデルとして評価されている構築・統合モデルまでを概観する．

2.1. 背景知識とスキーマ

　読解ではテキストの背景知識が重要な役割を担っていると考えられる．この考えを極端に進めたのがトップ・ダウンモデルで，Smith（1997: 58）は読解とは背景知識を使ってテキストに意味を持ち込む作業であると主張した．Goodman（1967）はこれを心理言語学的推測ゲーム（psycholinguistic guessing game）と呼び，音読ミスの分析を通して背景知識の関与を示した．しかし，文字の視点移動の研究（Just and Carpenter（1980））から読みのボトム・アップの実態が明らかになるにつれ，研究の関心は理解の相互作用（interaction）に移っていった（Rumelhart（1977），Stanovich（1984））．Stanovich（2000）は言語処理の補償的（compensatory）作用に注目し，通常ボトム・アップ処理が優先され，語彙知識などが不足する場合に背景知識を使ったトップ・ダウン処理が行われると主張した．語彙力の弱い英語学習者がしばしば背景知識に依存した解釈を行うのは，こうした事情によるものと考えられる．

　また，背景知識に関連してスキーマに焦点をあてた研究も行われた．経験を通して様々な知識が蓄積される過程で，ある対象に対して共通要素が抽出されスキーマが形成される．一旦スキーマが形成されると，それ以降は必要に応じてスキーマが想起され未知情報の解釈を助けることになる．読解ではテキストの内容に関わる内容スキーマ（content schema）と構成に関わる形式スキーマ（formal schema）の両面から研究が行われた（Carrell（1988, 1992），Horiba, van den Broek and Fletcher（1993）など）．内容スキーマについては，一般的に背景知識が大きいほど理解度は上がると言われている．形式スキーマに関する研究では，物語より比較・対比のテキストのほうが認知的難易度の高いことが指摘された（Hiebert, Englert and Brennan（1983），Englert and Hiebert（1984））．これは物語が線的な流れを持つのに対して，比較・対比は作業記憶内での情報の面的な処理が求められるからであろう．

2.2. 物語の理解

　物語に関する研究としては物語文法（story grammar）がある（Rumelhart（1975, 1977），Thorndyke（1977））．Thorndyke（1977）は物語が設定・テーマ・プロット・解決の4つの要素で構成されると考えた．物語文法ではそ

れぞれの要素のもとに具体的な情報が階層的に集まり全体として樹形構造を形成すると仮定した．また，再話 (recall) 実験から樹形図の上位に位置する情報ほど想起されやすく，下位の情報は記憶に残りにくいことが示された．

また，異なる視点から談話を分析したものに他動性仮説 (Transitivity Hypothesis) がある (Hopper and Thompson (1980))．他動性というと一般的には動詞の種類（他動詞）に注目するが，この仮説では 10 からなるパラメータを設定してその値から他動性の強弱を導くのが特徴である．たとえば，動作性 (kinesis) や意志性 (volitionality) といったものがパラメータとなり，その累計から他動性の強弱が算出される．大堀 (2004) は英語と日本語の間で他動性に違いがあり，その差は中間的な他動性を持った節に起こりやすいことを指摘した．言語間で他動性の現れが異なる可能性があるが，読み手は他動性の高いものに注意を向けながら文を理解すると考えられる．

2.3. 構築・統合モデル

これまで背景知識，スキーマ，物語文法，他動性について考察してきたが，こうした理論は読解プロセスの全容を解明するものではなかった．読みとは必要な情報を収集整理する能動的作業であり，書かれた情報を受動的に処理する作業ではない．つまり，読み手の積極的な関与が求められる認知作業である．スキーマ理論はテキストの内容や構成に関する知識を静的に捉えたため読解の持つ動的側面を十分に説明することができなかった．また，物語文法は物語の構成要素を明らかにしたが，内容の精緻化や推論といった読み手の関与については説明力に欠いていた (Koda (2005))．

このような問題点を克服するモデルが「構築・統合モデル」(Construction-Integration Model) である (Kintsch (1988))．

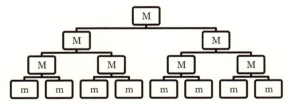

図1　構築・統合モデルのテキスト・ベースモデル構造
m＝ミクロ命題　M＝マクロ命題（表層構造と状況モデルは省略）

このモデルによれば読解は表層構造（surface structure），テキスト・ベースモデル（textbase model），状況モデル（situation model）の3層の心的表象で構成されると考えられている．図1は中間層のテキスト・ベースモデルを図式化したものである．表層構造は文を構成する語の集合体であり，命題はその上に位置するテキスト・ベースモデルで処理される．このモデルはミクロ構造（micro structure）とマクロ構造（macro structure）から構成され，ミクロ構造は文の局所的命題処理を，マクロ構造は命題の整理統合を行う．文章の要約が行われるのはマクロ構造であるが，要約は読み手の目的によって柔軟に情報量を調整できるため多層的であると考えられる．ただ，テキスト命題だけで理解が成立するのはまれで，通常読み手は既有知識や推論，イメージを使ってテキストの表す状況を理解する（状況モデル）．このモデルが構築・統合モデルと呼ばれるのは，命題構築段階では解釈可能な複数の選択肢が活性化し，それが既有知識や文脈の助けを借りて適切なものへと収束（統合）するからである．このように構築・統合モデルは複数の表象レベルを設定し，読解を動的に捉えることからメンタル・モデルと位置づけられている．以下，本モデルを基に議論を進める．

3. 読解と認知

　まず，基本的認知操作について考えてみよう．私たちは視覚的に目立つ物体とその背景を無意識に区別し，目立つ物体をプロファイル（特定）している．目立つ物体は形状的，空間的に際立つ存在であるが，際立つものを「図」（figure），背景を「地」（ground）と呼ぶ．また，プロファイルの対象は「もの」だけでなく「動的関係」も含まれることを押さえておきたい．図と地の関係は，たとえば「肘」と「腕」の関係に見られる．「肘」のプロファイルを支える認知の場として「腕」が存在し，さらにその背景に「体」が存在する．認知対象が存在する場を「領域」と呼ぶならば，「肘」の例では「腕」が直接領域で「体」が最大領域となる．際立ちをどう捉えるかで認知の領域が決まり，捉える視点を変えると図と地が逆転する．このように図と地の分化及び逆転は私たちの柔軟な認知活動を支えているといえる．

　それでは図と地を分ける基本的認知操作が読解とどのように関わっているのであろうか．読解は文字の認識から統語処理，内容理解まで多面的であ

る．物語，特に小説の理解に至っては，膨大な情報が作業記憶（working memory）で処理され重要な情報が長期記憶（long-term memory）に保存される．こうした情報処理には際立ち（図）や領域（地）の分化が深く関わっていると考えられる．つまり，読解とは読み手が際立ちの高い情報をプロファイルしていく過程と言えるだろう．ただ，際立ちという概念は相対的なもので，際立つ情報が読み手から独立して存在するわけではない．書かれた情報に読み手が積極的にかかわり，読み手の視点（perspective）にかなった情報が際立ちとして捉えられると考えられる．

　それでは，図と地の逆転も読解に関わっているのであろうか．一般的に読解では第1パラグラフの理解が重要だと言われている．ここで得た情報が後続のパラグラフの理解に影響を及ぼすからである．これを図と地の関係から見ると，第1パラグラフ（地）の際立つ情報（図）がプロファイルされ，その後この情報が領域（地）に転化して後続パラグラフと関係を持つと考えられないだろうか．以上の考察を基に次の2点を仮説として提案したい．

　（1）　読み手は第1パラグラフで基盤となる情報をプロファイルする．
　（2）　基盤情報は転化され後続パラグラフの最大領域として作用する．

この仮説が正しければテキストは図2で示す並列構造ではなく，図3で示す複合構造（composite structure）を形成すると考えられる．

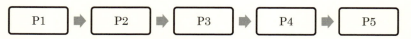

図2　テキストの並列構造（Pはパラグラフを表す）

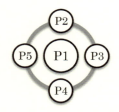

図3　テキストの複合構造

図2では第1パラグラフの情報処理の後に後続のパラグラフが順次処理される構造を表している．それに対して図3は第1パラグラフが後続パラグ

ラフの全体領域（外輪）として作用する複合関係を示している．もしこのような予測が正しいとするならば，プロファイルという基本的認知操作が読解と深く関わっていることになる．そこで，実際にそのような予測が成り立つのか日本語を母語とする英語学習者の事例研究を通して考察する．

4. 事例研究

4.1. 参加者

調査対象は英語を専攻する大学生 53 人で，その内 47 人（1 年生 26 人，3 年生 11 人，4 年生 10 人）から有効回答が得られた．調査の実施時期が 2017 年 7 月であったため 1 年生は大学で約 3 ヶ月間授業を受けたことになる．調査結果は参加者（有効回答者）を 2 集団（1 年生 26 人，3・4 年生 21 人）に分けて分析した．参加者の英語力を把握するため実施時点の TOEIC (Listening & Reading) テストスコアを提出してもらった．

学年	平均点	SD	最高点	最低点
1 年	401.7	66.8	555	285
3・4 年合同	649.8	92.4	825	495

表 1　参加者の TOEIC テストスコア（IP テストも含む）

表 1 が示すように，平均点は 1 年生が 401.7 点，3・4 年生合同が 649.8 点で両グループ間に約 250 点の差が見られた．ただし，1 年生の多くは初めて TOEIC テストを受験しており，提出されたスコアが 1 年生の英語力を正確に反映しているかどうかについては一定の配慮が必要である．

また，参加者は大学のリーディング科目で 1 年前期・後期に各 21 万語（合計 42 万語）の多読課題（Oxford Bookworms Series: Graded Readers 使用）が与えられており，個人によって達成率が異なるものの，既に受講済みの 3・4 年生は 1 年生に比べ読書量においても優位にあったといえる．

4.2. 調査資材と調査手順

調査に使用したテキストは文字数がタイトルを含めて 318 語のブログ形式の旅行紹介記事である（付録）．テキストは A と B の 2 種類を準備した

が，一部の情報の配置を変えただけでその他は全て同じ内容にした．これは
文字数や単語，文が変わることによる読解への影響を排除するためである．
内容は海外旅行を格安に行う方法を記したもので，例として3カ国の旅行
体験談が紹介されている．テキストAの第1パラグラフには，①訪問国，
②滞在期間，③総費用，④格安旅行の方法紹介，が記載されている．テキス
トBは第1パラグラフに①のみを記し，②〜④は第5パラグラフ，つまり
旅行体験談の後に配置した．結びのパラグラフはA・Bとも同じである．
テキストの構成，質問項目は下記の通りである．

タイトル：TRAVEL MORE, SPEND LESS: Daniel's Travel Blog
テキストAの構成（以下Pはパラグラフを示す）
P1： ①〜④（訪問国・滞在期間・総費用・格安旅行）
P2： 旅行体験談1（フランス）
P3： 旅行体験談2（オーストラリア）
P4： 旅行体験談3（トルコ）
P5： 結び

テキストBの構成
P1： ①（訪問国）
P2・P3・P4（テキストAと共通）
P5： ②〜④（滞在期間・総費用・格安旅行）
P6： 結び（テキストAと共通）

テキストAの第1パラグラフ
This was a great year for traveling. I took trips to France, Austra-
lia, and Turkey. I spent almost a month in each country. I only
spent $600 total for all three trips besides the cost of transportation.
I didn't stay in any hotels, and I didn't eat in expensive restaurants.
It's easy when you know the secrets to cheap travel!

テキストBの第1パラグラフ（①）
This was a great year for traveling. I took trips to France, Austra-
lia, and Turkey.

テキスト B の第 5 パラグラフ（②～④）

I spent almost a month in each country. I only spent $600 total for all three trips besides the cost of transportation. I didn't stay in any hotels, and I didn't eat in expensive restaurants. It's easy when you know the secrets to cheap travel!

質問項目（テキスト A・B 共通）：合計 15 問
・1 部：旅行体験談 12 問（4 問×3 カ国）
　　質問 1：　訪問国名
　　質問 2：　宿泊場所
　　質問 3：　楽しかった体験
　　質問 4：　辛かった体験
・2 部：格安旅行情報 3 問
　　質問 13：　総費用（600 ドル）
　　質問 14：　各国滞在期間（1 ヶ月）
　　質問 15：　ブログ執筆目的（格安で海外旅行を行う方法紹介）

調査では参加者に A または B のテキストを読んでもらった．テキストは自然な速度で 1 度だけ読み，読み終わった段階で用紙裏面の質問を解くように指示した．ただし，質問解答中にテキストを読み返すことは禁じた．途中退出は認めなかったが，ほとんどの参加者がほぼ同じ程度の時間で調査を終了した．

4.3.　予測される読解プロセス

　テキスト構造の違いから参加者の読解プロセスを下記のように予測した．

　テキスト A
　　第 1 パラグラフの①～④の情報を基に読み手はテキストが「格安旅行」の話しであると認識し，続くパラグラフ（各国旅行体験談）をその事例として読み進める．

　テキスト B
　　第 1 パラグラフの①の情報（訪問国）を基に読み手はテキストが「旅行体験談」であると認識し，続くパラグラフを読み進める．その後第

5パラグラフで②〜④の情報に触れ旅行体験談が格安旅行情報と関係することに気づく.

4.4. 調査結果

テキスト A の読者（1 年生 16 人，3・4 年生 11 人）をグループ A，テキスト B の読者（1 年生 10 人，3・4 年生 10 人）をグループ B としてそれぞれの質問項目に対する成績を比較分析した．表 2 はテスト結果の平均点をまとめたもので，表 3・4 は 1 部（12 問）の質問の正答率を，表 5 は 2 部（3 問）の質問の正答率を示したものである.

結果を分析する上で 1 つ注意しておきたい点がある．テキスト A では 2 部の質問情報（3 問）が第 1 パラグラフに現れ，1 部の質問情報（12 問）はそれ以降のパラグラフに記載されている．これに対して，テキスト B では 2 部の質問情報は第 5 パラグラフ（最後から 2 番目）に現れ，1 部の質問情報がそれ以前のパラグラフに記載されている.

学年	テキスト	1 部	2 部	合計
1 年	A	4.9	1.5	6.4
	B	5.4	1.6	7.0
3・4 年	A	7.5	2.4	9.8
	B	10.2	1.8	12.0

表 2　読解テスト平均点（1 部 12 問，2 部 3 問，合計 15 問）

訪問国名：　質問 1・5・9
宿泊場所：　質問 2・6・10
旅行体験：　質問 3・4／7・8／11・12

	1	2	3	4	5	6	7	8	9	10	11	12
A	75.0	31.3	50.0	18.8	75.0	25.0	25.0	12.5	68.8	50.0	25.0	37.5
B	100.0	60.0	60.0	40.0	60.0	70.0	20.0	10.0	40.0	30.0	20.0	30.0

表 3　1 年生の 1 部（12 問）正答率（%）（塗りつぶし 10% 以上の格差）

	1	2	3	4	5	6	7	8	9	10	11	12
A	90.9	54.5	72.7	81.8	90.9	54.5	63.6	9.1	90.9	54.5	27.3	54.5
B	100.0	70.0	70.0	90.0	80.0	100.0	90.0	90.0	90.0	90.0	60.0	90.0

表4 3・4年生の1部（12問）正答率（%）（塗りつぶし10%以上の格差）

学年	テキスト	13	14	15
1年	A	87.5	37.5	25.0
	B	90.0	10.0	60.0
3・4年	A	90.9	81.8	63.6
	B	100.0	50.0	30.0

表5 2部（3問）正答率（%）（塗りつぶし10%以上の格差）

表2から明らかなように1年生については1部12問（旅行内容）と2部3問（格安旅行）の平均点にグループA・B間でほとんど差が見られなかった．つまり，第1パラグラフに①〜④の情報が含まれるテキストAと第1パラグラフが①のみで，②〜④の情報が第5パラグラフに現れるテキストBの間で参加者の理解度に著しい差が認められなかった．それに対して3・4年生合同ではグループBが1部及び合計の平均点でグループAを上回った．しかし，2部の平均点は逆にグループAがグループBを上回った．この結果は何を意味しているのであろうか．詳細にデータを検証しよう．

1年生の結果分析

　1年生の結果で両グループの得点差が現れなかったのは参加者の英語力と英文読書量が影響したと考えられる．一般的に英語力が低い読み手は母語の読解力を十分に生かすことができないと言われている（Clarke（1998））．1年生のTOEICテストの平均点が401.7点（グループA：419.1点，グループB：374点）であったのに対し，3・4年生の平均点は649.8点（グループA：655点，グループB：644点）と248.1点の得点差があった．また，本実験は再話（recall）に近い記述回答を求めたため読解処理に負荷がかかった可能性もある．このような状況では読み手はテキストの字面を追うことに精一杯となり，その結果A・Bどちらのテキストを読んでも理解度に大差が出なかったのかもしれない．

ただ，表5を詳細に見ると1年生は2部の質問においてグループBの得点がグループAを僅かに上回っていることがわかる．特に記事の執筆目的を尋ねた質問15の正答率の差が顕著であった．グループBのほうがグループAよりTOEICテストの平均点が低かったことを考えると不思議な結果である．これはテキストBでは②〜④の情報が最終パラグラフの前に来ており，字面読みする読み手にとっては記憶上有利であったのかもしれない．こうした最後の情報が記憶に残りやすい現象は新近効果（recency effect）と呼ばれている．また，記憶実験では最初に現れた情報も記憶に残りやすい初頭効果（primacy effect）が報告されている．この点から表3を分析すると，確かにグループBの最初の4問の成績はそれ以降の8問の成績を上回っている．したがって，グループBの成績は記憶の初頭効果も新近効果も反映しているように見える．一方，グループAについては表5と表3の質問9〜12の結果から初頭効果も新近効果も確認できなかった．データが少ないため決定的な判断ができないが，1年生については英語力の問題から字面読みをした結果，テキスト構造の影響が大きく現れなかったのではないかと考えられる．

3・4年生の結果分析

　3・4年生については表2・4・5が示すように，1部の質問ではグループBの平均点及び正答率が高く，2部の質問では逆にグループAの平均点及び正答率が高かった．グループBにとっては2部の質問はテキストの最終近くに位置しており，1年生グループB同様新近効果が現れてよいはずだがそのような効果は確認できなかった．また，グループAについては記憶の初頭効果（表5）は見られたが新近効果は見られなかった（表4の質問9〜12の成績参照）．したがって，3・4年生については明らかに1年生と異なる読みをしていることがわかる．

　この結果は次のように分析できるであろう．短いテキストにおける第1パラグラフの役割は大きく，テキスト全体の読みに影響を与えると考えられる．グループAは第1パラグラフで「格安旅行」の情報をプロファイルし，その視点から後続の3パラグラフ（旅行体験談）を読んだと考えられる．表5が示すように質問2部（情報①〜④）の正答率が高かったのはこうした読みを裏付けている．ただ，質問1部の正答率がさほど高くなかったのは，

読み手の注意が旅行体験談に強く置かれていなかったためかもしれない．これに対しグループ B は第 1 パラグラフで「旅行体験」の情報をプロファイルし，その視点から後続の 3 パラグラフを読んだと考えられる．その結果，表 4 の正答率が示すように体験情報の詳細が記憶に残ったと考えられる．しかし，2 部の解答結果がグループ A より低かったのは，②〜④の情報が第 5 パラグラフで現れても既に「旅行体験」という視点から情報処理を行ったため読み手の記憶に残りにくかったのではないかと推測される．②〜④の情報を基にテキストを再解釈するには負荷のかかるマクロ処理が必要となり，英語学習者にとっては難しい作業となる．もし参加者が高度な英語力を持っていれば読む方向と逆向きの再解釈ができたかもしれないが，今回の実験でそれを判断することはできなかった．

　いずれにせよ，実験結果から 1 年生は限られた英語力と読書量のため字面読みをしている可能性が高いこと，それに対して 3・4 年生はテキストの構造（領域）を意識しながら要点（際立ち）を読み取ろうとしていることがわかる．

5. 読解と認知再考

　以上の結果から (1) 読み手は第 1 パラグラフで基盤となる情報をプロファイルする，(2) 基盤情報は転化され後続パラグラフの最大領域として作用する，という仮説は 3・4 年生については一応支持されたと考えられる．この結果を基に読解プロセスの一般化を図ると次のようになる．

　第 1 パラグラフの内容は読み手がテキスト理解の基盤となる情報をプロファイルするうえで重要な役割をはたす．つまり，読み手は最初のパラグラフでテキスト理解の基盤となる際立ちの高い情報を読みとろうと努めるのである．これは認知的に負荷のかかる作業であるが，Gernsbacher (1990) は読み手が冒頭の複数の文により多くの時間をかけることに注目し，読み手がテキストの心的構造（mental structures）を構築することを示した．心的構造の構築とは，ここでいう基盤情報のプロファイルと最大領域の構築と考えられる．読み手は基盤情報をもとに最大領域を構築して後続の領域（パラグラフ）に現れる情報を読みとっていく．また，推論を通して一貫性（coherence）が保たれる範囲で複数の領域が複合体を構成する．長いテキストでは

それが節や章という形で現れる．同じことは物語についても言えるだろう．読み手は設定部分に記される鍵となる情報（登場人物・時間・場所）をプロファイルしたうえで物語の流れを追っていく．特に推理小説では最初の理解が重要で，これに失敗すると話の展開を追うことができなくなる．このように基盤情報の認識は読解に不可欠なプロセスであると考えられる．

　際立ちについては心的表象のどのレベルでプロファイルされるかによって際立つ要素が異なるように思える．他動性仮説で示された他動性や樋口・大橋（2004）が示した条件節・主節構造（if p, q）に見られる図と地の解釈（pが地・qが図）は文法性と関わりが強い際立ちといえるだろう．こうした文法的際立ちはミクロ構造における局所的情報処理に役立つものと思われる．一方，出来事を因果的に捉えたり，物語の流れを時間軸に沿って捉えたりするにはマクロ構造における談話レベルの際立ちが必要である．高次の情報処理についてはこれまで物語文法など形式スキーマの観点から説明されてきたが，形式スキーマは確立した静的な知識であるため，マクロ構造における柔軟なテキスト解釈を説明するには不十分であった．したがって，談話レベルの柔軟な解釈には読み手の推論が欠かせないと思われる．

　それでは図と地の逆転についてはどうであろうか．上の条件節・主節構造を例にとると，条件節が‘only if’など有標の形をとって後置した場合（q, only if p），図と地の逆転が起こりqが地・pが図と解釈される（樋口・大橋（2004））．この例はミクロ構造の局所的解釈において図と地の逆転が起こることを示している．マクロ構造での図と地の逆転は本研究の示すところであり，第1パラグラフの情報（図）が後続パラグラフの全体領域（地）として作用する現象がこれにあたる．それ以外にも図と地の逆転はテキストの要約過程で起こると考えられる．際立つ情報がマクロ構造に集約され，その後再解釈が起こる過程でテキストに書かれていない新たな命題が生成されることがある．長いテキストを読むときに頻繁に生じる現象であり，ここでもプロファイルに読み手の推論が重要な役割を果たしていると考えられる．

　このように見ると際立ちや領域，プロファイルといった認知概念は読解に不可欠な要素であることがわかる．つまり，プロファイルという操作は「もの」の認知から高次の「談話解釈」まで広範に関与していることになり，その意味でLangacker（2008）が指摘したフラクタル性が成り立つと考えられる．本研究は読解と認知に関する予備研究に過ぎず，今後さらに精緻な調査

が求められる．

　最後に英語教育に関して言えば，文法訳読式教授法はミクロ構造に焦点を
あてた指導法で状況理解につながりにくい．教師は読解処理の多面性に配慮
しながら状況モデルを構築できるように指導する必要がある．そのためには
パラグラフの構造に関わる表示語（signal words）に注意させたり，テキス
トを要約させたりすることで学習者に高次の情報処理を促すことが効果的で
あり，教室での英語によるインタラクションはそのための足場作りとなるで
あろう．前置詞のイメージ・スキーマ習得に関する研究（長（2016））が報
告されているが，今後は読解についても教育的側面から認知研究を進める必
要があると考える．

付　録

（テキストは *Selected Readings: Elementary* 2nd ed. Oxford University Press.
から引用）

Text A

TRAVEL MORE, SPEND LESS: Daniel's Travel Blog

This was a great year for traveling. I took trips to France, Australia, and
Turkey. I spent almost a month in each country. I only spent $600 total
for all three trips besides the cost of transportation. I didn't stay in any
hotels, and I didn't eat in expensive restaurants. It's easy when you know
the secrets to cheap travel!

For my first trip, I went on a working holiday in France. Every year,
farmers in France hire travelers to come and work on their farms. I slept
at a farm for free, and every weekend I traveled around the country. Dur-
ing the week, however, I picked fruit for eight hours a day, five days a
week. Picking fruit isn't easy, and sometimes it didn't feel like I was on
vacation. But I met a lot of great people, and I ate a lot of delicious food
at the farm.

For my next trip, I went backpacking in Australia. During the day I went hiking, and each night I slept in my tent. Carrying a backpack and tent all day can be tiring. However, the mountains and beaches were so beautiful that I didn't think about my heavy backpack.

Finally, in Turkey, I tried couchsurfing. To couchsurf, you join a special online network. This network connects travelers with hosts in different countries. Hosts invite travelers to sleep in their home instead of spending money on a hotel. You sleep in a bed, or even on a couch. That's why people call it couchsourfing. Couchsurfing is a great way to meet people when you travel. All my hosts were really nice, but one guy had two big dogs, and they were noisy. It was hard to sleep there.

I have to go for now. Two couchsurfers from Canada are coming in an hour, and I need to clean my house. Happy travels!

Text B

TRAVEL MORE, SPEND LESS: Daniel's Travel Blog

This was a great year for traveling. I took trips to France, Australia, and Turkey.

（第 2 ～ 4 パラグラフは共通のため省略）

I spent almost a month in each country. I only spent $600 total for all three trips besides the cost of transportation. I didn't stay in any hotels, and I didn't eat in expensive restaurants. It's easy when you know the secrets to cheap travel!

（最終パラグラフは共通のため省略）

参考文献

Brown, Daniel G. and Allan Collins, eds. (1975) *Representation and Understanding: Studies in Cognitive Science*, Academic Press, New York.

Carrell, Patricia L. (1988) "Some Causes of Text-boundedness and Schema Interference in ESL Reading," *Interactive Approaches to Second Language Reading*, ed. by Patricia L. Carrell, Joanne Devine and David E. Eskey, 101–113, Cambridge University Press, Cambridge.

Carrell, Patricia (1992) "Awareness of Text Structure: Effects on Recall," *Language Learning* 42, 1–18.

Carrell, Patricia L., Joanne Devine and David E. Eskey, eds. (1988) *Interactive Approaches to Second Language Reading*, Cambridge University Press, Cambridge.

長加奈子 (2016)『認知言語学を英語教育に生かす』金星堂，東京.

Clarke, Mark A. (1988) "The Short Circuit Hypothesis of ESL Reading-or When Language Competence Interferes with Reading Performance," *Interactive Approaches to Second Language Reading*, ed. by Patricia L. Carrell, Joanne Devine and David E. Eskey, 114–124, Cambridge University Press, Cambridge.

Dornic, Stan, ed. (1977) *Attention and Performance*, vol. 6, Erlbaum, New Jersey.

Englert, Carol S. and Elfrieda H. Hiebert (1984) "Children's Developing Awareness of Text Structures in Expository Materials," *Journal of Educational Psychology* 76, 65–75.

Gernsbacher, Morton A. (1990) *Language Comprehension as Structure Building*, Lawrence Erlbaum Associates, New Jersey.

Goodman, Kenneth S. (1967) "Reading: A Psycholinguistic Guessing Game," *Journal of the Reading Specialist* 6, 126–135.

Hiebert, Elfrieda H., Carol S. Englert and Sharon Brennan (1983) "Awareness of Text Structure in Recognition and Production of Expository Discourse," *Journal of Reading Behavior* 15, 63–79.

樋口万里子・大橋浩 (2004)「節を越えて——思考を紡ぐ情報構造」『シリーズ認知言語学入門6——認知コミュニケーション論』101–136，大修館書店，東京.

Hopper, Paul J. and Sandra A. Thompson (1980) "Transitivity in Grammar and Discourse," *Language* 56, 251–299.

Horiba, Yukie, Paul van den Broek and Charles R. Fletcher (1993) "Second Language Readers' Memory for Narrative Texts: Evidence for Structure-preserving Top-down Processing," *Language Learning* 43, 345–372.

Just, Marcel A. and Patricia A. Carpenter (1980) "A Theory of Reading: From Eye

Fixations to Comprehension," *Psychological Review* 87, 329-354.

Kintsch, Walter (1988) "The Role of Knowledge in Discourse Comprehension: A Construction-integration Model," *Psychological Review* 95, 163-182.

Koda, Keiko (2005) *Insights into Second Lnaguage Reading: A Cross-Linguistic Approach*, Cambridge University Press, Cambridge.

Langacker, Ronald W. (1987) *Foundations of Cognitive Grammar*, vol. 1: *Theoretical Prerequisites*, Stanford University Press, Stanford.

Langacker, Ronald W. (1991) *Foundations of Cognitive Grammar*, vol. 2: *Descriptive Application*, Stanford University Press, Stanford.

Langacker, Ronald W. (2008) *Cognitive Grammar: A Basic Introduction*, Oxford University Press, Oxford.

大堀壽夫 (2004)「物語の構造と発達」『シリーズ認知言語学入門6 —認知コミュニケーション論』243-278, 大修館書店, 東京.

Rumelhart, David E. (1975) "Notes on a Schema for Stories," *Representation and Understanding: Studies in Cognitive Science*, ed. by Daniel G. Brown and Allan Collins, 211-236, Academic Press, New York.

Rumelhart, David E. (1977) "Toward an Interactive Model of Reading," *Attention and Performance* vol. 6, ed. by Stan Dornic, 573-603, Erlbaum, New Jersey.

Smith, Frank (1997) *Reading Without Nonsense*, 3rd ed., Teachers College Press, New York.

Stanovich, Keith E. (1984) "The Interactive-compensatory Model of Reading: A Confluence of Developmental, Experimental and Educational Psychology," *Remedial and Special Education* 5, 11-19.

Stanovich, Keith E. (2000) *Progress in Understanding Reading: Scientific Foundations and New Frontiers*, Guilford Press, New York.

Thorndyke, Perry (1977) "Cognitive Structures in Comprehension and Memory of Narrative Discourse," *Cognitive Psychology* 9, 77-110.

英語の受益二重目的語構文と 2 つのインタラクション[*]

南　佑亮

神戸女子大学

1.　はじめに

　(1) に示すように，英語には，「受益者 (beneficiary)」の意味役割をコード化する構文交替現象がある．[1]　一方の構文 (= (1a)) は受益者を for 前置詞句でコード化し，もう一方の構文 (= (1b)) は受益者を間接目的語 (Indirect Object, 以下 IO) でコード化する．以下本稿では前者の構文を for 構文，後者の構文を受益二重目的語構文 (Benefactive Double Object Construction, 以下 BDOC) と呼ぶ．この交替を起こす最も典型的な動詞の意味クラスは，作成・準備 (= (2a)) と獲得 (= (2b)) であると言われる (Huddleston and Pullum (2002), Takami (2003), 等).

- (1) a.　He cooked a meal for his wife.　　　　　　　　　[for 構文]
- 　　 b.　He cooked his wife a meal.　[受益二重目的語構文 (= BDOC)]
- (2) a.　bake, build, cook, fix, knit, make, pour, sew, weave, etc.
- 　　 b.　buy, fetch, find, get, order, reserve, save, etc.

　通言語的に，「受益者」は複数の下位タイプに分かれることがわかっている (Zúñiga and Kittilä (2010)) が，英語も例外ではなく，for 構文の for 句は文脈によって多様な受益者を表すことができる．一方，BDOC の IO

---

　[*] 本論文は第 33 回福岡認知言語学会（2015 年 9 月 7 日）での口頭発表で提示した着想に基づくものである．本論文の原稿に対し建設的なコメントを多数戴いた 2 名の査読者に御礼申し上げたい．採取したデータの解釈についてご助力いただいた James Crocker 氏にも感謝申し上げる．尚，本稿の不備はすべて筆者の責任によるものである．

　[1] 受益交替 (benefactive alternation) と呼ばれることがある (Levin (1993)).

が表す受益者は基本的に受領受益者 (recipient-beneficiary), すなわち何か
を「受け取る」ことで受益する者に限られる (Colleman (2010) 等). この
ため先行研究では, for 構文よりも制約の大きい BDOC の意味記述に力が
注がれ, BDOC が受領受益者に限られる理由は, BDOC と同じ形式を有す
る二重目的語構文 (Double Object Construction, 以下 DOC) の IO が典型
的に「受領者 (recipient)」を表すという事実に求められた. 具体的には, ど
ちらも直接目的語 (Direct Object, 以下 DO) 指示物の受け取り手である点
は共通しているが, BDOC の IO は「意図された受領者 (intended recipi-
ent)」を表し, DOC のそれは「現実の受領者 (actual recipient)」を表す点
で異なると見なされてきた (Quirk et al. (1985: 697) 等). Goldberg (1995)
はこの点をふまえ, BDOC を典型的 DOC からのカテゴリー的拡張と位置
づけるに至った.

　本論文の目的は, 上記のような問題意識とは一線を画す観点から BDOC
の特徴を探ることである. 先行研究が注意を向けている「受益者から DO
指示物への関わり」が特に典型的な事例の意味の重要な部分を成すことは認
めつつ, この構文の意味機能の全体像を掴むにはそれだけでは不十分であ
り, 行為者と受益者の相互的な関わりも考慮する必要があることを論じる.

　本論文の構成は以下の通りである. 2節では, 先行研究における定説を確
認し, その問題点を指摘する. 3節では2節の問題を解決するための提案を
行い, その妥当性を示す. 4節は, 本稿の提案により, いわゆる象徴的行為
(symbolic acts) 用法も自然に扱えることを論じる. 5節は結論である.

2. 問題の所在

2.1. 先行研究——受益者とモノのインタラクション

　1節で「BDOC の IO は意図された受領者を表す」という記述的一般化を
確認したが, これに加えて, 「行為者は, DO を受益者に渡す前の段階とし
て, 受益者が DO を利用・消費できる状態にしておかなければならない」
という制約の存在が指摘されることがある. たとえば Langacker (2008:
246) は, BDOC の例 (3) を典型的な DOC の意味と比較し, (4) のように
述べる (recipient は BDOC の IO の指示対象すなわち受益者のことである).

英語の受益二重目的語構文と 2 つのインタラクション　　269

(3) a. She made him a kite. They built us a porch. I knitted her a sweater. [creation]

　　b. He wrote me a check. She baked them a pie. Peel me another orange. [preparation]

　　c. I bought him a clock. Find us some old rags. She got you a fancy car. [acquisition]　　　　　　　　　　(Langacker (2008: 246))

(4) These [=examples of BDOC; YM] differ from simple transfer in that the recipient obtains something which is not initially under the subject's control, at least in any usable form. Instead, the subject acts to make it available for the recipient's use by creating, preparing, or acquiring it.　　　　　　(Langacker (2008: 246))

Langacker 自身による明示的な説明はないが，(4) には，(i) 主語指示物が「作成」「準備」「獲得」行為に十分に近似した行為に従事していることと，(ii) 主語指示物（行為者）の行為が，IO（受益者）による DO 指示物の使用・利用を可能にしていること，という 2 つの条件が含まれる．確かに (3) の各例は，文脈から切り離されているものの，受益者が受け取った DO を利用する特定の目的は容易に想定できるため，条件 (ii) も満たしている．また，条件 (ii) は条件 (i) よりも優先度が高い．その証拠となるのが Pinker (1989) による以下の観察である．

(5) a. She cooked me some pork.

　　b. *She cooked me a pig.

(6) a. She tossed me a salad.

　　b. *She tossed me some lettuce, tomatoes, and carrots.

(7) a. Can you pour me a cup of coffee?

　　b. Can you pour me a pot of coffee?

　　　　　　　　　　　　　　　　　((5)-(7) は Pinker (1989: 395) より抜粋)

(5) と (6) の (a)，(b) はともに事態タイプそのものは（飲食物の）「準備」だが，(a) のほうは何の問題もなく，(b) のほうのみ不自然な表現となる．なぜなら後者では DO が，受益者がそのまま食べるのが困難な状態だからである．同様に，(7b) が (7a) より不自然になるのは，1 人の人間に差し出

すコーヒーの量としてポット一杯分というのは通常ありえないからである．このように，(5)–(7) の事実は，条件 (ii) が BDOC 成立のための必要条件であることを示している．

　他方，(8) や (9) の事実は，条件 (ii) さえ満たされれば条件 (i) が満たされていなくても BDOC が成立し得ることを物語っている．

(8) a. *I cleared him the floor.

　　b. I cleared him a place to sleep on the floor.

(Langacker (1991: 360))

(9) a. *John killed Mary the centipede.

　　b. John killed Mary a centipede for her collection.

(Takami (2003: 204))

(8a) と (9a) は条件 (i) を満たすような事態タイプではない上に，受益者が DO をどのように利用するかが不明であるために条件 (ii) も満たさず，不適格となる．一方，(8b) と (9b) の事態タイプは条件 (i) に反するが，受益者が DO を利用する目的が明示されることで条件 (ii) が満たされ，容認可能な表現となっている．

　受益構文における条件 (ii) の重要性については，他言語の研究でも指摘がある．Song (2010) は韓国語の受益構文において条件 (ii) を認め，「従事受益 (engager-beneficiary)」という概念類型を提案している．多数の言語の受益構文を扱った Zúñiga (2014) は，受領受益に相当する受益関係の意味を「受益者が受益を引き起こす原因となる事態内の被動作主 (Patient) とのインタラクションの可能性から生じるもの」(p. 554) と規定する．

　条件 (ii) に関する以上の先行研究の知見を総合すると，「BDOC が表現する受益関係は，行為者によって用意されたモノ (DO の指示対象) と受益者のあいだのインタラクションに関わるものである」と一般化できる．以降，本稿ではこれを「受益者 (Beneficiary) ―モノ (Thing) のインタラクション説 (＝BT インタラクション説)」と呼ぶことにする．

2.2. BT インタラクション説の限界

　ここからは BT インタラクション説で捉えきれない事実を確認する．典型的な受益交替動詞 bake を用いた (10) の 2 つの文を比べられたい．一見

どちらもありふれた BDOC の例だが，実は注目すべき相違点がある．

(10) a. She baked me a cake.
    b. She baked me a birthday cake.

まず，(10a) は BT インタラクション説で全く問題なく説明がつく．行為者は DO 指示対象であるモノ（*a cake*）に対する受益者（*me*）からの働きかけ（おそらく「食べる」という行為）を想定している．ところが同じケーキを焼くという行為でありながら，(10b) では事情が異なる．誕生日ケーキが受け取り手（受益者）の消費行動（食べること）を想定して作成されているのは事実であろうが，この場合は行為者の想定の中で同じかそれ以上に重要なのは受益者に喜んでもらうことであり，その喜びは本質的に，ケーキを食べることよりも行為者から誕生日にケーキをもらうことのほうに伴う．(10a) と(10b) のあいだのこの違いを BT インタラクション説のみで捉えるのは困難である．

　同様のことは，次の例にも当てはまる．

(11) I was shocked by how many people want out of their marriages for really silly reasons. You talk about What is a marriage? People want to get out because "My husband didn't get me a present for my birthday." I couldn't believe what I was hearing.

(COCA (2011)，下線は筆者)

下線部 BDOC の意味を BT インタラクションの観点から捉えようとすると，受益者は，自分が直接働きかける対象となるべき「誕生日プレゼント」が得られなかったと述べていることになる．しかし，(11) の受益者（*me*）が問題視したのは，プレゼントがあることで可能になる何らかの行為（＝BT インタラクション）が実現しなかったことではなく，プレゼントを自分に贈るという行為を怠ったという行為者の態度のほうである．BT インタラクションの観点からこのような側面を捉えるのは難しい．

3.　提案——もうひとつのインタラクション

　本稿では，BDOC の意味機能を適切に捉えるため，BT インタラクショ

ンを補うものとして「受益者（Beneficiary）—行為者（Agent）インタラクション（以下，BA インタラクション）」を導入する．BA インタラクションは，行為者（主語の指示対象）と受益者（IO の指示対象）の間のやりとりのことである．BA インタラクションは BT インタラクションに付随する場合も多いが，BT インタラクションよりも相対的に前景化する場合がある．2.2節の2つの例（(10b) と (11)）では，BA インタラクション（＝行為者が誕生日ケーキを作って受益者を喜ばせることや，プレゼントを買わなかったことで受益者に憤り・不満をもたらすこと）の方が，BT インタラクション（＝受益者がケーキを食べることや，プレゼントに働きかけること）よりも前景化している．

　BA インタラクションは，受益者と行為者に共有される特定の記号関係の理解を前提とする．(10b) の場合，ケーキを受け取る側がそれを誕生日ケーキであると認識するためには，「このケーキが自分の誕生日のお祝いのシンボルである」という記号関係の理解が共有されている必要がある．そうでなければ，単にそこにケーキという甘い食べ物が存在するにすぎないことになってしまう．こうした記号の理解が共有されている人間同士のやりとりで構成される一般的な社会生活を考えた場合，人が人に対して何かモノを作ったり手に入れたりして用意するという状況で，そのモノとは別にその当事者の間に BA インタラクションが生じるというのはごく自然なことである．ただし，その BA インタラクションの際立ちの程度は場合によって変動する．以上のように考えれば，2.2節の (10) の2つの文の違いは，(a) よりも (b) のほうがより BA インタラクションが前景化していると捉えることが可能となる．

　このように重要な位置を占めるにもかかわらず，BA インタラクションはBDOC の意味研究において注意を払われてこなかった．おそらくその理由は，母語話者の直感に基づいた，特定の文脈からは切り離されたデータを分析対象にしていたからである．以下，本節では，そうした先行研究が見落としてきた，BA インタラクションが前景化している BDOC の実例を見ていく．

3.1.　両方のインタラクションが前景化されるケース

　BA インタラクションは，定義上，受益者から行為者，行為者から受益者への双方向のやりとりが前提にあるが，実際にはどちらか一方の働きかけに

英語の受益二重目的語構文と２つのインタラクション　　　　273

のみ焦点が当たることが多い．以下，それぞれのケースを見ていく．まず
は，受益者から行為者への働きかけに焦点が当たる場合である．

(12) MISS NAGG (imploringly): Oh, your highness, please smile!
Why don't you like your presents?
PRICKLY PRINCE: They're all right. But <u>why didn't you buy
me something different, something that I'll never get tired of,
something that I could pal around with and laugh at and get
sort of excited over?</u> I kind of thought you would.

（COCA（1999），下線は筆者）

(12) の BDOC の DO (*something different*) には，受益者 (*me*) が，自分
が望むモノを得られなかったことにより実現できなかった BT インタラク
ションについて詳細な記述が加えられているため，BT インタラクションの
関与は明らかである．しかし同時に，行為者がそのような BT インタラク
ションを可能にする DO をプレゼントとして買わなかった行為者（＝聞き
手）に対して向けられた否定的な態度表明という BA インタラクションの側
面も関わっており，そこでは BT インタラクションの実現が受益者の満足
を表すという記号関係の共有が前提にある．

次は，BDOC が続けて使用されたケースである．

(13) She was lying there on her bed. For the last few years she had
been asking me for a thick woolen shawl. Every time I came
home she would say, 'Sinder, <u>you haven't bought me anything
from your first salary. Buy me a shawl.</u> *I feel very cold in win-
ter.*'　　　　（COCA（1992），下線およびイタリックは筆者）

最初に話者（＝受益者）が発した BDOC は，行為者が特定の BT インタラ
クションを可能にする行為（＝初めての給料で受益者のために何かを買うこ
と）を怠っているという事実を描写するだけではなく，そのことで行為者を
詰っている．この時，行為者が当該行為を履行することが受益者への誠意や
思いやりを表すという記号関係を前提とした BA インタラクションが前
景化している．そのため直後の BDOC (*Buy me a shawl.*) は BA インタ
ラクションが前景化した状態で理解されるが，さらにその後のセリフ (*I feel*

very cold in winter.) によって，受益者が BDOC で描かれるモノ（*a shawl*）を現実的な目的のために必要としているという意味で BT インタラクションも想起される．このように，2つのインタラクションが複合的に関与し，その際立ち関係が柔軟に変化することもある．

　次に，行為者から受益者への BA インタラクションが際立つ例を見ておこう．

(14)　There was the good friend, a set designer, trying to make it as a contractor.　Ms. Huneven was his first client.　<u>He obsessively built her a beautiful closet in her office</u>, though what she asked for was a gate to close off the yard from the driveway and a door in her garage.　"I used to practice saying, 'I want a gate, I want a door,'" she said.　"Talking to men was like talking into the void.

(COCA (2006)，下線は筆者)

下線部の BDOC では，行為者が受益者の要求に合うものを作ろうと必死な様子が描かれている．望ましい BT インタラクションの可能性を実現化することで，望ましい BA インタラクションを実現しようとしているわけである．しかしこの場合は，行為者は受益者が求めていたモノを作ることができなかったため望ましい BT インタラクションを生み出すことができず，そのことにより受益者から否定的に評価されるという望ましくない BA インタラクションを引き起こしてしまったことが直後の文脈で明らかになっている．ここで前提になっているのは，言うまでもなく，行為者が作ったモノが受益者の要求と合致していることが，受益者からの高い評価に結びつくという記号関係である．

　本節でここまで見た3つの例はすべて行為者と受益者のあいだの意思疎通が上手くいかない場合であったが，BA インタラクションが前景化するのはそのような場合だけではない．(15) は，行為者から受益者に向けた BA インタラクションが際立つ例だが，受益者は BDOC の描写する行為を望ましいものとして受け止めている．

(15)　She was sweet to Donny, <u>baking him pies and chocolate-chip cookies and other good things</u>, hugging and kissing him every time she saw him, and even tucking him into bed at night, like a little kid.　　　　　　　　　　　　　　　（COCA（2011），下線は筆者）

行為者が受益者（*Donny*）のためにパイなどを焼く行為を表す BDOC は分詞節の一部を成しており，主節は，行為者の受益者に対する態度が優しいことを描写している．主節で BA インタラクションが前景化した状態で，BDOC が描く事態が引き起こすと想定される BT インタラクション（＝焼いてできたものを Donny が食べる）が理解される．ここでの BA インタラクションは，パイなどを焼くという行為が人の親切さを象徴するという記号的関係の理解を前提とするものである．それがなければ，行為者がパイを焼く行為はパイと受益者のあいだの BT インタラクションを可能にするものにしかならないはずである．

　次に，2 つのインタラクションがさらに密接に関わり合うケースとして，(16) を見ておきたい．

(16)　Recalling the fan who baked him a congratulatory apple pie, Bohjalian says, "I'll savor that taste of her affection.　It will always be with me."　　　　　　　　　（COCA（1999），下線は筆者）

下線部の BDOC には，まず受益者はアップルパイを食べるという BT インタラクションが想定されている．同時に，行為者は受益者に対してお祝いの気持ちを表現しようとしている意味で BA インタラクションも実現している．すぐ後に受益者自身が語っているように，受益者から行為者に向けられている好ましい感情は，アップルパイそのものの味ではなく，行為者の行為と分かちがたく結びついている．行為者の焼いたアップルパイと行為者の愛情のあいだに記号関係が確立され，受益者との間で共有されたからである．

　本節の締め括りに，(17) を見ておく．2 つの BDOC が近い文脈内で続けて使用された例である．

(17)　After dinner I returned to my room, cleaned up, and went to the Wake.　There were a few people in booths.　The bartender poured me a beer, then ignored me.　Amanda Sam wasn't there, and two beers later, she was.　I bought her a drink.　She asked me a lot of questions.　She sympathized.　　　　（COCA（2009），下線は筆者）

1つ目の BDOC は，受益者と注がれたビールの間の BT インタラクション
とともに，行為者から受益者に対するサービスの提供という BA インタラ
クションが想起される（そしてそれが控え目なサービスであることが直後に
暗示されている）．2つ目の BDOC (*I bought her a drink.*) は文字通り受益
者に飲み物を奢ったという BT インタラクションを想起するだけではなく，
行為者が受益者としてコード化された相手とお喋りを楽しむという BA イ
ンタラクションを表す記号にもなっている．そのため，受益者が行為者にい
くつも質問をしたという文脈が自然に続くのである．

3.2. BA インラクションが BT インタラクションよりも際立つケース

3.1 節では，2つのインタラクションの両方が関与している事例を確認し
た．本節では，BA インタラクションのほうが BT インタラクションよりも
前景化されるケースを見ていく．はじめに，(18) と (19) を比較されたい．

(18)　I bought her a drink.

(19)　a.　(Could I) buy you a drink?

　　　b.　Then this strange man sat down and said, "Buy you a drink?"
　　　　　I could have just died!　　　　　　　　　　(Spears (2012: 24))

(17) で見た通り，(18) の表現は単に飲み物を奢るという BT インタラク
ションを想起する行為だけではなく，行為者と受益者のあいだの BA イ
ンタラクションも表す．(19a) が (18) と明確に異なるのは，前者には「提
案・申し出」の発話内効力が伴う点である．「提案・申し出」は話し手から聞
き手に向けた働きかけであるが，(19a) の場合，話し手は行為者と一致し，
聞き手は受益者と一致しているため，行為者から受益者に向けた働きかけで
もある．したがってこの言葉を発する行為がそのまま，行為者から受益者に
向けた BA インタラクションの実現にもなる．換言すると，(19a) の場合，
(18) とは違い，BT インタラクションの実現の是非とは関係なく，先に BA
インタラクションだけが成立する可能性がある．事実，(19b) では，受益者
（＝申し出の受け手）は BT インタラクションに関する申し出の言葉を聞い
たこと（＝BA インタラクション）だけで大きな心理的影響を受けたことが
直後に語られている．この時，BT インタラクションは行為者によって言及
されるにとどまり，BA インタラクションの背後に退いている．

類似の現象は次のような例にも見られる.

(20) The first night I spent at her place, I offered to draw her a bath. She sat on her bed and cried. "No one's ever poured me a bath," she said. "*It's the sweetest thing.* "She reached for my hand. I dried her face with a towel. "You're a caretaker type, aren't you?" (COCA (1999), 下線およびイタリックは筆者)

(21) I pulled into the next service area, where quite a few busloads of Belgian tourists had just disembarked. My companion, whose first name I still didn't know, offered to stand in line and get me a cup of coffee. *My wrath dissolved into the dull pleasant feeling brought on by monotonous driving.*

(COCA (2002), 下線およびイタリックは筆者)

　いずれも主節の動詞 offer により主節主語（発話者かつ行為者）が発話内効力をともなう発言をしたことが明示され，BT インタラクションの実現の可否が背景化し，BA インタラクションのみが前景化している．(20) では，最初の BDOC のあと，行為者が受益者のために風呂を入れることを申し出たことに対して受益者が感動し泣いている．行為者によるお風呂にお湯を入れるという行為そのものではなくその行為を行為者が申し出ることが受益者（聞き手）に BA インタラクションとして受け止められたのである．そして受益者が直後に発したセリフ (*No one's ever poured me a bath.*) は風呂に入れるようお湯を入れてもらうという BT インタラクション的行為の欠如よりもむしろ，そのように親切にしてもらうという BA インタラクションを今まで経験しなかった事実の伝達を意図したものである．(21) の場合，運転で疲れていた受益者のために行為者が並んでコーヒーを買ってくると申し出てくれたことに対して受益者が肯定的感情を抱いたことが直後に暗示される．受益者がコーヒーを飲むという BT インタラクションを行為者が可能にしてくれたことではなく，コーヒーを手に入れてくれるという行為者からの申し出が BA インタラクションの記号となり，受益者の感情に影響を与えているのである．

　この現象は「提案・申し出」以外の発話内効力が伴う場合にも起こる．

(22)　She could have said she wanted him to build her a tower to the
　　　moon, and he'd have done it.　　　　　　　　　(COCA (2010))

（22）では受益者が行為者に対して要求を発しているが，要求の中身である
DO 指示物の建設という行為は，行為者から受益者に対して強い感情を抱い
ていること（＝BA インタラクション）を表す記号として理解されている．
したがって（20）や（21）と同様，実際に月にかかる塔が建設できる可能性
や，その塔と受益者の間に BT インタラクションが成立する可能性は，背
景化している．

4.　「象徴的行為」用法について

　本節では，BT インタラクションしか想定しない先行研究ではうまく捉え
られることのなかった周辺的な BDOC を取り上げ，BA インタラクション
を考慮する本稿の分析がそうした周辺事例とより典型性の高い事例との間の
関係をも浮き彫りにすることを見ていく．
　BDOC（および DOC 全般）の研究では，Green（1974）が象徴的行為
(symbolic acts) と名付けたもののうち，（23）のような例文がよく引き合い
に出される (Pinker (1989), Goldberg (1995), Takami (2003), 等)．

(23)　a.　Kill me a dragon.
　　　b.　Crush me a mountain.
　　　c.　Cry me a river.　　　　　　　　　　　　　(Green (1974: 96))

　本稿の立場から（23）の特徴づけをするならば，次のようになる．（23）
の例において受益者は BT インタラクションに参与する能力を有するが，
描かれている事態は BT インタラクションを伴い得ないものである．(23a)
は DO が架空の生物であり，山を砕くこと（＝(23b)）や泣いて涙で川を作
ること（＝(23c)）は，現実には実行不可能である．仮にもし奇跡的に実行
できたとしても，IO（受益者）と DO 指示物のあいだの BT インタラクショ
ンは想定されていない．実現性のほとんどないこれらの行為は，行為者が受
益者に対する心的にアピールするという BA インタラクションを「象徴」す
るものにすぎないのである (cf. Green (1974), Takami (2003), 等)．

英語の受益二重目的語構文と2つのインタラクション　　　279

　（23）の類の例は生産性が低く容認度もかなり低くなりがちであるうえに，他の典型性の高い BDOC とは異なり，命令文であり IO が一人称代名詞の場合にかなり限定されるという特徴が古くから指摘されている（Green (1974)，Oehrle (1976)，等）．また，BDOC は非典型的な動詞の場合でも指令効力（directive force）が伴うと容認度が上がるとも言われる（Huddleston and Pullum (2002: 311))．[2]

　ほとんどの研究がこれらの事実の指摘に終始していた中で，高橋（2017: 第 6 章）は，象徴的行為を表す BDOC が，命令文かつ IO が一人称の場合に限られる理由の説明に初めて挑んだ重要な研究である．[3] 高橋は（23）のタイプの例は BDOC と命令文が融合してできたものであり，これらの事例の容認度の高さは BDOC の特徴ではなく命令文（指令文）がもつ（a）一人称選好の傾向，および（b）話者から聴き手に対する直接的な働きかけと修辞性という 2 つの特徴に帰せられると説明する．

　この説明は示唆に富むものであり，特に（b）は本稿の BA インタラクションと通じるものがある．しかし，以下の（24）や（25）のような事実を捉えることができない．

(24)　I'll move you mountains.
(25)　a.　Sam promised to move his lover a mountain.
　　　 b.　Sam promised to crush his lover a mountain.

(Green (1974: 95))

不思議と注目されないが，Green (1974) が（25）を挙げていることから分かるように，これらも象徴的行為の例である．しかし（23）とは異なり，命令文でも広義の指令文でもなく，また IO が一人称でもないため，上記の高橋説の説明対象からは外れている．

　一方，本稿の分析はこれらも問題なく説明できる．指令効力を伴う（23）も，別の発話内効力を伴う（24）や（25）も，話者と聞き手のインタラク

---

　[2] BDOC が許容する事態タイプの調査を行った Allerton (1978) がサンプル文に Could you ... で始まる間接的指令文を用いているのは示唆的である．
　[3] 象徴的行為用法を概念メタファーに基づく拡張とみなす説（Goldberg (1995: 151)) もあるが，発話内効力の必要性や IO の人称制限が説明できない点で高橋説に及ばない．（その他の問題については Takami (2003) や Colleman (2010) を参照．）

ションが BDOC の描く事態内の BA インタラクションと重なっている点では同じであり，異なるのは，その対応関係が入れ替わっていること（「受益者＝話し手，行為者＝聞き手」と「受益者＝聞き手，行為者＝話し手」）だけである．そして，描かれている事態の実現およびそれに伴う BT インタラクションよりも，話し手（(23) では受益者，(24)(25) では行為者）が当該の行為に言及することで聞き手（(23) では行為者，(24)(25) では受益者）に対する BA インタラクションを実現することがより重要な意味を持つ．興味深いことに，この状況は 3.2 節で挙げた各事例の場合と並行的である．唯一異なるのは，3.2 節の例では BT インタラクションの実現の可否が重要性を持たないのに対し，象徴的行為の場合は BT インタラクションがそもそも実現不可能な点である．そしてこの唯一の違いが，両者のカテゴリー上の地位の差をもたらしている．先行研究（2.1 節参照）が指摘するように，BDOC の典型性を保証するのは実現可能な BT インタラクションの想定である．3 節で議論したように，2 つのインタラクションの相対的な際立ちは様々な条件下で変動する．その中でも象徴的用法は BT インタラクションが完全に欠落しているという最も極端な場合であり，そのままでは不適格になるところを，話者と聞き手のインタラクションにより BA インタラクションが確実に保証されるため，なんとか適格な表現となっているのである．このため象徴的用法では必然的に BA インタラクションにかかわる意味（高橋 (2017) の言う「修辞性」等）が中心となる．一方，3.2 節で挙げた諸事例の場合は現実的な BT インタラクションの基盤が存在するため，たとえ話者と聞き手のインタラクションと BA インタラクションが一致しなくても容認度が下がることはない．このため，特に象徴的行為用法に比べて直感的に BA インタラクションの意味が目立たず，先行研究でも注目を集めにくかったのだと考えられる．

5. 結論

本稿は，英語の BDOC の意味的特徴を適切に捉えるためには，従来の研究で吟味されてきた BT インタラクションの側面に加えて BA インタラクションの側面を考慮する必要があることを論じた．一見すると典型的な BDOC の事例の中にも，BA インタラクションの際立ちという点で異なる

いくつかのタイプが存在することを指摘し，これまでの研究では的確に捉えることのできていなかった象徴的行為用法にも BA インタラクションを考慮に入れることで自然な説明が与えられることを示した．

　本研究の直近の課題は，2 つのインタラクションの観点から受益構文としての for 構文の特徴を探ること，およびこの「2 つのインタラクション」モデルが典型的な DOC やその他の拡張した DOC の意味記述にどの程度有効かを検証すること，の 2 点である．[4] 本研究は発話行為や相互行為の観点から動詞の項構造構文の意味機能を捉え直す試み（高橋（2018: 238））の 1 つと位置づけられる．将来的に，その他の項構造構文についても類似の観点からの分析を試みる価値は十分にあると思われる．

参考文献

Allerton, David J. (1978) "Generating Indirect Objects in English," *Journal of Linguistics* 14, 21–33.

Colleman, Timothy (2010) "The Benefactive Semantic Potential of 'Caused Reception' Constructions: A Case Study of English, German, French, and Dutch," *Benefactives and Malefactives*, ed. by Fernando Zúñiga and Seppo Kittilä, 219–243, John Benjamins, Amsterdam and Philadelphia.

Davies, Mark (2008-) *The Corpus of Contemporary American English (COCA): 560 million words, 1990-present.* Available online at https://corpus.byu.edu/coca/.

Goldberg, Adele E. (1995) *Constructions: A Construction Grammar Approach to Argument Structure*, University of Chicago Press, Chicago.

Green, Georgia (1974) *Semantics and Syntactic Regularity*, Indiana University Press, Bloomington.

Huddleston, Rodney and Geoffrey K. Pullum (2002) *The Cambridge Grammar of the English Language*, Cambridge University Press, Cambridge.

Langacker, Ronald W. (1991) *Foundations of Cognitive Grammar*, vol. 2: *Descriptive Application*, Stanford University Press, Stanford.

Langacker, Ronald W. (2008) *Cognitive Grammar: A Basic Introduction*, Oxford University Press, Oxford.

---

　[4] Newman (1996: 51-52) が指摘する domain of human interest の概念と 2 つのインタラクションの関わりも探る必要があると思われる．

Levin, Beth (1993) *English Verb Classes and Alternations*, University of Chicago Press, Chicago.

Newman, John (1996) *Give: A Cognitive Linguistic Study*, Mouton de Gruyter, Berlin and New York.

Oehrle, Richard T. (1976) *The Grammatical Status of the English Dative Alternation*, Doctoral dissertation, MIT.

Pinker, Steven (1989) *Learnability and Cognition*, MIT Press, Cambridge, MA.

Quirk, Randolph, Sidney Greenbaum, Geoffrey Leech and Jan Svartvik (1985) *A Comprehensive Grammar of the English Language*, Longman, London.

Song, Jae Jung (2010) "Korean Benefactive Particles and Their Meanings," *Benefactives and Malefactives*, ed. by Fernando Zúñiga and Seppo Kittilä, 393–418, John Benjamins, Amsterdam and Philadelphia.

Spears, Richard D. (2012) *Common American Phrases in Everyday Contexts: A Detailed Guide to Real-Life Conversation and Small Talk, 3rd Edition*, Mc-Grawhill, New York.

高橋英光 (2017)『英語の命令文——神話と現実』くろしお出版，東京．

高橋英光 (2018)「認知言語学はどこへ向かうのだろうか？」『認知言語学とは何か——あの先生に聞いてみよう』，高橋英光・野村益寛・森雄一（編），223–242，くろしお出版，東京．

Takami, Ken-ichi (2003) "A Semantic Constraint on the Benefactive Double Object Construction," *English Linguistics* 20, 197–224.

Zúñiga, Fernando (2014) "Benefaction Proper and Surrogation," *Studies in Language* 38, 543–565.

Zúñiga, Fernando and Seppo Kittilä (2010) *Benefactives and Malefactives: Case Studies and Typological Perspectives*, John Benjamins, Amsterdam and Philadelphia.

日英語の自他動詞志向と受身文

—2 つの Natural Path の観点から—

村尾　治彦

熊本県立大学

1.　はじめに

　英語は他動詞志向，日本語は自動詞志向という主張や，人中心／状況中心あるいは，状況の中／外どちらからの事態把握を好むかでそれが決まるという主張が多くの研究でなされているなか（池上（1981），Hinds（1986），本多（2005），谷口（2005），野村（2014），Ikegami（2015）），Murao（2018）では英語は様々な他動詞構文において構文ネットワーク上のより高次のスキーマが活性化して多様な他動詞構文を産出し，日本語は自動詞構文においてより高次のスキーマが活性化して多様な自動詞構文を容認することを示している．

　一方，日本語では「私たちは，空襲で家財道具を焼いた.」（「状態変化主主体の他動詞文」（天野（2002: 117））），「山田さんが家を建てた.」（「介在性の他動詞文」（佐藤（2005: 88）））など特異な他動詞文の生産性も高く，日英語の自他動詞構文にはその傾向に反するように見えるものもある．村尾（2018）では，Langacker（1991, 2008）の行為連鎖と自律／依存の階層化という 2 つのモデルに基づいて日英語の好まれる natural path（村尾（2018）では，agent-oriented natural path／theme-oriented natural path として提示）の観点から両言語の自他動詞文を分析し，日本語は theme-oriented natural path をより好むことから自動詞志向を，英語は agent-oriented natural path を好むことから他動詞志向になることを主張し，上記のような一見その志向に反する他動詞文を含めて統一的，体系的に説明することを試みた．

　以上の一連の研究を基盤として，本稿では，Langacker（1987, 1991, 2008 など）の認知文法の枠組みに基づきながら，一見英語の他動詞志向に

283

反するように見える受身文および，英語には見られない日本語の間接受身を取り上げ，agent-oriented natural path / theme-oriented natural path から捉えることで，両構文がやはりそれぞれ日英語の自他動詞構文の特徴を反映していることを示す．その際，agent-oriented natural path における因果関係による「影響」と theme-oriented natural path における自律／依存関係に基づく「影響」を区別し，両者の「影響」の性質の違いから英語の受身文と日本語の間接受身の違いが導き出せることを示す．

また，他動詞文との関係も考えながら，natural path を基盤とした日英語の自他動詞志向のあり方の中に受身文がどのように位置づけられるか考えていくことにする．

2. 日英語の事態認知で好まれる Natural Path

Langacker (1991, 2008) では，事態をエネルギーの流れに沿った energy source (action chain head) から energy sink (action chain tail) への流れと，energy flow とは正反対の方向性を示す，thematic process を中心に自律的なものから依存的なものへの階層化の2つの異なる視点から捉えている．どちらも認知的に自然な経路 (natural path) と捉えられている (Langacker (1991: 293, 2008: 372-373))．例えば (1) の文は Langacker のモデルで図式化すると図1のようになるであろう．

(1) He cracked the window of my car.

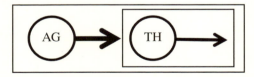

図1　Agentive Process (Langacker (2008: 372))

Langacker (2008: 372) は図1を He broke it のような他動詞文の意味構造として提示しているが，(1) の文も同様に捉えられるため，ここでは (1) の文の説明モデルとして紹介する．(1) の文の he は図1において agent

(AG), the window は theme (TH) としての意味役割を果たしている.[1] 行為主体の発するエネルギーの流れに沿った action chain モデル (Langacker (1991, 2008)) から見ると, energy source (action chain head) (AG) を出発点として energy sink (action chain tail) (TH) へ向かう natural path である. action chain head が agent (行為主体) としてより際だちのある図 (primary figure) となり, 他動詞文の主語となる. action chain tail が patient (対象) としてその次に際だちのある図 (secondary figure) となり目的語となる.[2] プロトタイプ的には, agent (行為主体) から patient (対象) への働きかけによって生じる因果関係に基づく natural path で, この概念化経路を反映した記号化の方略は agent orientation と呼ばれる (Langacker (2008)). 以下本稿では村尾 (2018) を踏襲して agent-oriented natural path (以下 ANP) と呼ぶ.

一方, TH を基点として見ると, 1 つの事態参与者から成る概念的に自律的な要素 (thematic process) (図の内側のボックスで示される部分) が事態の中心となって, それを引き起こすエネルギー (AG) が外側に重なる形の階層を成す. エネルギーの発し手である行為主体 (AG) の TH に働きかける使役行為は働きかける相手である TH があって初めて成立する. しかし TH を中心とした thematic process は行為主体がなくても自律して存在しうる要素である. この捉え方は中心である概念的に自律的な要素 (TH) を出発点として周辺の依存的要素 (AG) へ向かう natural path である. こちらの記号化の方略は, theme orientation と呼ばれる (Langacker (2008)). 以下本稿では村尾 (2018) を踏襲して theme-oriented natural path (以下 TNP) と呼ぶ.

村尾 (2018) ではこの Langacker のモデルを援用し, 日英語の好まれる事態認知として (2) と (3) を提案した.

---

[1] 認知文法では patient, mover, experiencer, zero などを総称する意味役割として theme を用いている. theme は後述の thematic process に関わる参与者として定義される (Langacker (1991, 2008)). (1) の例の the window は具体的には theme の中の patient の役割を果たしている.

[2] 認知文法では相対的により際立ちのあるほうを trajector, その次に際立つほうを landmark としている.

(2) 英語

    a. 際立ちの差に基づく figure / ground の対立を反映した agent-oriented natural path を好む傾向

    b. モノの二項関係を agent であるとか theme であるとかではなく，際立ちの差で捉えることで幅広い他動詞構文を生産

(3) 日本語

    a. 意味役割に基づく中心／周辺の対立を反映した theme-oriented natural path を好む傾向

    b. theme, agent 等，モノの具体的な意味役割の中身を見て事態の中心／周辺を認識し，事態の中心を優先して記号化する．中心が周辺に影響を及ぼすと見なされる度合いに応じて周辺まで記号化するか決定される．   （村尾 (2018: 102–103)）

(2) は際立ちの差による二項関係を幅広く捉えることで多様な他動詞構文を産出できるモデルで，(3) は 1 つの事態参与者から成る概念的に自律的な要素を中心に捉えることで多様な自動詞構文を産出するモデルである．詳細は村尾 (2018) を参照のこと．

ここで以下の考察において重要になってくる ANP における「影響」と TNP に基づく「影響」を区別しておこう．(2) のモデルは action chain を基盤としているため，参与者間でのエネルギーの授受に焦点があたり，このエネルギー連鎖の中での energy source 側から energy sink 側へ自らエネルギーが向かうことによる直接的，積極的な影響が問題となる．

一方，(3) は概念的に自律的な中心要素である thematic process に周辺要素の使役行為の存在が依存していると捉えるモデルである．thematic process は theme 自体の中味やそれが受ける行為およびその影響について多くの情報を持ち，事態全体が表す意味内容のかなりの部分を占めている (Langacker (1991: 386–388, 2008: 372))．よって，thematic process が行為主体に働きかけるというより thematic process の存在如何でその行為主体の存在も決まり，thematic process の意味内容によって行為主体が間接的，消極的に影響を被る．例えば，(1) のような他動詞文の目的語の theme が window の場合と egg，あるいは safe (crack a safe で「金庫破りをする」) の場合では，行為主体の theme に働きかける具体的な使役行為や影響のあ

り方が随分変わってくる．ここで theme は使役の行為主体に直接，能動的に関わって影響を与えているわけではない．

　以上のように2つの「影響」は影響を及ぼす方向が反対である点と影響の質が上記の意味での積極的か消極的かという点で異なる．便宜上 ANP における影響を「積極的影響」，TNP における影響を「消極的影響」と呼ぶことにする．[3] 以下3節では，英語の受身文が「積極的影響」，日本語の間接受身が「消極的影響」に基盤を置き，日英語の各受身文がそれぞれの言語の好む natural path に沿った事態認知を反映していることを主張する．

3.　2つの natural path と日英語の受身文

　本節では，自動詞文の一種として受身文を考察し，一見日英語の自他動詞構文の志向に反するように見える事例も含め，英語の受身文は ANP を，日本語の間接受身は TNP を基盤とし，日英語の自他動詞構文の志向に沿っていることを主張する．[4]

3.1.　英語の受身文

　Langacker（1990, 1991, 2008 など）は語幹となる動詞の事態の energy source（action chain head）（図1では AG）ではなく，energy sink（action chain tail）（図1では TH）を trajector として選択するような，trajector/

---

[3] 寺村（1982: 253-254）は間接受身などにおける「自分に全く責任のないところである事象が起きて，その結果が自分に降りかかってくる」ような関与を「消極的関与」と呼んでいる．一方，使役文に見られるような積極的，意図的な関与を「積極的関与」と呼んでいる．また，益岡（1979: 346）も「X が雨に降られる」という間接受身を「「雨が降る」という事象に対して第三者的立場にある X が，この事象に間接的・消極的にかかわり，これを経験する」ものと述べている．寺村や益岡の考えは action chain や自律／依存関係に基づく natural path の観点から導き出されているものではないが，本稿での「積極的影響」，「消極的影響」もその趣旨を共有するものと思われる．

[4] 谷口（2005）は transitive relation（agent orientation に相当）を英語での基本的な事態解釈，thematic relation（theme orientation に相当）を日本語での基本的な事態解釈として，英語の他動詞志向，日本語の自動詞志向を示すと思われる様々な構文を分析している．Langacker（1991, 2008）の2つの natural path を基盤とした谷口（2005）の考察と本稿の方向性は基本的に同じである．ただし，本稿は事態の中心（thematic process）と周辺（行為主体）の依存関係から生じる影響関係により焦点を当てた分析となっている点や間接受身が基盤とする natural path の考え方において異なる．

landmark の反転として受身文を捉えている．このように，英語の受身文は action chain を基盤とした ANP に沿った際立ちの差に基づく事態認知を反映している．

　日本語には，対応する能動文の存在する「直接受身」と対応する能動文の存在しない「間接受身」の 2 つの受身文がある（寺村（1982））．上記の Langacker の受身文の分析では，対応する能動文と同じベース上で action chain の末尾の theme を最も際立つ trajector として選択するという捉え方がなされていることから，英語の受身文は直接受身といえる．逆に言えば，（日本語を含め）直接受身は ANP を反映した構文といえる．

　しかし，実際の英語の受身文の事例はどうであろうか．以下（4）の形式の文を自動詞文とするならば，受身文も自動詞文に含まれるが（Langacker（1990: 230）参照），英語の受身文はプロトタイプ的な（5a）から（5c）のような事例まで受身文の使用範囲がある程度広がっている．

(4) a.　英　語：SV（NP V）
　　b.　日本語：SV（NP-ガ V）
(5) a.　My passport was stolen.
　　b.　He didn't want to be looked at by anyone else.
　　c.　This bridge has been walked under by generations of lovers.

(Bolinger (1975: 69))

（5a）は steal という，行為主体が対象に働きかけて影響を与える典型的な他動詞を用いた受身文であり，（5b）は look at という自動詞と前置詞 at の組み合わせによる意味的には他動詞的な動詞句を用いた受身文，（5c）は walk という純粋な自動詞を用いた受身文である．

　Murao（2018）でも示したように，英語はプロトタイプ的な他動詞文から様々な他動詞文に多様な広がりを見せ，自動詞文における広がりには制限がある．しかし（5）のような例，特に（5c）を見ると英語にも多様な受身文があり，一見 ANP を好む他動詞志向から外れ，多様な自動詞文の広がりを見せる自動詞志向的な側面も強く働いているように思われる．

　しかし，（5）のような受身文も対応する能動文が存在し，（5a）では能動文の landmark の my passport が，（5b）では同じく he が受身文の trajector となっている．（5c）の場合も Generations of lovers have walked under this bridge（Bolinger（1975: 69））のような能動文があり，直接目的語ではないが，action chain 上流の trajector 以外の this bridge が行為を受ける対象であるかのように受身文の trajector として選択されている．

高見・久野（2002），高見（2011）の分析からも英語の受身文が ANP を基盤としていることが窺える．高見（2011）は（5c）と同タイプの（6）のような受身文を「受身文の特徴付け制約」（高見（2011: 123））で説明している．[5]

(6) a. This pool has **been swum in** by several former US presidents and scores of Senators. （高見（2011: 117））

    b. That pen **was written with** by Charles Dickens in the 19th century. （高見（2011: 119））

例えば（6a）では，by 以下による swim という行為が「そのプールを他のプールから際立たせ，有名にして，そのプールの特徴付け，性格付けとして機能する」（高見（2011: 119））ことによって受身文が適格になっていると説明されている．この説明の「際立たせ」という部分に注目すると，見方を変えれば ANP に基づく trajector/landmark の反転を反映した説明に置き換えることもできる．

また，（6）の受身文にも実際（7）のような対応する能動文が存在する．

(7) a. Several former US presidents and scores of Senators have **swum in** this pool. （高見（2011: 117））

    b. Charles Dickens wrote with that pen in the 19th century.

以上のように，英語も自動詞構文である受身文において一見拡張が進んでいるように見えるが，実際は ANP に従って産出されていて，この後に見る日本語の間接受身のように TNP に沿った拡張ではないといえる．よって，ANP/TNP の観点からは自動詞志向を示す構文とはいえないと思われる．

3.2. 日本語の受身文

日本語には（8）のような直接受身と（9）のような間接受身がある．

---

[5] 高見（2011）が日本語の直接受身に対して同じ制約を適応していることからも，英語の受身文がもっぱら直接受身であり，よって，ANP を基盤としているといえるだろう．

(8) a. カエルは大きなヘビに食べられてしまった.
    b. 大阪城は豊臣秀吉によって建てられた城である.
    c. この家の壁は最近塗り替えられた.
(9) a. 釣った魚に逃げられた.
    b. ペットに死なれた時の飼い主のショックは大きい.
    c. 子供に泣かれて夜眠れないときの対処法

本節では間接受身を ANP に基づく trajector / landmark の反転の観点から捉えるのではなく，ANP から TNP へ natural path が反転する現象として捉える．なお，対応する能動文のある日本語の直接受身は英語の受身文と同様 ANP を基盤とした構文と位置づける．このように，日英語とも ANP を基盤とした直接受身は共通してみられるが，日本語では TNP を基盤とした間接受身のような受身文が存在する点で，自動詞構文としての受身文の広がりが英語よりも大きく，日本語の自動詞志向を裏付けているといえる．

谷口 (2005: 308) は「僕はこどもに泣かれた」のような間接受身において，「「こどもが泣く」というひとつの自律的事態が「僕」の心理状態の変化という事態の原因となっている.」として，自律的な事態が受身文の主語に影響を与えると捉えている．しかし谷口は，原因の部分がモノではなく「こどもが泣く」のような事態である点を除けば間接受身を直接受身と同じく transitive relation (Langacker (2008) でいうところの agent orientation に相当する事態認知) を基盤とした構文として分析している.[6]

しかしながら，例えば (9b) のような間接受身に対して「ペットが飼い主を／に死んだ」のような対応する能動文がないことから，ペットが死ぬことと飼い主との間には直接の因果関係はない．寺村 (1982) でも受身文の主語とは直接関係のない事態によってその主語が影響を被る場合が間接受身と考えられている.

ANP を軸にして，例えば図1の AG から TH への何某かの影響があると想定する場合，例えその因果関係が心理的，抽象的な場合でも action chain モデルの理論上 AG 側からの能動的な働きかけ，ないしは関与が必要となっ

---

[6] 谷口 (2005) は原因の部分が事態となっている transitive relation を E-transitive relation (拡張的他動関係) と呼んでいる．また，谷口 (2005: 308) の間接受身の図では「こどもが泣く」が action chain でいえば head，「僕」が tail に相当する位置に来ている.

てくる（2節で提案した「積極的影響」）．しかし，間接受身における間接的な影響はこの種の影響とは異なり，2節で提案した「消極的影響」のようなものである．つまり，2節でみた He cracked the window of my car の目的語の theme が egg，あるいは safe になった場合，theme に働きかける主語の具体的な使役行為や影響の及ぼし方，関与のあり方が変わってくる場合と同質のものと考えられる．(9b) ではペットが生存している状態から死んだ状態に変化することで飼い主のペットへの関わり方，感情が変わってくる．したがって，影響の方向性を維持したまま trajector と landmark を反転させるという現象ではなく，natural path の始点を変えて TH から AG への影響へ，影響の方向性と質（積極か消極か）を転換させるものとして間接受身を捉えるほうが妥当のように思われる．

これを図示したものが図2である．図2は図1の構造の theme を始点とした TNP をベースにしている．

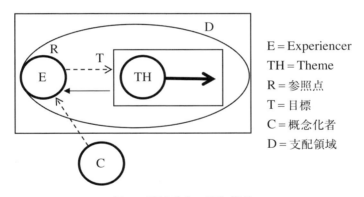

E = Experiencer
TH = Theme
R = 参照点
T = 目標
C = 概念化者
D = 支配領域

図2　間接受身の認知構造

thematic process のボックスから左に出ている実線矢印が thematic process の発生によって生じる消極的な影響を表す．左端の丸は主語であるが，迷惑や被害を感じる主体を表すため，間接受身の場合はここを agent ではなく experiencer(E) としておく．[7] ANP と TNP は典型的には (1) の文の

---

[7] 町田 (2011) では，事態内視点による概念化という立場から，間接受身を認知主体（本稿では「概念化者」）からの事態の「見え」を描写したものと捉え，認知主体を事態から刺激を受ける experiencer としている．

ように因果関係の明確な使役事態を agent, patient それぞれの始点から眺めたものであるが、エネルギーの流れである使役行為が希薄化する場合も考えられ、TNP において希薄した場合が間接受身と考える。よって図1のような agent から thematic process に向かう積極的影響を表す太い矢印はない。

この時、使役行為が希薄化し、因果関係が背景化する代わりに E を参照点として TH を目標として捉える「参照点構造」(Langacker (1999, 2008))が前景化する。[8] 図2では間接受身の主語である E (参照点) を介してアクセス可能な範囲 (「支配領域」) に動詞が表す事態の thematic process (目標) が存在するという関係である。これは概念化者 (C) から E, E から thematic process 全体に向かう破線矢印で示されている。ただしこの場合も主語 (E) を参照点として支配領域の thematic process にアクセスする行為は自律的な thematic process の存在があって初めて成立するため、自律／依存関係は維持されている。例えば (9b) では下線部の意味上の主語である「飼い主」と同じ支配領域において「ペットが死ぬ」事態が生じることによって飼い主のペットへの関わり方が変化し、依存的要素の主語 (飼い主) が心理的に影響をうけ、それに反応する形で主語が被害や迷惑を受けたと感じることになる。この事態が主語の支配領域の外にあるものであれば、自律／依存関係は成立せず、このような主語への影響はないだろう。

間接受身では natural path の反転はあるが、trajector／landmark の配置はそのまま維持されるため、図2の E がそのまま trajector となって主語として記号化される。但し、natural path の反転によって影響の方向性が逆転することは積極的影響、消極的影響の違いはあれ、影響を受ける要素に trajector として注目が行くという点で action chain における trajector／landmark の反転と平行性が捉えられるため、直接受身と同じ「られる」形になるものと思われる。なお、間接受身は同じ natural path 上での trajector／

---

[8] Langacker (2008: 517-524) では trajector／landmark 関係が参照点構造として捉え直せることが主張されている。例えば、smash などの他動詞において第1参照点の trajector が第2参照点の landmark にアクセスし、それを介してそれぞれ trajector の使役行為、landmark の状態変化という目標にアクセスし、最終的にプロセス全体にアクセスするという主張がなされている。よって ANP において元々存在していた参照点構造が TNP を基盤とする間接受身では因果関係の背景化に伴って前景化されたものと考える。なお、図2では E から TH, TH からその変化過程へのアクセス過程は捨象し、E から thematic process へ直接アクセスする図にしている。

landmark の反転ではなく，異なる natural path へ反転する現象のため対応する能動文は存在しないと考える．同じ TNP 上で natural path の始点から終点へ注目が移った場合に対応する構文については 4 節で取り上げる．

参照点構造の関与の妥当性は日本語の間接受身が英語の have＋N＋PP（過去分詞）構文におおよそあたる，あるいは類似した表現としばしば指摘されている（益岡（1979），寺村（1982），高見（2011）など参照）点からも窺える．[9, 10] この構文も N＋PP という事態を主語が支配領域に持っている（have）という参照点構造を反映している．さらに参照点構造を前提にしておくことで 4 節で扱う日本語のある種の他動詞文などとの関連性を捉えることができる．

以上のように，間接受身の場合，参照点構造によって対象事態が主語の支配領域にあるがゆえに，また同時に TNP に基づき主語が対象事態に依存している関係があるがゆえに，その対象事態の変化によって，主語が影響を被ることが生じると考えられる．[11]

4. 日英語の自他動詞志向における受身文の位置づけ

本節では，3 節で分析した受身文を他動詞文との関係も考えながら，日英語の natural path を基盤とした自他動詞志向のあり方の中にどのように位置づけられるか考えていくことにする．

---

[9] これらの研究で紹介している間接受身は被害を受ける直接の対象が主語と所有関係になっているものが多いが（I had my hat blown off.／帽子を吹き飛ばされた（寺村（1982: 252）など）），町田（2011: 172-174）では，間接受身を，参照点構造をベースとした「足を踏まれた」のような身体部位の受身，「太郎におもちゃを壊された」のような所有者の受身を経て拡張されたものと分析し，同じく参照点構造からの説明をしている．

[10] さらに，中村（2009: 376）も「（私は）雨に降られた」のような間接受身を参照点である認知主体と「雨が降った」という事態が関係づけられる参照点認知によって捉えられると主張している．

[11] 町田（2011）では「私は／太郎は学生に廊下をドタバタ走られた」という間接受身に対して，trajector（「私」／「太郎」）を参照点として事態（学生が廊下をドタバタ走る）に心的接近する，図 2 と類似の構造を提案している．しかしその基盤は身体部位の受身や所有者の受身から間接受身が拡張する過程にあるのに対し，本稿では TNP を基盤とし，自立／依存の関係を継承した参照点構造が間接受身の特徴の消極的影響を生じさせている点で異なる．

3 節で見たように，英語の受身文や日本語の直接受身は ANP において，対応する能動文の landmark を trajector として選択する trajector / landmark の反転が関わっていた．一方日本語の間接受身は ANP から TNP へ natural path が反転する現象として捉えた．

ANP の場合は action chain の末端を trajector に選択すると受身文 (10a)，先端を選択すると対応する能動文 (10b) となる．

(10) a. The window of my car was cracked. / 壁が塗り替えられた．

b. He cracked the window of my car. / 近所の家が壁を塗り替えた．

TNP においては自律／依存関係の中心である thematic process の変化による影響に注目した場合は (11a) のような間接受身になるが，周辺である主語の責任に注目した場合は (11b) のような他動詞文となると考える．ただし，trajector と landmark の配置転換はないため，(11b) は (11a) に対応する能動文ではないことに注意されたい．ここでの「他動詞文」は主語が事象を引き起こした当事者でなく間接的に事象に関わっている場合である．例えば (11b) では主語が釣った魚に直接手を加えて逃したという意味ではなく，自身の不注意などで勝手に逃げられたことに責任を感じている場合とする．

(11) a. 釣った魚に逃げられた．

b. （私は）釣った魚を逃した．

c. 魚が逃げた．

では上記のように考えられる理由を寺村 (1982) の分析を参考に考えてみよう．寺村 (1982: 289-290) は「相棒ニ死ナレル／子供ニ饅頭ヲ食ベラレル」と「相棒ヲ死ナセル／子供ニ饅頭ヲ食ベサセル」という間接受身と使役の構文例を出しながら次のように説明し，両構文が裏表の関係にあると主張する．

「W がその事象の出来については全く関知せず，あるいは責任がなく，いわば天からふってわいたようにそのできごとが起って，その効果が彼にふりかかる，という表現が間接の受身の表現であるのに対し，W がその事象の出来に何らかの責任がある，という表現が使役の表

現である.[12]」　　　　　　　　　　　　　　　　　　　（寺村 (1982: 289)）

　主語が事象を引き起こした当事者でなく間接的に事象に関わっているという点では (11b) の他動詞文も寺村の使役文と同類であり，(11a), (11b) は寺村の言う裏表の関係として捉えられる．「ペットに死なれる」の場合はまさしく寺村の使役文に相当する「ペットを死なせる」と裏表の関係になる．そしてこのような裏表の関係は TNP および参照点構造の観点から自然に説明できるものと思われる．TNP において thematic process の変化が主語に被害感や迷惑という形で影響を及ぼしたと捉えられる場合は (11a) のような間接受身になる．この場合 thematic process からの影響が強調される．一方，thematic process の変化が参照点関係における主語の支配領域内で起きたため，主語が「自身に責任がある」と感じるといった形で主語に影響が生じた場合は (11b) のような他動詞文や寺村の使役文となる.[13] この場合主語の責任が強調される．

　(3b) で提案しているように，TNP においてはモノの具体的な意味役割の中身を見て事態の中心／周辺を認識し，事態の中心を優先して記号化される．中心が周辺に影響を及ぼすと見なされる度合いに応じて周辺まで記号化するか決定される．主語の E が thematic process によって影響を受けたと感じたら E まで記号化される．この時，その影響を迷惑，被害と感じたら間接受身の形態を取り，逆に E がその事態の発生を自分の責任だと感じたら (11b) の他動詞文や使役文の形態を取ると考えられる．もし何も影響を感じなければ E まで記号化されず (11c) のような thematic process のみの自動詞文として具体化される．これは因果関係が薄く主語の支配領域に

---

[12] ここで寺村は「X ガ (Y ヲ／ニ) ～スル」という事象の当事者でない第三者を「W」としている．なお，この間接受身の直感的意味をより反映しているのは ANP ではなく，やはり TNP に基づいた図 2 の構造であろう．

[13] 天野 (2002) は「私たちは，空襲で家財道具を焼いた．(天野 (2002: 117))」のような状態変化主主体の他動詞文には客体の変化によって主体の状態の変化も表すような密接な関係があり，そのような場合主体が客体に起こる事態を所有するという関係になっていると分析している．本稿では，客体から主体への影響関係というものを TNP における自律／依存関係と参照点構造の中に見いだしており，状態変化主主体の他動詞文も寺村の使役文や (11b) の他動詞文と同じように考えられるのであれば，同じく TNP を基盤にして生じた構文と考えられ，主体と客体間の「密接な関係」に対して認知的動機付けを与えられる (村尾 (2018) も参照).

thematic process が存在するという関係の緩やかな参照点構造であるが故に
成立する.

　以上を整理すると（12）のようにまとめることができる.

(12)

ANP	action chain の始点 能動文（日英）	action chain の終点 受身文（英），直接受身（日）
TNP	自律／依存の周辺（責任） 使役文・他動詞文（日）	自律／依存の中心（被害・迷惑） 間接受身（日）

（12）の表では，ANP の事態認知で action chain の始点に注目して trajec-
tor を選択すると日英語の能動文，終点に注目して trajector を選択すると日
英語の（直接）受身文になることを示し，TNP の事態認知で自律／依存の
周辺要素（主語）（終点）に注目して責任が強調されると日本語における寺
村（1982）の使役文や（11b）のような他動詞文，中心要素（thematic pro-
cess）（始点）に注目してそこからの周辺要素への被害，迷惑が強調される
と日本語の間接受身となることを示している.

　これらは同じベース上で agent, theme のどちらを始点とした natural
path を選択するか，さらにその同じ natural path 上で始点と終点のどちら
に注目して記号化するかで構文タイプが決定されるものであることがわか
る.

　また，どちらの natural path を選択しているかによって，他動詞志向，自
動詞志向どちらの構文であるかがわかる．日英語はともに ANP を基盤にし
て直接受身を生産するが，日本語は TNP を基盤にして間接受身も可能とす
る．さらに，一見他動詞志向に見える（11b）のような典型例からの拡張的
他動詞文や「ペットを死なせる」のような使役文も TNP を基盤とする自動
詞志向の特性が潜んでいる構文といえるし，逆に一見自動詞志向に見える英
語の自動詞ベースの受身文も ANP を基盤とすることから他動詞特性が潜ん
でいる．このように，ANP，TNP に関連づけて構文を捉えることで表面上
の形式では見えてこない各言語の自他動詞構文の特徴が垣間見える.

5. おわりに

　本稿では，日英語の受身文を agent-oriented natural path（ANP）/theme-oriented natural path（TNP）の2つの natural path の観点から考察し，英語の受身文や日本語の直接受身は ANP において対応する能動文の landmark を trajector として選択する trajector/landmark の反転が関わるのに対し，日本語の間接受身は ANP から TNP へ natural path が反転する現象として捉えた．その際，英語の受身文（および日本語の直接受身）が ANP に基づく「積極的影響」，日本語の間接受身が TNP に基づく「消極的影響」によって特徴付けられることを示した．

　また，主語が間接的に事象に関わる日本語の他動詞文，使役文が同じ TNP 上で間接受身と関係付けられることを示した．ANP を基盤とする一見自動詞志向に見える英語の一部の受身文も含めて考えると，ANP，TNP から構文を観察することでより日英両言語の自他動詞の志向性が捉えられると言える．今回の受身文を中心とした構文分析によって，英語が他動詞志向，日本語が自動詞志向であることをさらに示すことができたのであれば幸いである．

参考文献

天野みどり（2002）『文の理解と意味の創造』笠間書院，東京.

Bolinger, Dwight（1975）"On the Passive in English," *The First Lacus Forum 1974*, 57–80.

Hinds, John（1986）*Situation vs. Person Focus*, Kurosio, Tokyo.

本多啓（2005）『アフォーダンスの認知意味論──生態心理学から見た文法現象』東京大学出版会，東京.

池上嘉彦（1981）『「する」と「なる」の言語学』大修館書店，東京.

Ikegami, Yoshihiko（2015）"'Subjective Construal' and 'Objective Construal': A Typology of How the Speaker of Language Behaves Differently in Linguistically Encoding a Situation," *Journal of Cognitive Linguistics* 1, 1–21.

Langacker, Ronald W.（1987）*Foundations of Cognitive Grammar*, vol. 1: *Theoretical Prerequisites*, Stanford University Press, Stanford.

Langacker, Ronald W.（1990）*Concept, Image, and Symbol: The Cognitive Basis of Grammar*, Mouton de Gruyter, Berlin.

Langacker, Ronald W. (1991) *Foundations of Cognitive Grammar*, vol. 2: *Descriptive Application*, Stanford University Press, Stanford.

Langacker, Ronald W. (1999) *Grammar and Conceptualization*, Mouton de Gruyter, Berlin.

Langacker, Ronald W. (2008) *Cognitive Grammar: A Basic Introduction*, Oxford University Press, Oxford.

町田章 (2011)「日本語ラレル構文の形式と意味―認知文法からのアプローチ」『意味と形式のはざま』, 大庭幸男・岡田禎之 (編), 163-177, 英宝社, 東京.

益岡隆志 (1979)「日本語の経験的間接関与構文と英語の have 構文について」『英語と日本語と―林栄一教授還暦記念論文集』, 林栄一教授還暦記念論文集刊行委員会 (編), 345-358, くろしお出版, 東京.

Murao, Haruhiko (2018) "Distribution of Transitive/Intransitive Constructions in Japanese and English,"『ことばを編む』, 西岡宣明・福田稔・松瀬憲司・長谷信夫・緒方隆文・橋本美喜男 (編), 246-255, 開拓社, 東京.

村尾治彦 (2018)「日英語の自他動詞の志向性と2つの Natural Path」『ことばのパースペクティヴ』, 中村芳久教授退職記念論文集刊行会 (編), 98-110, 開拓社, 東京.

中村芳久 (2009)「認知モードの射程」『「内」と「外」の言語学』, 坪本篤朗・早瀬尚子・和田尚明 (編), 353-393, 開拓社, 東京.

野村益寛 (2014)『ファンダメンタル認知言語学』ひつじ書房, 東京.

佐藤琢三 (2005)『自動詞文と他動詞文の意味論』笠間書院, 東京.

高見健一 (2011)『受身と使役―その意味規則を探る』開拓社, 東京.

高見健一・久野暲 (2002)『日英語の自動詞構文』研究社, 東京.

谷口一美 (2005)『事態概念の記号化に関する認知言語学的研究』ひつじ書房, 東京.

寺村秀夫 (1982)『日本語のシンタクスと意味 I』くろしお出版, 東京.

執筆者一覧

（論文掲載順）

秋山　淳　　　　下関市立大学経済学部
植田正暢　　　　北九州市立大学基盤教育センター・西南学院大学大学院文
　　　　　　　　学研究科博士後期課程
王　安　　　　　岡山大学文学部
大橋　浩　　　　九州大学基幹教育院
川瀬義清　　　　西南学院大学文学部
木山直毅　　　　北九州市立大学基盤教育センター
古賀恵介　　　　福岡大学人文学部
佐々木昌太郎　　高知工業高等専門学校・熊本県立大学大学院文学研究科博
　　　　　　　　士後期課程
清水啓子　　　　群馬県立女子大学文学部
長　加奈子　　　福岡大学人文学部
中島千春　　　　福岡女学院大学国際キャリア学部
中村英江　　　　神戸女子大学大学院文学研究科博士後期課程
迫　由紀子　　　九州大学非常勤
樋口万里子　　　九州工業大学教養教育院
冬野美晴　　　　九州大学芸術工学研究院
細川博文　　　　福岡女学院大学国際キャリア学部
南　佑亮　　　　神戸女子大学文学部
村尾治彦　　　　熊本県立大学文学部

認知言語学研究の広がり

編　者	大橋　浩・川瀬義清・古賀恵介・長　加奈子・村尾治彦
発行者	武村哲司
印刷所	日之出印刷株式会社

2018 年 9 月 25 日　　第 1 版第 1 刷発行ⓒ

発行所　　株式会社　開 拓 社

〒113-0023 東京都文京区向丘 1-5-2
電話　（03）5842-8900（代表）
振替　00160-8-39587
http://www.kaitakusha.co.jp

|JCOPY| ＜出版者著作権管理機構 委託出版物＞　　　　　　　　ISBN978-4-7589-2264-7　C3080

本書の無断複製は，著作権法上での例外を除き禁じられています．複製される場合は，そのつど事前に，出版者著作権管理機構（電話 03-3513-6969，FAX 03-3513-6979，e-mail: info@jcopy.or.jp）の許諾を得てください．